신자병법(信者兵法)

신앙은 물론 삶에서도 승리하는 믿음의 법칙과 비결

신자병법

안호성

규장

◆ 프롤로그

다윗에게서 배우는 믿음의 법칙과 승리의 지략

20년 전 신학교 강의실, 스물여덟 살 신대원 1학년 총각 전도사의 심장은 터질 듯 뛰었습니다.

"울산은 순복음의 무덤이야, 지금까지 누가 가도 모두 다 실패했어."

그 소리가 절망이 아닌 설렘으로, 나를 부르시는 하나님의 소명으로 들렸습니다.

하나님의 부르심에 펄떡펄떡 터질 듯 뛰는 사명의 심장 소리, 그 하나를 나침반 삼아 생면부지의 땅 울산광역시 외곽 온양읍 바닷가 시골 마을에 무작정 내려왔습니다. 그리고 그곳에서 홀로 등짐 지어 나르며 예배당을 건축하고 개척한 울산온양순복음교회는 2004년 1월 1일, 첫 예배를 드렸습니다.

아무것도 모르는 풋내기 신학생 전도사가 좌충우돌 실수하고 넘어지면서도 하나님만 붙들고 의지하며 하루하루 버티고 견디다 보니 어느덧 눈 깜박할 순간에 20년이라는 시간이 흘러 창립 20주년을 맞이하게 되었습니다.

지금도 너무 부족하고 부끄러운 목회와 사역 현장이지만 하나님께 붙들려 방송과 집필, 목회와 집회, 그리고 대안학교(물맷돌 크

4

리스천 리더스 아카데미)를 통해 바쁘고 영향력 있게 사용되고 있음이 그저 꿈같고 행복합니다.

세상의 방식과 다른 그리스도인의 승리 법칙

20년 전 개척 목회를 시작하며 다윗을 목회와 인생의 롤 모델로 삼았습니다. 하나님께 캐스팅되고 붙들려 시대 가운데 쓰임받은 다윗처럼 하나님 마음에 합한 목회를 꿈꾸었습니다.

승리하는 다윗의 인생에서 배운 특별한 신앙의 지혜와 불변하는 믿음의 승리 법칙은 지금까지 목회와 인생의 고비마다 나를 붙들어주고 오늘의 내가 있게 해주었습니다. 이제 20년을 맞이하여 그것을 모아 책으로 함께 나누려 합니다.

춘추시대 손무가 쓴 《손자병법》(孫子兵法)은 전쟁에서 승리를 쟁취할 수 있는 지략과 지혜를 담은 위대한 병법서로, 오늘날을 살아가는 현대인들에게도 지혜의 처세술로 지금까지 사랑받고 있습니다.

그러나 세상의 처세술과 승리 방법은 신앙의 그것과는 많은 차이가 있습니다. 믿음의 사람들이 신앙의 영역은 물론, 삶에서도 승리할 수 있는 믿음의 법칙과 비결을 담아 《신자병법》이라는 제목으로 책을 엮었습니다.

이 책을 통해 많은 그리스도인이 골리앗과 같은 절망적 상황과 한계를 무너뜨리고, 사울 같은 억울하고 답답한 관계들을 풀어내며, 밧세바와 같은 유혹을 이겨내기를 바랍니다.

광야 같은 고독과 외로움의 시간을 잘 버텨내고, 왕궁같이 평안하고 형통한 시간에 더욱 헌신하는 우리가 되었으면 좋겠습니다. 그래서 다윗처럼 승리의 왕관을 쓰며, 하나님께 붙들려 영향력 있는 위대한 삶을 살 수 있기를 소망합니다.

제2의 개척, 물맷돌교회로

이제 '울산온양순복음교회'는 '물맷돌교회'로 이름을 바꾸고 제2의 개척을 선포하며 물맷돌 시대를 열어가려 합니다. 우리 신앙의 전진과 진보를 가로막고 있는 '비본질', '인본주의', '비관적이고 부정적인 사고'들을 박살 내고 깨뜨리며 더 힘있게 나아갈 것입니다.

지금까지 인도해주신 에벤에셀 하나님께 영광과 감사를 드립니다. 20년 동안 예민하고 참 많이 부족한 사람을 곁에서 따뜻하게 위로하고 격려해준 사랑하는 아내, 아빠보다 더 좋은 인격과 신앙으로 잘 자라준 세 자녀 안드레, 안성주, 안나, 그리고 부족한 종을 너무 많이 사랑해주고 기도하고 응원해준 사랑하는 물맷돌교회(울산온양순복음교회) 가족들에게, 그리고 너무 귀하고 위대한 믿음의 유산을 물려주신 아버지와 어머니께 참 많이 감사하고 사랑한다는 말을 이 책으로나마 전하고 싶습니다.

가장 행복한 하나님의 종
물맷돌교회 안호성

프롤로그

PART
2

안정된 왕궁에서 살아가는 법

PART

1

• • •

고난의 광야에서
살아남는 법

1

◆ ◆ ◆

위험한 인생에서
위대한 인생으로

시 78:70-72 또 그의 종 다윗을 택하시되 양의 우리에서 취하시며 젖 양을 지키는 중에서 그들을 이끌어 내사 그의 백성인 야곱, 그의 소유인 이스라엘을 기르게 하셨더니 이에 그가 그들을 자기 마음의 완전함으로 기르고 그의 손의 능숙함으로 그들을 지도하였도다

일하지 않는 자는 위험하다

이 장에서 나는 한마디로 '일하는 자가 위대하다'라는 이야기를 하고 싶다. 위대함을 꿈꾼다면 일해야 한다. 일하지 않으면 위험한 삶이므로 일해서 위대한 삶으로 옮겨가자는 것이다.

우리는 반대로 생각한다. 사실 일하지 않고, 도전하지 않고, 변화를 꿈꾸지 않으면서 무사안일주의로 복지부동하는 것이 안전해 보이지 않는가? 오히려 일하는 것이 위험할 것 같은데 왜 일하지 않으면 위험한 삶이라는 것일까?

보험사들이 보험가입자의 위험등급을 구분한 '직업 및 위험등급 분류표'에 의하면 고위험군에 속하는 2등급에는 특전사, 경찰특공대, 용접공, 격투기 선수, 구급차 운전자 등이, 그리고 가장 위험한 1등급의 직업군에는 스턴트맨, 종군 기자, 헬기 조종사, 빌딩 외벽 청소원, 해녀 등이 있다.

그런데 놀랍게도 이 1등급 직업군에 19-60세의 무직자가 포함되어 있다. 보험사들이 보험료 산출을 위해서 직업별로 사망 위험이 높은 사람들을 골라냈는데 스턴트맨, 빌딩 외벽 청소원, 종군 기자, 헬기 조종사만큼 위험한 사람이 무직자, 일이 없는 사람이라는 것이다.

일하지 않는 자가 위험한 것은 신앙에서도 마찬가지다. 아무 일도 하지 않고 가만히 교회 다니는 것이 편안하고 안전한 것 같으나 실은 영적으로 볼 때 위험한 상태일 수 있다.

선지자 요나가 언제 위험해졌는지 기억해 보라. 그는 하나님의 부르심을 따라 니느웨로 가서 하나님의 메시지를 전할 사명을 받았으나 그 일을 거부했다. 다시스로 도망하는 것이 더 안전하고 마음도 편한 것 같았고 일신상으로도 유익해 보였으나 과연 그 길이 안전했는가?

소명을 따르지 않고 맡기신 일을 거절한 그는 풍랑을 만나고 물고기 배 속에 갇혀 죽음의 고비를 맞았다. 하나님의 뜻대로 일하지 않는 것이 이렇게 위험하다. 그런데 그가 회개하고 니느웨로 발걸음을 돌려 사역했을 때는 한 성읍과 한 민족을 살려내는 놀라운 역사에 쓰임 받을 수 있었다.

언제 교회가 위험한가? 하나님께서 우리에게 명하신 '니느웨'의 사명을 거절할 때다. 언제 우리 가정과 우리 신앙이 위험한가? 하나님께서 나에게 명령하신 바 성령의 감동을 무시하고 외면할 때다.

교회가 병들고 연약해지는 이유 중 하나는 이렇게 아무 일 하지 않고 손님처럼 방관하는 위험한 신앙인들이 증가하는 것이다. 일하지 않는 사람, 즉 하나님의 뜻을 좇아 자기 역할을 감당하지 않는 사람은 자신이 잠재적으로 영적 시험에 들고 영적 질병과 질환에 걸릴 고위험군이라는 것을 알아야 한다.

우리 교회는 뭔가 자꾸 일을 벌인다. 그래서 때로는 힘들기도 하다. 그러나 이것이 오히려 우리의 신앙을 건강하게 하고, 교회의 정체성을 유지하며 병들지 않게 만들어주는 귀한 작업임을 알고 기꺼이 따라주는 성도들에게 늘 고마운 마음이다.

자리를 지키며 제 역할을 감당하는 지체

그러나 이제 하나님이 그 원하시는 대로 지체를 각각 몸에 두셨으니 만일 다 한 지체뿐이면 몸은 어디냐 이제 지체는 많으나 몸은 하나라 … 너희는 그리스도의 몸이요 지체의 각 부분이라 고전 12:18-20,27

바울은 고린도전서 12장 14절부터 27절을 통해 공동체를 이야기한다. "몸은 한 지체뿐만 아니라 여럿"(14절)이며 "지체는 많으나 몸은 하나"(20절)다. 하나님은 "그 원하시는 대로 지체를 각각 몸에 두셨"(18절)고 "몸을 고르게 하여 부족한 지체에게 귀중함을 더하사 몸 가운데서 분쟁이 없고 오직 여러 지체가 서로 같이 돌보게 하셨"(24,25절)다.

그래서 우리는 "그리스도의 몸이요 지체의 각 부분"(27절)이다. 몸이 머리, 팔, 다리, 손, 눈 등 여러 기관과 지체로 조합되어 하나의 유기체를 이루듯 주님의 몸 된 교회는 여러 지체인 성도들의 조합으로 이루어진다.

하나님이 우리 몸에 두신 기관과 장기에는 쓸데없는 것이 하나도 없다. 예를 들어 눈꺼풀을 깜박거리는 것이 사소해 보이지만 이 일을 하지 않으면 안구가 건조해져 각막이 상처를 입고 염증이 생길 수 있다. 이렇게 별것 아닌 것 같은 일도 생명에 꼭 필요한 요긴한 작업으로 하나님께서 두신 것이다. 그러므로 큰일, 작은 일이 없고 귀한 일, 천한 일이 없다.

또한 각 지체가 있어야 할 곳에 있어야 아름답다. 심장이 자기 자리에 있지 않고 떨어져 나가면 그 몸이 어떻게 되겠는가? 자기 자리를 찾지 못하고 겉도는 신앙이 그와 마찬가지다. 좋아 보이지도 않지만, 본인에게도 위험하다. 몸의 각 지체가 주어진 자리에서 맡은 일을 할 때 모든 것이 아름답고 안전하듯 교회도 성도들이 각자의 자리를 지키며 역할을 잘 감당할 때 가장 아름답고 안전하다. 또한 이것이 성도들에게도 유익하다.

우리 몸의 많은 기관에 암이 찾아온다. 혈액암도 있고 피부암도 있고 폐암도 있다. 모든 장기에 암이 퍼질 수 있되 심장에는 암이 없다. 심장은 계속해서 뛰고 있기 때문이다. 이러한 심장과 같이 매일 일하고 달리는 성도와 교회는 지치고 피곤해 위험할 것 같지만 그 왕성한 활동으로 인해 암세포가 달라붙지 못한다.

하나님은 우리에게 절대로 목적 없이 은혜를 주시지 않는다. 물론 은혜란 받을 이유와 자격이 없는 자에게 주시는 것이기에 그 은혜에 이유나 조건은 없다. 그러나 이유는 없을지라도 목적은 있다. 우리에게 먼저 은혜를 주셔서 구원하시고 자녀 삼아주신 데에는 하나님나라와 그분의 뜻을 위해 사용하실 분명한 목적과 계획이 있다.

우리 교회와 가정을 통해, 나를 통해 일하시고 이루시려는 하나님의 목적과 계획이 있는데 그것을 외면하는 것은 무사안일의 영적 백수로서 가장 위험한 신앙의 모습일 수 있다. 그러니 영적 백수의 위험한 자리에서 떠나 하나님의 작은 뜻 하나에라도 순종하고 일하자.

교회는 주님이 내게 은혜를 공급하시고 그분의 나라와 뜻을 이루어가기 위해 통로로 사용하시는 공동체다. 그런 교회를 아끼고 사랑하자. 그리고 하나님께 먼저 부름 받고 은혜 입은 자로서, 교회 공동체 안에서 하나님을 위해 어떻게 쓰임 받을지 고민하자. 열정을 품고 각자의 자리에서 최선을 다해 일을 감당하자.

맡겨주신 자리에서 순종하자

헌신의 명령이 말씀으로 또는 감동으로 당신에게 주어졌는가? 주저하지 말고 동참하고 감행하는 위대한 성도가 되길 바란다. 하나님은 우리가 위대한 모습으로 나오길 원하시는 것이 아니다. 그분이 맡겨주신 자리에서 순종하여 일을 감당하는 것을 위대하게 보신다.

하나님께서 주신 말씀과 감동은 절대 우연히 주어진 것이 아니며, 복불복으로, 또는 내가 재수 없어서 걸린 것은 더더욱 아니다. 우리를 위대하게 이끄시려고 그 계획 안에서 주신 것이므로 우리는 그 말씀을 수용하고 감동에 순응하여 행동할 뿐이다.

주신 감동의 이유도 모르고 큰 그림도 모르는 채 그 일을 감당하더라도 하나님은 그 작은 한 조각의 순종을 그분의 놀라운 역사라는 큰 그림의 일부로 사용하면서 하나님나라와 그분의 뜻을 이루어가신다. 그러니 내게 사역이 주어졌다면 외면하지 말고 자신의 자리를 지키며 그 일을 충성되게 감당할 필요가 있다.

목사가 기도하고 하나님의 감동을 받아서 성도들에게 무엇을 맡긴다면 그것은 성도들을 들들 볶고 힘들게 만들려는 것이 아니라 위대한 길로 인도하려는 목적으로 하는 것이다.

이 시대는 일하기를 꺼린다. 그래서 교회도 웬만하면 성도들에게 어려운 일을 맡기지 않게 되었고, 용역 업체에 교회 청소, 주방 일, 차량 운행을 맡기는 상황이 되었다. 나는 그런 모습이 참 안타깝다.

우리 교회에서 사람들이 별로 없을 시간에 소리가 나서 CCTV를 보고 나가볼 때가 종종 있는데, 가족과 함께 화장실 청소를 하거나 맡은 구역을 청소하고 가는 성도들을 보곤 한다. 얼마나 행복하고 건강하며 아름다워 보이는지! 우리가 하나님나라와 의를 위해, 그리고 주님의 몸 된 성전을 위해 일하는 영광을 빼앗기지 않았으면 좋겠다.

내가 사역하면서 가장 두려워하는 일이 환호받고 칭찬받고 대접받는 것이다. 사람들 눈에 화려해 보이고, 위대해 보이고, 드러나고, 박수 받는 일이나 자리가 가장 위험하다. 그렇게 살아가다 보면 인간 말종이 되고 신앙도 망가지기 쉽다.

그래서 나는 그렇게 되지 않으려고 얼마나 기도하고, 나 자신을 쳐서 복종시키려고 몸부림치는지 모른다. 그런데 겁도 없이 그런 곳만 좋아하고, 쫓아다니는 사람들이 있다. 그런 곳이 얼마나 위험하고 두려운지 알아야 한다.

더욱이 세상 사람들은 성실하게 하나님의 일을 감당하는 것을 비웃고 비난하는 분위기로 몰아간다. '일찍 일어나는 새가 벌레를 잡(아먹)는다'라는 격언을 '일찍 일어난 벌레가 잡아먹힌다'라고 바꿔 말하며 부지런함과 성실함을 조롱한다.

그러나 이러한 가운데서도 하나님이 원하시는 것은 분명하다. 일하는 자가 위대하다. 자기 자리를 지키며 끊임없이 하나님의 뜻을 좇아 일하고 사역하는 위대한 자는 영광의 자리를 빼앗기지도 놓치지도 않는다. 그런 축복이 당신에게 있길 바란다.

위대함은 성실을 따라간다

누구나 자기 삶이 위대해지기를 원한다. 위대한 것을 목적하고, 위대한 것을 좇으며, 위대한 것을 추구한다. 그러다 보니 위대해 보일 법한, 위대함직한 것들을 찾아 헤매곤 한다.

그렇다면 가장 위대한 것은 언제 우리 삶에 찾아오는가? 놀랍게도,

현재 자신이 하는 일에, 평범하기 그지없고 심지어 초라하기까지 한 그 자리에서 성실하게 최선을 다할 때다. 위대함은 내가 좇아가는 것이 아니라, 내 자리에서 맡은 본분에 충실할 때 나를 따라오고 선물로 주어진다.

달란트 맡은 자의 비유를 기억하는가? 다섯 달란트든 두 달란트든 달란트를 맡은 자가 열심히 충성하여 달란트를 더 남겼을 때 주인은 그들을 칭찬하며 "내가 많은 것을 네게 맡기리니 네 주인의 즐거움에 참여할지어다"(마 25:21)라고 말한다.

우리 교회가 창립 20주년을 맞았다. 햇수로만 20년 쌓인 것이 아니라 정말 미천하고 작은 시골 교회인 우리 교회가 하나님의 큰 그림과 역사의 일부분이 되고 쓰임 받았다. 벌레 같고 티끌 같고 쓰레기 같은 내가 그 가운데서 함께 쓰임 받으며 일할 수 있었다. 그것이야말로 놀라운 기적이라는 생각이 든다.

언제 어떻게 그런 일이 일어났을까를 곰곰이 생각해보았는데 결코 내가 위대함을 좇아 살아온 것은 아니었다. 다만 맡겨주신 한 영혼 한 영혼을 위해 무릎 꿇고, 눈물 쏟고, 목숨 걸었더니 하나님이 어느 순간 주인의 즐거운 잔치에 참여시켜 주신 거였다.

하나님의 역사에 동참하려면 "하나님, 빨리 저에게 잔치 초대장을 주세요" 하는 게 아니라 내게 맡겨진 달란트에 최선을 다해야 한다. 하나님은 결과와 열매가 아니라 맡기신 것에 최선을 다하는 그 모습을 보고 잔치에 초대하고 즐거움에 참여시켜 주신다. 우리가 다 그 자리에 참여하는 자가 되어야 하지 않겠는가!

그런데 하나님의 이 놀라운 역사와 부흥의 현장에 결부되지 않고 전혀 상관없이 사는 자들이 있다. 세상에서는 잘나고 형통하고 분주한지 몰라도 하나님의 역사에서 볼 때는 비참하고 불행한 인생이다.

하나님과 결부되지 않은 영광과 축복, 성공은 아무런 의미가 없다. 그래서 나는 눈앞에 축복이 보이고, 하나님의 위대한 역사가 보장되는 것 같을 때 더 드리고 더 헌신한다. 이것을 그저 내 노력으로 얻어진 것이 아니라 하나님께서 주신 것이 되게 하기 위해, 하나님과 나 사이의 이야기로 만들기 위해서다.

당신은 어떤가? 하나님과 결부된 축복이 있는가? 하나님이 계시건 안 계시건 상관없이 잘 먹고 잘살기만 하면 된다는 가치관으로 살면 안 된다. 하나님과 연관된 영광이 있어야 한다. 그러기 위해 때로는 편한 길도 거절해야 한다. 더 좋은 길이라도 하나님과 연관되지 않는다면 거절해야 한다.

어떤 시스템이나 노력 또는 시대적 상황으로 더 칭찬받고 주목받을 수 있더라도 하나님과 상관없다면 자녀가 그 길을 가지 않게 해야 한다. 하나님과의 관계에서는 절대로 타협하지 않게 하라. 어렵고 힘들어도 하나님과 결부된 인생을 살아야 한다고 가르쳐라.

위대함은 최선을 다한 일상에서 발견된다

그 길을 걸어가려면 "그 위대한 길에 나를 초대해주세요"라고 말하는 것이 아니라 맡기신 그 생업의 자리, 예배의 자리, 사역의 자리, 기도의 자리에서 최선을 다해야 한다.

혹시 직장생활은 신앙생활과 상관없다고 생각하는가? 직장생활도 하나님의 일이다. 내가 얼마 전에 전도하면서 들은 이야기다.

"교회 다니는 것들은 다 도둑놈이더라."

사업을 어떻게 했길래, 직장을 어떻게 다녔길래 세상 사람들이 "교회 다니는 사람들은 다 부정직하고 사기꾼"이라고 하는가? 당신의 직장이 선교지다. 사업 현장에서 바이어를 만나고 계약을 체결하는 그 순간을 선교 현장이라고 생각하며 최선을 다해야 한다.

내가 믿을 만한 사람이 될 때 내가 믿는 하나님도 믿을 만한 분이 된다. 내가 전혀 믿을 만한 사람이 못 된다면 내가 믿는 그분도 10원 짜리 취급을 받게 된다. 믿는 자의 세련됨과 깔끔함, 정직함, 성실함이 우리 모두에게 필요하다.

당신의 가정, 일터와 학교가 모두 선교지다. 당신은 가정에서 정말 최선을 다하는가? 직장에서 진실로 최선을 다하는가? 경기 때문에 사업이 안되는 것인가? 우크라이나 전쟁 때문에 힘든 것인가? 전쟁이 터지지 않았다면 과연 잘됐을까?

정직하게 최선을 다한 사람은 어떤 상황에서도 된다. 그러나 부정직하고 인사성 없고 시간 약속 안 지키는 사람은 절대로 위대한 인생을 살 수 없다. 불성실하고 무책임하고 부정직하게 살지 말라. 성실하고 정직하고 최선을 다해야 하나님께서 우리에게 영광을 주신다.

스팀 청소기의 원조인 한경희 스팀 청소기는 주어진 삶에 최선을 다할 때 발견한 위대함이었다. 이 제품을 개발한 한경희생활과학의 회장 한경희 씨는 원래 공무원이었다.

일이 끝나고 집에 가서도 가사를 돌봐야 했던 그녀는 다른 건 다 괜찮았는데 걸레질이 너무 힘들었다고 한다. 무릎을 꿇고 방을 닦다 보면 무릎과 허리가 너무 아팠던 것이다.

그녀는 자신의 삶에서 불편한 이 문제를 놓고 '힘들이지 않고 걸레질을 할 수 없을까' 생각하다 스팀 청소기를 만들게 되었고, 이로 인해 연매출 1,000억 원의 기업을 만들었다.

2008년도에 출간된 소설 〈엄마를 부탁해〉는 국내에서만 200만 부이상 팔렸고, 2011년 미국을 시작으로 영국을 비롯해 36개국에서 번역 출간되었으며, 뉴욕타임즈 소설 양장본 14위까지 오른 대단한 책이다.

저자 신경숙 씨는 대학 진학을 꿈꿀 형편이 못 되어 여공으로 일하며 영등포여고 야간 산업체 특별반을 다니고 있었다. 어느 날 학교를 무단결석한 일로 반성문을 쓰게 되었을 때 죄송한 마음을 담아 대학노트에 20쪽 분량의 반성문을 적어 냈다고 한다.

이것을 읽은 선생님이 소설을 써보면 어떻겠냐고 말씀하셨고, 그 한마디에 소설가의 꿈을 꾸게 된 그녀는 이후 선생님이 알려준 서울예술전문대학 문예창작학과에 진학해 소설가의 길을 걸었다.

위대함은 내 삶에서 그렇게 멀리 떨어져 있지 않다. 오늘 내 삶에서 주어진 것에 최선을 다할 때 발견되는 위대함이 진짜다. 당신은 성공이든 실패든, 형통이든 막힘이든, 화려함이든 초라함이든 맡겨진 자리에서 최선을 다하고 있는가? 하나님은 당신에게서 '위대하고 보암직한' 모습이 아니라 삶의 일부분에 '얼마나 최선을 다하는가'를 보신다.

진실함과 능숙함으로 자기 일을 감당하라

신앙생활은 어느 날 무지개 끝에서 순교하고 내 생명 다 바치고 향유 옥합을 깨뜨리는 것이 아니다. 위대함은 저 멀리 무지개 끝이 아니라 나의 소소한 하루, 오늘, 지금 이 시간에 있다. 오늘 이 자리에서 작은 것 하나에라도 최선을 다하자. 하나님이 거기서 역사하신다.

그리고 '오늘'을 잘 살자. 오늘 이웃에게 상처 주지 말고, 오늘 교만하지 말고, 오늘 이기적으로 굴지 말고, 오늘 입술을 잘 지키고, 오늘 똑바로 예배드리자. 오늘 향유 옥합을 깨뜨리거나 생명을 드리지 않아도 되니 제발 오늘을 잘 살아내자.

하나님은 다윗을 어디에서 선택하셨는가? 어마무시한 골리앗을 때려눕히고 그 목을 베던 승리의 현장이 아니다. 다윗을 "양의 우리"에서 취하셨다. 아무도 보지 않고 인정해주지 않는 일상에서 하나님은 우리의 위대함을 발견하신다.

> 또 그의 종 다윗을 택하시되 양의 우리에서 취하시며 젖 양을 지키는 중에서 그를 이끌어
> 내사 그의 백성인 야곱, 그의 소유인 이스라엘을 기르게 하셨더니 이에 그가 그들을 자기
> 마음의 완전함으로 기르고 그의 손의 능숙함으로 그들을 지도하였도다 시 78:70-72

하나님께서 양 우리에 있던 다윗을 가만히 보시니 선택할 만하겠다 싶은 성실함이 그에게 있었다. 그래서 양을 지키는 우리에서 그를 이끌어 내어 "이제 양 그만 치고 이스라엘 백성을 다스려라" 하고 하나님의 소유인 이스라엘 민족과 나라를 맡기셨다.

그랬더니 어떻게 되었을까? 그럼 그렇지! 이에 다윗이 "그들을 자기 마음의 완전함으로 기르고 그의 손의 능숙함으로 그들을 지도하였다"라고 한다. 될성부른 나무는 떡잎부터 알아본다고 했다. 훗날 당신의 위대한 헌신과 역사와 하나님나라를 향한 기여와 공헌이 있을지는 오늘을 보면 안다. 오늘 하는 헌신, 오늘 하는 희생을 보면 안다.

마음의 완전함

다윗은 양을 칠 때도 백성을 다스릴 때도 "마음의 완전함"으로 했다. 개역한글 성경에서는 이것을 "성실함"으로, 몇몇 영어성경(NIV, KJV, NASB)에서는 "integrity"(진실성, 온전함)로 표현했다.

누구에게도 최선이라 할 만큼, 자기 자신에게도 최선이라 당당하게 말할 만큼 온 마음을 다해 그 일을 성실하게 감당했다는 것이다. 그에게는 그런 진심이 있었다.

나는 하나님의 사역을 진심을 다하여 하고, 맡겼을 때는 진심이 있는지를 본다. 진심이 없으면 안 된다. 우리 교회는 무엇을 잘해주지도 않고 힘들고 불편한 것투성이인데도 성도들이 먼 길을 달려나온다. 나는 그 이유가 진심을 보기 때문이라고 생각한다.

후안 카를로스 오르티즈 목사는 그의 저서《제자입니까》에서 우리가 걸어가야 할 길은 우리가 목사, 선교사에게 기대하는 길과 다르지 않다고 말한다. 어느 길은 좁고 어느 길은 넓은 것이 아니라 모두 똑같은 제자의 길이다. 당신이 기대하는 진심이 있다면 당신에게 맡겨진 사역과 영혼에도 진심을 쏟아야 한다.

욕심만 있고 진심은 없는 사람들이 있다. 영광을 취하려는 사람은 많아도 십자가의 고난을 선택하는 사람은 드물다. 토마스 아 켐피스의 말처럼 천국을 사랑하는 사람은 많지만 예수님의 십자가를 지는 사람은 거의 없다.

누구에게도 최선이라 할 만큼 마음을 다하는 성실이 당신에게 있기를 바란다. 다윗처럼 양 한 마리만 맡아도 성실함과 완전함으로 기르고, 진심으로 최선을 다하는 사람은 누구에게나, 그리고 누구보다도 하나님께 인정받는다.

손의 능숙함

다윗은 또한 "손의 능숙함"으로 지도하였다고 한다. 이것이 개역 한글 성경에는 "공교함"으로, 영어성경 NIV, ESV, NLT, NASB에는 "skillful"(능숙한, 유능한)로 기록되었다. 기술적으로 상당히 노련한 것을 말한다.

열심과 진심은 중요하지만 이것만 있어서 되는 것은 아니다. 진심이 있다면 열정은 반드시 연구와 훈련으로 표현된다. 열정과 진심이 없는 사람은 '난 안 되는구나' 하고 쉽게 포기한다. 그러나 진심이 있는 사람은 반복하고 훈련한다. 어떻게 해서든지 연구해서 알아내고야 만다. 사랑하기 때문에, 진심이 있기 때문에 그렇게 한다.

성실함과 진심에는 능숙함과 공교함이 따라오기 마련이다. 성실함도 공교함도 없다면 그것은 가짜다. 그러므로 당신의 사역에 노련함과 지혜가 있어야 한다.

순복음 교단에서 유일하게 교회 이름에 지역명을 붙이지 않고 그냥 '순복음교회'라고 할 수 있는 곳이 대조동에 있는 순복음교회다. 외부 사람들은 '대조동 순복음교회'라고 부르지만 그 교회 성도들은 절대 그렇게 부르지 않고 그냥 '순복음교회'라고 부를 만큼 자부심이 있다.

이 교회 유재호 담임목사님을 뵙고 감동한 것이 있다. 한 교단에서 영향력 있는 교회들은 담임목사님도 그만한 이력과 스펙이 있는데 이분은 세상 사람들은 잘 이해 못 할, 어쩌면 '어떻게 이런 분이 이런 자리를?' 하고 생각할 수도 있는 이력을 가졌지만 너무 귀한 분이었다. 나는 이분의 이야기를 듣고 펑펑 울었다.

유 목사님은 이 교회에 오시기 전에 사역을 실패한 경험이 있었다. 찬양 사역자로 갔지만 자신의 영성과 실력으로는 도저히 인도할 수 없어서 스스로 내려놓았다. 하나님께 너무 죄스럽고 자신을 용서할 수 없어서 하나님이 다시 불러 써주실 때까지 모든 일을 다 하리라 결심했다.

그때부터 교회 안에서 할 수 있는 '노가다 일'을 다 했다. 아예 정장 대신 작업복을 입고 와서 아침부터 저녁까지 누가 보든 안 보든 모든 일을 했다. 아무도 알아주지 않고 인사도 하지 않았다. 성도들은 그가 사역자인지도 모르고 용역 직원으로 알 정도였다고 한다.

2년이 지난 어느 날, 찬양을 인도할 전도사가 갑자기 더 큰 교회로 가버리자, 작업복 입고 먼지 뒤집어쓰고 일하던 '유 전도사'는 갑자기 부름을 받아 다시 마이크를 잡게 되었다. 덜덜 떠는 그에게 은혜가 임했다. 능숙하게(skillful) 부르진 못했지만 그의 진심이 그를 완전하게 만들어간 것이다.

목사님의 찬양을 옆에서 잠깐 들었는데 그 안에 진심이 느껴져서 눈물이 났다. 하나님이 원하시는 완전함은 이런 것이다. 하나님은 우리의 완벽함을 보고 부르지 않으신다. 완벽한 자를 선택해 쓰시는 것도 아니다.

그분은 우리의 성실과 진심이 완벽함을 만들어내는 것을 기뻐하신다. 성실함과 진심, 그것이 빚어내는 완전해지려는 몸부림, 훈련과 연구와 반복되는 노력을 완전함이라 불러주신다.

우리가 하루, 한 주간을 이렇게 살아냈으면 좋겠다. 내 삶의 한복판에서 누가 보든 안 보든, 인정해주든 말든, 주어진 한 달란트와 한 시간에 최선을 다하자. 주변 사람들에게 먼저 인정받자. 우선 가장 가까운 가족에게 인정받자. 당신이 일하는 그곳, 서 있는 그곳에서도 인정받지 못하고 최고가 되지 못한다면 위대한 사람이 될 수 없다.

오늘 하루를 의무감으로 꾸역꾸역 살아가며 제자리만 맴돌지 않기를 바란다. 당신의 사역지에 최선을 다한 성실함과 완전해지려는 몸부림, 훈련과 반복의 노력, 연구가 있기를 바란다.

하나님나라와 그의 의를 위해 오늘 하나라도 더 하려고 애쓰며 수고하기를, 하나님의 섭리와 사역과 뜻에 동참할 줄 아는 건강한 신앙인이 되기를 주님의 이름으로 소망한다. 위대함은 누가 선택해주는 것이 아니라 바로 지금 오늘부터 당신이 선택하는 것이다.

2

◆ ◆ ◆

세상을 바꾸고 싶다면
나부터 변화하라

잠 4:23 모든 지킬 만한 것 중에 더욱 네 마음을 지키라 생명의 근원이 이에서
남이니라

정말 뛰어넘어야 할 상대

세상을 변화시키고 싶다면 내 마음부터 바꾸고 나부터 변화되어야 한다. 마음은 내 삶을 이끌어가는 엔진이기 때문이다. 마음이 어떻게 작동하느냐에 따라 삶도 달라진다.

우리나라가 어렵던 1970-1980년대에 복싱은 국민 스포츠라 할 정도로 인기가 굉장했다. 복싱 선수 중 비운의 복서 김득구 선수가 인상 깊다. 동양 챔피언인 그는 세계 챔피언에 도전해 레이 맨시니와 경기하던 중 링에서 쓰러져 다시 일어나지 못했다.

그의 이야기를 다룬 영화 〈챔피언〉에서 기억에 남는 명대사가 있다. 술 먹고 폭행 사건에 연루되어 어쩌면 다 끝난 것 같은 위기를 맞은 김득구를 거울 앞에 세우고 관장님이 들려주는 말이다.

"원래 복싱 선수는 미스코리아보다 거울을 보는 시간이 많다. 그것은 자세도 자세지만 그보다 네가 싸워야 하는 사람이 바로 그 안에 있기 때문이야. 같은 시합도 선수가 정신이 가면 금방 지쳐버리고 말아. 그런데 설사 뼈가 부러지고 아파 죽어도 얼굴에 표시를 내면 안 돼. 네가 약해지는 걸 보는 순간 상대는 두 배로 힘이 생긴다고. 앞으로 네 눈앞에 서 있는 그 사람하고 싸우는 거야. 딱 한 사람만 이기면 된다."

참 멋진 말 아닌가? 우리는 자꾸 세상과 싸우려 하고, 라이벌을 찾아 싸우려 한다. 그런데 세상에서 가장 무서운 상대는 다름 아닌 바로

나 자신이다. 나 자신을 뛰어넘어야 상대도 뛰어넘을 수 있고, 나 자신을 이겨야 상대도 이길 수 있고, 나 자신의 마음과 생각, 사고가 바뀌어야 내 주변 환경과 세상도 바뀌기 시작한다.

스스로 마음을 지키지 못하고 정신 상태에서 승리하지 못하면 아무것도 해낼 수 없고, 그 어떤 것도 이길 수 없다. 마음과 정신이 지쳐버리면 모든 상황에 금방 지치고 절망해서, 상황이나 누구 때문이 아니라 나 스스로가 무너지고 만다. 내 삶은 내가 마음먹은 대로 끌려가므로, 내 마음이 사망이 아니라 생명을 향하게 해야 한다.

상황과 환경에 대한 원망을 접어라. 그것은 오히려 싸우고 있는 상대에게 당신의 약함을 드러내는 것이고, 그 때문에 상대는 힘이 2배, 3배 강해져서 당신을 짓눌러 밟아버린다.

부정적인 마음과 생각은 마귀의 먹잇감이다. 암은 우리의 걱정과 근심, 불안과 두려움을 먹고 자란다. 스트레스를 받으면 암에 걸린다는데 그 스트레스의 원인이 걱정과 두려움, 불안이다. 흔히들 암 때문에 넘어졌다고 하지만 암에 먹이를 제공한 사람이 바로 자기 자신이라는 것을 알아야 한다.

상황이 만족스럽지 않고 처지와 형편이 녹록지 않다 해도 마음을 지켜야 한다. 돈, 가족, 관계, 명성, 사람들의 인정 등 지키고 싶은 소중한 것들이 많겠지만 그런 것을 지켜내려고 발버둥 치지 마라. 지킬 만한 모든 것 중에 가장 지켜야 할 것은 당신의 마음이다. 마음을 지켜라. 결국 이것이 당신을 살고 죽게 하는 문제가 될 것이기 때문이다.

부정적인 마음을 이기고 긍정의 마음을 지켜내라

미국 체로키 인디언들에게는 '두 마리의 늑대 이야기'라는 전설이 전해 내려온다. 어느 저녁, 할아버지가 모닥불 앞에 어린 손주들을 앉혀 놓고 이야기를 들려준다.

"얘야, 우리 마음속에는 두 마리의 늑대가 살고 있어. 이 두 마리 늑대는 항상 서로 뒤엉켜 싸우고 있단다. 검은 늑대는 악(Evil)이야. 화, 질투, 슬픔, 후회, 탐욕, 오만, 자기연민, 죄책감, 억울함, 열등감, 거짓말, 헛된 자존심, 우월함이며… 자아(Ego)란다.

흰 늑대는 선함(Good)이야. 기쁨, 평화, 사랑, 희망, 평온, 친절, 자비, 공감, 너그러움, 진실, 연민이며… 믿음(Faith)이야. 이 두 마리 늑대가 늘 네 마음속에서 뒤엉켜 네 마음을 차지하려고 싸우고 있어. 얘야, 이 검은 늑대와 흰 늑대 중에 어떤 늑대가 이길 것 같니?"

이 질문 앞에 어린 손주들은 고민한다.

"할아버지, 도대체 어떤 늑대가 이기나요?"

"이제부터 네가 먹이를 많이 주는 놈이 이길 거야."

부르는 이름만 다를 뿐 이 두 마리 늑대와 같은 두 마음이 내 안에서 싸우고 있다고 성경도 동일하게 말씀한다.

내가 원하는 바 선은 행하지 아니하고 도리어 원하지 아니하는 바 악을 행하는도다 만일 내가 원하지 아니하는 그것을 하면 이를 행하는 자는 내가 아니요 내 속에 거하는 죄니라 그러므로 내가 한 법을 깨달았노니 곧 선을 행하기 원하는 나에게 악이 함께 있는 것이로다 내 속사람으로는 하나님의 법을 즐거워하되 내 지체 속에서 한 다른 법이 내 마음의 법과 싸워 내 지체 속에 있는 죄의 법으로 나를 사로잡는 것을 보는도다 오호라 나는 곤고한 사람이로다 이 사망의 몸에서 누가 나를 건져내랴 롬 7:19-24

당신의 마음에서는 어떤 늑대가 이기고 있는가? 부정적이고 비판적이고 절망하고 낙심하고 포기하고 항상 주저하고 불안하고 걱정하고 무책임하고 대책 없는 검은 늑대인가, 아니면 긍정적이고 도전하고 모험하고 항상 행동하고 단호하고 성실하고 자신감 있고 확신에 찬 흰 늑대인가.

어느 쪽이 당신의 마음과 삶을 차지할지는 당신의 생각이 어떤 늑대에게 먹이를 주느냐에 달렸다. 많이 주는 쪽이 이기므로 승패는 내가 결정짓는 것이다.

내가 부정적인 생각, 불만, 불평, 비판, 비관적인 마음을 가지면 내 안에 있는 검은 늑대에게 계속 먹이를 주는 것이다. 그러나 어떠한 상황 속에서도 소망의 생각, 순종하려는 생각, 도전하려는 마음, 확신과 자신감, 주님을 믿는 마음이 있다면 흰 늑대에게 먹이를 주는 것이다.

우리 모두 흰 늑대가 이기기를 원한다. 내 안에 밝음, 소망, 긍정, 행복이 가득하고, 내가 확신과 자신감으로 도전하고 모험하길 원한다. 그런데도, 흰 늑대가 이기기를 원하면서도 자꾸 검은 늑대에게 먹이를 준다.

게다가 매일 현실의 열악함, 내 처지의 곤란함, 이 상황의 어려움, 이 처우의 부당함, 상대의 몰지각함에 분노하며 불평하고, 근심하고 걱정하며 살아가면서 자기가 아주 열심히 살고 있다고 착각한다.

그런 걱정, 염려와 사고는 아무리 많이 하고 열심히 해도 절대 내 삶의 성실이라 말할 수 없다. 그저 내 마음의 검은 늑대에게 먹이를 주는 행위일 뿐이다.

영적 빈익빈 부익부

상황, 처지, 형편에 짓눌려 불순종하게 되면 내 영은 파리하게 말라가고 핍절해진다. 성취감이나 기쁨 없이, 꾸역꾸역 반복하는 무의미한 신앙생활에 지치기 시작한다. 그러니 또 선포된 다음 순종이 더 부담스럽고 힘겨워지고, 그렇게 불순종과 영적 침체가 악순환을 반복한다.

반면 마음을 지키고 승리를 맛본 사람은 모든 일에 더 긍정적인 태도로 도전하고 성실하게 행동하며 결과를 자꾸 내게 된다. 그 결과와 만족감, 성취감이 더욱 성실하게 하고 또 다른 것에 도전하게 하며 결국 새로운 승리와 또 다른 사역의 디딤돌이 된다.

이것이 내가 늘 주장하는 영적 부익부 빈익빈 시스템이다. 순종은 그 당시는 너무 힘들고 버거워도 하나님이 이루시는 섭리의 결과인 부흥과 축복을 얻게 하고, 그러면 하나님의 해석지를 봤으니 하나님에 대한 신뢰가 더 강해져 그다음에 주어진 과제와 순종은 훨씬 쉬워진다. 그런 선순환이 이루어진다.

고기도 먹어본 사람이 먹는다고 하지 않는가. 승리도 버릇되고 축복도 버릇된다. 순종도 습관이고 부흥도 습관이다. 나는 자녀들에게 항상 작은 것이라도 좋으니 끝까지 해서 인정받으라고 가르친다. 이겨본 사람이 또 이기고 인정받아본 사람이 또 인정받기 때문이다.

나는 고등학교 3학년 2학기부터 스스로 학비, 생활비를 벌기 위해서 안 해본 아르바이트가 없었다. 그때 과외 했던 아이들에게 지금도 연락이 온다. 까불고 반에서 중간도 못 했던 아이들을 한 학기 만에 전교 1등으로 만들었다. 나만의 원칙으로 쟁반 드는 일은 빼고, 그 외 편의점, 노래방, 야시장 등에서 안 해본 일 없이 많은 아르바이트를 했는데 무조건 사장이 내게 더 일해달라고 붙들 때까지 했다. 그런 상황이 안 되면 그만두지 않았다.

타이거 우즈가 무서운 이유는 이기는 습관이 몸에 배어 있어서다. 그는 몇 타가 뒤지고 있건 상관없이 이기는 버릇이 배어 있었다. 그에 반해 상대는 자꾸 역전당했던 습관이 있기 때문에 이기고 있어도 괜히 벌벌 떨었다. 이기는 습관, 인정받는 버릇이 이렇게 엄청나다.

많은 교회가 부흥을 원한다. 영혼의 부흥, 신앙의 부흥을 다 원하는데 부흥도 맛본 자들이 또 맛본다. 그러므로 무조건 영적 부흥을 맛봐야 한다. 부흥의 현장에 있다는 것 자체만으로도 엄청난 에너지를 얻으며 이것이 큰 유익이 된다.

부흥도 버릇되고 순종도 습관이라는 말은 거꾸로 불순종도 버릇되고 패배하는 것도 습관이라는 것이다. 그런 불순종과 패배의 습관이 남아 있으면 끝내 불순종하고 패배하는 쪽으로 자꾸 흘러간다. 대충하다 말고 흐지부지하는 사람들은 죽을 때까지 그렇게 산다.

상황, 처지, 형편, 가능성, 확률 따위에 짓눌려서 자꾸 '못한다, 안된다, 어렵다, 힘들다, 이게 한계다, 난 포기했다' 하는 사람들은 끝까지 그렇게 산다.

그러니 계속 패배하며 살지 말고 이겨보라. 그런 것에 눌리지 말고, 한 번 깨뜨리고 이겨보기를 바란다. 한 번은 꺾어버려야 내 마음을 지키기가 더 수월해진다. 순종해봐야 하고, 끝을 봐야 한다. 그럼 그것이 그다음 순종과 승리의 재료가 된다.

한계 없는 인생 vs 한 게 없는 인생

중국 알리바바의 창업자이자 초대 회장인 마윈이 "세상에서 같이 일하기 가장 힘든 사람은 가난한 사람이다"라고 말한 바 있다. 처음만 들으면 논란이 되고 비판받을 만한 말이다.

그런데 사실 이 말은 "내가 돈 없는 사람하곤 일하지 않겠다, 상종하지 않겠다"라는 차별적인 말이 아니다. '가난함'의 이유를 분석한 것인데, 그 '가난'이 마음에서 왔다는 것이다. 그래서 마음을 지키지 못해 가난하게 사는 사람들과는 일하기 싫다는 의미다. 마윈이 말하는 '가난한 사람'은 이런 사람이다.

자유를 주면 함정이라고 하고, 작은 사업을 하자고 하면 돈을 별로 못 번다고 하고, 큰 사업을 하자고 하면 돈이 없다고 한다. 새로운 것을 시도하자고 하면 경험이 없다고 하고, 전통적인 사업을 하자고 하면 경쟁이 치열하다고 말한다.

또한 새로운 사업 모델을 제안하면 의심하고, 상점을 같이 운영하자고 하면 자유가 없다고 하며, 신규 산업을 시작하자고 하면 전문가가 없다고 한다. 그들은 공통적으로, 희망 없는 친구들에게 의견 듣기를 좋아하고, 구글이나 포털사이트에 묻기를 즐긴다. 대학교수보다 많이 생각하지만 장님보다 더 적은 일을 한다.

마윈은 그들에게 무엇을 할 수 있는지 물어보면 그들은 대답할 수 없을 것이라며, 가난한 사람들은 공통적인 한 가지 행동 때문에 실패한다고 말한다. 그들의 인생은 기다리다 끝난다는 것이다.

한계 없는 인생이 있고, 한 게 없는 인생이 있다. 당신은 어떤 인생이 되고 싶은가? 아무것도 행하지 못하고, 도전하지 못하고, 순종하지 못하고, 전진하지 못한 채 맨날 부정적이고 비관적인 사고 안에서 정작 하는 일은 없이 말만 많고 생각만 많은 인생인가, 긍정적인 사고와 하나님을 전적으로 신뢰하는 믿음으로 다윗처럼 골리앗이든 블레셋 군이든 무엇에든 도전하고 전진하며 나아가는, 한계 없는 인생인가?

2023년 2월에 열린 물맷돌기독대안학교(SCLA, 물맷돌 크리스천 리더스 아카데미)의 졸업식은 너무도 감동적인 시간이었다. 시작부터 눈물이 터져서 끝까지 눈물로 가득 찼다. 하나님께서 학교를 세우라고 마음에 감동을 주실 때 아무것도 보장된 것이 없었고, 무엇 하나 확보되거나 준비된 것도 없었다.

도대체 어디서부터 뭘 어떻게 해야 할지 모른 채 시작한 학교였다. 두서없이 시작했고, 밑도 끝도 없이 헤맸고, 어딜 봐도 소망이 없었다. 그러나 꿈같은 일들이 일어났고, 믿을 수 없는 성과를 얻었으며, 수많은 요청과 제안이 들어왔다.

신앙은 보고 가는 것이 아니라 믿고 가는 것이다. 그래야 그 멋진 결과와 해답지를 볼 수 있다. 맨날 재고 따지고 계산하고 앉아있으면 그런 감격을 누리지 못한다. 하나님이 주시는 감동에 믿음으로 반응하면 하나님이 일하시고 길을 내신다. 그러므로 결단과 순종을 주님께 내어드리면 하나님은 또한 힘과 이길 능력을 선물해주실 것이다.

무기력과 게으름을 이겨내라

내 마음의 상태는 그 마음으로 인해 삶에 나타나는 징표로 알 수 있다. 부정적이고 비관적인 마음은 삶을 무기력하고 게으르게 만든다. 삶에 무기력과 게으름이 있다면 검은 늑대가 마음을 정복했다는 뜻이다. 마음을 차지한 검은 늑대는 하나씩 하나씩 성실을 빼앗아 나를 나태함과 무기력, 게으름의 함정에 빠뜨린다.

게으른 자는 길에 사자가 있다 거리에 사자가 있다 하느니라 문짝이 돌쩌귀를 따라서 도는 것같이 게으른 자는 침상에서 도느니라 게으른 자는 그 손을 그릇에 넣고도 입으로 올리기를 괴로워하느니라 게으른 자는 사리에 맞게 대답하는 사람 일곱보다 자기를 지혜롭게 여기느니라 잠 26:13-16

게으른 자는 일하러 가자, 일 좀 하자고 하면 길에서 사자를 만날까 걱정된다고 한다. 요즘 말로 하면 교통사고 날까 봐 출근을 못 한다는 것이다. 그런 허접한 이유와 변명과 핑계를 꾸준히 내놓는다. 그런 창의력으로 일했다면 오히려 잘살았을 것도 같은데 말이다.

이렇게 내가 못 나가고 일 안 하는 이유, 순종 못 하고 도전 안 하는 변명, 성실하지 못할 핑계를 '사자'라고 말해놓고 기껏 하는 일이 무엇인가? 집 문짝이 회전축을 두고 이리 돌았다 저리 돌았다 하듯이 침대에서 나오지 않고 뒹굴뒹굴한다.

부정적인 마음은 내게 주어진 일들을 작게 보고, 내 현실을 작고 초라하게 여기게 한다. 그래서 마음이 불안과 근심, 부정적인 생각으로 가득 차면 아무리 중요하고 귀중한 삶과 사역도 가볍게 여기고 싸구려 취급하게 된다.

마귀는 "야, 그거 싸구려야. 그거 한다고 뭐가 달라지니? 그런 것 좀 그냥 넘어가. 오늘 안 해도 돼"라고 속삭이며 내가 삶과 사역을 스스로 던지고 포기하도록 종용한다.

과연 오늘 나에게 주어진 삶, 나에게 맡겨진 사역, 나에게 주어진 하루가 중단하고 포기하고 내려놔도 될 만큼 싸구려일까? 감히 그 정도 이유로 내려놓고 포기하고 갈등할 수 있는 그런 가치일까? 절대 그렇지 않다. 조금만 영적으로 깨어 생각하고 영적 무게를 달아보면 말도 안 되는 짓거리다.

마귀에게 속지 말라. 마귀는 하나님이 주시려는 위대하고 존귀한 인생을 나 스스로 포기하고 그것으로 나아가지 못하도록 내 발목을 꽉 붙잡는다. 그 말에 속는다면 평생 그렇게 산다. 그러면서 하나님의 약속이 거짓이었다고, 그 약속은 성취되지 않는다고 말한다.

하지만 아니다. 하나님의 약속은 언제나 당신을 기다리고 있다. 하나님이 당신에게 주시는 그 위대한 삶으로의 섭리는 변개하지 않고 바른 방향으로 고정되어 있다. 스스로 게으름과 불성실과 무책임의 함정에 빠져 거기까지 못 갈 뿐이다.

하루하루와 내게 맡겨진 사역 하나하나를 하찮게 본 것이 처음엔 아무것도 아닌 것 같지만, 켜켜이 쌓이면 하나님께서 내게 주시려 했던 축복과 존귀한 삶을 스스로 깨뜨려 돌이킬 수 없는 후회에 빠지게 할 것이다. 그 원인을 내 마음, 내 삶에서 찾지 못하고 다른 사람과 상황으로 돌려 여전히 원망하고 불평하면서.

작은 것 하나부터

이미 끝난 것 같은 사람들이 있다. 다시 회복해야 하는데 약해진 흰 늑대가 갑자기 확 강해져서 검은 늑대를 이기기는 힘들다. 그럴 때는 어떻게 해야 할까?

큰 승리를 꿈꾸지 말고 하루하루 지금 당장 내가 할 수 있는 것부터 하나하나 최선을 다해서 해내는 것이다. 이것을 '성실'이라고 부른다. 지금 할 수 있는 것, 나에게 맡겨진 것부터 끊임없이, 꾸준히 해나가는 것이 성실이다.

2011년 '넵튠 스피어' 작전을 이끌어 오사마 빈 라덴을 사살하고 미국의 영웅이 된 윌리엄 H. 맥레이븐은 2014년 모교인 텍사스 오스틴대학 졸업식 연설에서 자신이 37년간 군 요직을 거치고 수많은 작전을 성공시킨 비결을 이야기했다. 이 연설 내용이 유명해지면서 책으로 출간되었는데, 그 책 이름이 《침대부터 정리하라》(Make Your Bed)다.

그는 모든 일에 성과를 내고 모든 일을 완수하는 법을 익히라고 하면서, 위대한 삶을 꿈꾼다면 아침에 일어나 침대부터 정리하라고 했다. 작은 일, 눈앞에 매일 반복되어 소홀히 하기 쉬운 일을 소중하게 생각하는 사람이 결국에는 잘된다는 이야기다.

진리는 아주 진부하다. 승리의 기준과 방법이 해를 바꾸며 바뀐다면 그건 진리가 아니다. 진리는 똑같아야 진리다. 나는 20년 전부터 똑같은 말을 수천 번, 수만 번 외치고 가르쳐왔다.

"성공하기 원한다면 인사를 잘하자, 약속을 잘 지키자."

이 두 가지가 아무것도 아닌 것 같지만 이게 진심이고, 성실이고, 최선이다. 눈앞에 있는 오늘, 눈앞에 있는 사람에게 최선을 다하고 진심을 다해야 한다. 약속을 지키지 않으면서 진심이라고 할 수 없다. 존중의 마음을 담아 인사하지 않으면서 진정성이 있다고 말할 수 없다. 그래서 나는 인사 잘하고 약속을 잘 지키라고 한다.

쉽게 약속을 저버리는 사람은 단언컨대 사업도 안 되고, 직장 가도 안 된다. 자식 교육도 못 시킨다. 작은 약속 하나를 소홀히 여기는 사람들은 무엇을 해도 안 된다. '이거 하나쯤이야'라는 마음을 접어라. 그것은 엄청난 가속을 붙여 당신이 위대해지는 걸 방해한다.

인생은 위대해 보이는 것들을 쫓아다닌다고 위대해지는 것이 아니라 오늘 접어야 할 마음 접고, 해야 할 일을 할 때 위대해진다. 기본적이고 기초적인 것, 관계 하나, 약속 하나 지켜내지 못하면서 어떻게 미래에 갑자기 위대하고 열정적인 신앙인이 되어 향유 옥합을 깨뜨리는 헌신을 할 수 있는가.

하나님은 성실한 마음을 지니고 지켜내는 자를 기뻐하시며, 그를 존귀하게 들어 사용하기를 기뻐하신다. 그러니 오늘도 성실을 양식으로 삼고, 하나님의 성실하심을 내 삶의 원동력으로 여기고 감사하는 우리가 되기를 바란다.

여호와를 의뢰하고 선을 행하라 땅에 머무는 동안 그의 성실을 먹을 거리로 삼을지어다

시 37:3

성실이 쌓여 이루어내는 변화

"성실하게, 누가 보지 않더라도 누구보다 먼저 나오고 늦게 나가라. 그 성실이 절대 억울한 게 아니다."

사회생활을 시작하는 청년들에게 내가 꼭 해주는 얘기다. 아무도 모르는 것 같고 무의미하고 무가치한 것 같아도 다 알고 있고 누군가는 다 보고 있다. 사실 이걸 몰라서 안 하는 사람은 없다. 귀하게 듣고 실행하는 사람이 있고, 가볍게 여겨 마음에 두지 않고 실천하지 않는 사람이 있을 뿐이다.

이것을 듣고 실천함으로 인생이 달라진 청년이 있다. 그는 한 기업의 생산 라인에 비정규직으로 들어갔는데, 비정규직이라서 똑같은 일을 해도 월급도 적게 받고 너무 힘들다고 했다.

그때만 해도 옛날이라 노조에 뒷돈을 주고 들어가는 사람도 많았으

나 나는 그에게 그 일이 하나님이 기뻐하시는 방법이 아니니 하지 말라고 했다. 정규직으로 들어가지 못한 것도 네 성실과 실력이 이것밖에 안 됐기 때문에 얻은 결과이니 그 또한 네가 책임져야지 부정적인 방법으로 들어가려고 하면 안 된다고 말하고, 대신 이제부터라도 잘하라고, 이렇게 조언했다.

"그 생산 라인에 출근 시간보다 1시간 일찍 가. 그리고 일 끝난 뒤에는 널브러져 있는 노끈이나 목장갑 이런 것들, 누가 보든 안 보든 깨끗하게 싹 다 정리한 다음 퇴근해라."

이 청년이 순종하여 그렇게 했다. 2년이 지난 어느 날, 그는 바로 정규직으로 발탁됐다. 위대함은 처음부터 인사 관계자 찾아가서 이루어지는 게 아니다. 삶의 현장에서 오늘 할 일에 성실히 최선을 다하여 작은 것이라도 하나하나 쌓는 것에서 시작된다.

물론 지금 내 눈앞에 있는 것, 지금 내가 할 수 있고 내가 해야 할 것들이 바로 위대한 삶을 살게 하는 건 아니다. 오히려 아주 초라해 보이고 격차가 너무 큰 것 같다. 그래도 해야 한다. 그렇게 하든 하지 않든 처음에는 별 차이가 없지만, 그 시간이 쌓여 훗날 내 삶의 결과지가 나오는 순간에는 완전히 다른 인생으로 나타난다.

나는 1년에 딱 한 가지만 계획을 세운다. 내 삶에서 정말 버리고 싶은 모습이나 꼭 해내고 싶은 것을 하나만 정한다. 그것 하나만 1년 동안 미친 듯이 한다. 그 일을 개척 시작부터 지금까지 해왔다. 내가 너무 목사답지 못하고 쓰레기 같아 보였기 때문에 시작했다.

그런다고 나 같은 인간이 변화될까 싶었지만 그래도 꾸준히 했고 이제 20년이 됐다. 20개를 했다. 그런데 인생이 꽤 아름다워졌다. 시간이 내는 묵직한 향기가 있다. 그 향기는 그 누구도, 어떤 향수로도 흉

내 낼 수 없다.

오늘 작은 마음의 결단과 순종, 행동의 변화로 인생의 항해 방향키를 1도만 돌리면, 마음을 긍정으로 성실로 1도만 돌리면 다음 20년이 지났을 때는 도착한 항구가 달라져 있을 것이다. 그때는 쓰라림이 아닌 기쁨과 행복으로 가득하길 바란다.

게으른 사람은 어떻게든 핑계를 찾지만 성실한 사람은 어떻게든 길을 찾는다. 지금 내가 해야 하고 할 수 있는 것 그 하나만큼은 최선을 다하자. 오늘 내 눈앞에 있는 그 사람, 맡겨진 그 일, 지금 이 순간이 소중하고 진귀한 보물임을 잊지 말자. 빛나는 자리만 꿈꾸거나 탐내지 말고 내가 발붙이고 살아가는 오늘을 빛나게 만들자. 그럴 때 빛나는 인생이 될 것이다.

3

•••

허를 찌르시는
하나님의 반전

삼상 16:11-13 또 사무엘이 이새에게 이르되 네 아들들이 다 여기 있느냐 이새
가 이르되 아직 막내가 남았는데 그는 양을 지키나이다 사무엘이 이새에게 이
르되 사람을 보내어 그를 데려오라 그가 여기 오기까지는 우리가 식사 자리
에 앉지 아니하겠노라 이에 사람을 보내어 그를 데려오매 그의 빛이 붉고 눈
이 빼어나고 얼굴이 아름답더라 여호와께서 이르시되 이가 그니 일어나 기름
을 부으라 하시는지라 사무엘이 기름 뿔병을 가져다가 그의 형제 중에서 그에
게 부었더니 이 날 이후로 다윗이 여호와의 영에게 크게 감동되니라 사무엘이
떠나서 라마로 가니라

감동을 안기는 반전

나는 예배에 목숨 걸기 때문에, 집회를 다니다가 전심으로 예배하지 않는 찬양 사역자와 연주자들의 모습에 언짢을 때도 더러 있다. 그런데 샌프란시스코의 예수인교회에서 집회를 할 때는 찬양 가운데 큰 감동이 있었다.

그날의 찬양은 화려하지도, 찬양팀의 실력이 월등하거나 출중하지도 않은데도 찬양하는데 그렇게 눈물이 났다. "은혜 아니면 살아갈 수가 없네 … 오직 예수뿐이네" 하며 찬양을 인도하는 청년을 볼 때 '저 사람은 지금 노래하는 게 아니라 자기 삶을 하나님께 고백하고 있구나'라는 느낌이 들며 도대체 어떤 사람인지 너무 궁금했다.

나중에 들으니 그는 마이클이라는 교회 청년으로, 마약에 손을 대고 인생이 완전히 피폐해졌던 사람이었다. 노숙자 천지인 샌프란시스코에서 자기 인생을 스스로 망가뜨리고 노숙자들로 똥밭이 된 길거리, 그 오물구덩이에서 구르던 마약 중독 노숙자였다.

그런데 부모님과 할머니의 너무도 간절한 기도로 회복되었고, 지금은 마약과 노숙자 생활을 완전히 끊고 회계사 준비를 위해 공부하면서 노숙자들을 돕는 선교사로 일하고 있다고 한다.

그의 찬양이 왜 그렇게도 가슴을 울리고 눈물을 터뜨리게 했는지 알 것 같았다. 그가 한 구절 한 구절 마음을 담아 부른 가사는 오늘도 나 스스로 살아갈 수 없으며 주님이 더욱 필요하다는 진실한 고백이기에 사람의 마음을 더욱 감동케 하는 힘이 있었던 것이다.

반전의 스토리는 언제나 감동을 선물하기에 우리는 반전을 기대한다. 성경은 이렇게 우리에게 필요하고, 희망이 되는 반전의 이야기로 가득 차 있다. 다채로운 상황과 배경 가운데 반전의 감동을 누린 인생의 이야기로 가득하기에 성경은 희망이고 하나님의 말씀은 소망이다.

당신의 인생도 이 반전의 기쁨과 감격을 누릴 수 있는 감동의 레시피(recipe)를 공개하고자 한다. 레시피에는 음식의 조리 방법뿐 아니라 주재료도 포함된다. 우리 인생에 감동적인 반전을 이루는 주재료와 원동력은 무엇일까? 먼저 반전의 주재료, 반전의 감동을 극대화시키는 것은 깊은 절망과 낮은 기대치다.

절망이 깊을수록 감동도 깊어진다

사무엘상 16장의 시대적 상황은 절망적이었다. 하나님이 친히 세우신 지도자 사울은 어느 순간부터 하나님의 말씀을 청종하지 않고 자기 소견대로 행했다. 구체적으로 말하면 상황이 허락하는 대로, 형편에 맞게, 사람들의 의견과 요구에 따라 결정하며 나라를 통치했다.

그는 하나님을 떠나거나 적극적으로 하나님의 말씀을 배척하고 대적하지는 않았지만, 문제를 대할 때는 상황 되는 대로, 형편껏, 사람들의 의견과 기대대로 반응했다. 이 모습이 지금 우리의 모습과 너무도 닮았다.

하나님께서 사울을 왕으로 삼은 것을 후회하며 버리시자 사무엘은 슬퍼하고 안타까워하는데 하나님은 그런 그를 꾸짖으신다.

"네가 언제까지 사울 때문에 슬퍼하겠느냐. 가서 내 마음에 합한 자에게 기름 부어 다시 시대 역사를 이끌어가라."

하나님이 사울을 떠나신 이 상황은 사울 개인에게도 시대적으로도 절망적인 어둠이었다. 이제 이 나라와 민족이 어디로 가야 할지 알지 못하는 절망의 때, 반전처럼 다윗이 등장한다. 다윗이 하나님의 역사에 전면적으로 등장하는 때가 바로 이런 절망적인 시기였다. 절망의 깊이가 깊을수록 반전의 감격과 감동은 훨씬 더 커진다.

다말을 보라. 남편을 잃고, 대를 이을 아들을 낳지 못했는데 형제들마저 계대의 의무를 다하지 않아 아무 소망도 없는 처지가 되었다. 그렇게 다말은 버려지듯 가문에서 나오게 되었지만 이후 인간적인 상식으로는 도무지 이해되지 않는 방법(창녀로 변장하여 시아버지와 동침)으로 아들을 낳는 말도 안 되는 일을 벌인다.

이런 일이 이 시대에 벌어졌다면 난리가 났을 텐데 성경은 이런 이야기를 감추지 않는다. 이게 바로 하나님의 말씀이 진리라는 사실이자 증거다. 세상은 껄끄럽고 자기에게 이익이 되지 않으면 숨긴다.

이단들도 이런 것을 왜곡하고 숨긴다. 하지만 성경은 그대로 드러내면서, 다말처럼 가능성이 '0'이었던 여인에게도 이런 반전이 일어났다고 말씀한다.

룻은 남편을 잃고 아무것도 없는 상황에서 다윗의 증조모요 예수님이 오실 통로가 되었다. 사르밧 과부는 흉년에 나뭇가지를 태워 음식을 만들어 아들에게 먹이고 같이 죽으려고 했는데 그 상황이 반전처럼 뒤집혀 기름과 가루가 떨어지지 않는 풍족한 상황이 되었다.

예수님을 지척에서 저주하며 세 번이나 배신한 베드로의 모습은 주의 종으로서 누가 봐도 실격이다. 하지만 그도 회복되어 하나님의 놀라운 부르심을 받고 종으로 사용되었다. 예수 그리스도를 부정하고 하나님나라를 배척하며 예수 믿는 자를 잡으러 다니는 것을 사명으로 여겼던 사울은 자기 생명조차 아끼지 않고 땅끝까지 복음을 전하는 위대한 하나님의 사람, 사도 바울이 되었다.

성경은 몇 장만 넘겨도 이런 반전의 이야기가 가득하다. 그 반전은 하나같이 불빛 하나 보이지 않는 절망적인 상황, 끝도 모를 절망의 밑바닥, 도저히 희망 한 조각 보이지 않는 삶의 현장에서 시작되었다. 절망이 깊을수록 반전의 감동은 커진다.

기대가 낮을수록 감동은 커진다

이런 절망의 때, 하나님은 그분의 마음에 합한 자를 들어 쓰시기 위해 사무엘 선지자를 이새의 집에 보내 그 아들 중 하나에게 기름을 붓고자 하신다.

이에 이새가 사무엘 선지자에게 아들들을 소개하는데 맏아들 엘리압은 사무엘이 '하나님께서 택하신 자가 여기 있구나' 할 만큼 누가 보아도 왕이 될 만한 용모를 갖추고 있었다. 그러나 중심을 보시는 하나님은 이미 그를 버렸다고 하셨다. 엘리압은 탈락이었다.

둘째도 셋째도 여호와께서 택하지 않으셨고, 그렇게 이새의 일곱 아들이 차례로 사무엘 앞을 지나갔다. 사무엘은 이새에게 여호와께서 이들을 택하지 않으셨다며 아들들이 다 여기 있느냐고 물었다.

"아직 막내가 남았는데 그는 양을 지키나이다"라는 이새의 대답은 "아, 막내가 있었네요. 막내를 깜박했어요!" 이런 뉘앙스가 아니다. 하나 더 있긴 한데 걔는 부르지 않아도 된다, 볼 것도 없다는 완전한 무시였다.

반전의 주재료는 절망과 낮은 기대감이다. 하나님은 일부러 기대치를 떨어뜨리신다. 하나님은 능하고 강하고 지혜롭고 풍족하고 존귀한 자를 들어 사용하시는 것이 아니라 우리처럼 부족하고, 나약하고, 천하고, 가치 없고, 기대할 수 없는 자들을 들어 사용하기를 기뻐하신다. 그런 하나님이시기에 우리는 그분께 소망을 둔다.

하나님의 어리석음이 사람보다 지혜롭고 하나님의 약하심이 사람보다 강하다(고전 1:25). 하나님은 어리석음과 약함 자체가 없으신 분이지만 사도 바울의 표현이 그렇다.

> 형제들아 너희를 부르심을 보라 육체를 따라 지혜로운 자가 많지 아니하며 능한 자가 많지 아니하며 문벌 좋은 자가 많지 아니하도다 그러나 하나님께서 세상의 미련한 것들을 택하사 지혜 있는 자들을 부끄럽게 하려 하시고 세상의 약한 것들을 택하사 강한 것들을 부끄럽게 하시며 하나님께서 세상의 천한 것들과 멸시받는 것들과 없는 것들을 택하사 있는 것들을 폐하려 하시나니 이는 아무 육체도 하나님 앞에서 자랑하지 못하게 하려 하심이라
>
> 고전 1:26-29

하나님의 통치 스타일이다. 그분은 강하고 뛰어나고 대단하고 능력 있고 힘 있고 존귀하고 배운 자보다 우리 같은 평범한 자들을 사용하신다. 지혜롭지 못하고 미련하며 약하고 부족한 자들을 불러서 하나님의 역사에 사용하신다.

기대치가 낮고 기대가 없으면 반전의 감동은 오히려 커지는 법이다. 그렇게 보면 우리는 하나님께서 사용하시기에 딱 적합한 인생 아닌가? 기대할 것이 없고, 내밀고 자랑하고 보여주고 싶어도 그럴 것이 없기

때문이다. 그러니 절망과 낮은 기대감 속에 실망하지 말고, 그때 하나님이 역사하시는 반전이 있음을 기대하며 일어나자. 하나님은 우리를 절망 안에서부터 사용하길 기뻐하신다.

한국 역사에 일어난 반전의 감동

2023년 봄, 내가 워싱턴 D.C.에서 사역하던 기간에 우리나라 윤석열 대통령이 미국에 방문하여 국빈 자격으로 미국 의회에서 연설했다. 상하원 의원이 함께 모여 한 국가 원수의 연설을 듣는 일은 아주 드물다고 한다. 그 시간에 나는 교포들과 함께 국회의사당 밖에서 기도했다.

외국에 나가면 애국심이 더 끓어오르지 않는가. 교민들이 걱정을 많이 했다. 윤 대통령이 영어도 잘 못 하는 데다가 정치 경력도 짧고 법무부 공무원인 일반 검사 출신으로 연설에 약해 보였기 때문이다. 정치 성향을 떠나 한국의 지도자이니 기도가 절로 나와서 대통령이 연설할 때 우리는 밖에서 기도했다.

그런데 연설 후 난리가 났다. 영어 연설이 유창해서 놀란 것도 있지만, 미국의 동맹 관계와 원조, 오늘에 이르기까지의 역사를 이야기한 연설 내용이 너무 감동적이었기 때문이다. 그 자리에 참석한 상하원 의원들의 기립 박수도 26번이나 터졌다.

윤 대통령이 연설한 날, 나는 목사로서 한국인으로서 '반전의 감격을 누리는 인생'에 관한 메시지를 붙잡았다. 우리나라는 아무것도 없었다. 일본의 침략으로 모든 것을 빼앗겼고, 동족상잔의 비극 6.25 전쟁으로 폐허가 되었다. 그런데 아무것도 남지 않은 이 땅에 선교사님들이 들어와 복음을 심었다.

대통령 연설에서 통찰한 대로, 한미 동맹은 외교적 문서가 아니라 선교사님들의 선교와 복음 전도를 통해 시작되었다. 모든 것이 파괴되고 멸절된 이 땅에 선교사님들이 뿌려준 복음의 씨앗이 자라 이 나라가 세계적인 강대국으로 발전할 수 있었다.

매년 경제력, 군사력, 외교력, 국가 영향력 등을 합산해 평가하는 〈US 뉴스 앤드 월드 리포트〉(USNWR)의 '2022년 세계에서 가장 강력한 국가' 순위에서 한국은 6위를 차지했다. 7위 프랑스, 8위 일본보다도 높은 순위다.

우리나라는 경제협력개발기구(OECD) 개발원조위원회 기금의 첫 수혜자로서 원조를 받던 나라였다. 그런 나라가 누군가를 원조하는 동참국이 된 건 세계 역사상 처음 있는 일이다. 모든 것이 멸절되고 폐허가 된 이 땅에서 경제적 부흥이 일어난 것을 '한강의 기적'이라 부른다. 정말 놀라운 기적이요 반전이다.

지금 절망의 어두움과 밑바닥을 만났다면, 포기하고 실망하고 원망할 때가 아니라 하나님의 반전을 기대할 때임을 명심하라. 다윗처럼 기대치 없는 상황으로 내몰리고, 나조차 거울 속 내 모습이 용납할 수 없을 만큼 초라해 보일 때, 그때는 실망하고 포기할 때가 아니라 다윗같이 아무것도 아닌 자를 들어 사용하시며 하나님의 역사를 써 내려가시는 손길을 갈망하고 기대할 때다.

외모에 감추어진 반전

결국 이새가 사람을 보내어 다윗을 데려왔다. 그는 '빛이 붉고 눈이 빼어나고 얼굴이 아름다운'(12절 참조) 자였다. 여기서 우리는 약간의 배신감을 느낀다. 분명히 하나님은 외모를 안 보신다고 했는데 말이다.

그러나 오해하지 말자. 하나님께서 용모를 안 보신다고 한 것은 용모가 하나님의 기준이 아니라는 것이지, 못생긴 사람만 사용하겠다고 하신 게 아니니 괜히 서운함과 배신감을 느끼면 안 된다.

마음의 중심이 중요하다. 우리가 얼마나 외적인 것, 눈에 보이는 것에 빠져서 낮은 자존감으로 살아가는지 모른다. 하지만 우리나 그렇지 하나님은 절대 이런 것에 휘둘리지 않으며 속아 넘어가지도 않으신다.

샌프란시스코 예수인교회에 있었던 일이다. 예배 후 식사 교제에 사용한 그릇들을 설거지하기 위해 한 남자분을 고용했다. 그는 주일 오후에 와서 성도들이 식사를 마치면 접시 닦는 일만 마치고 가기로 계약했다. 사람들은 초라한 행색으로 와서 허드렛일을 하는 그를 "아저씨, 이거 깨끗하게 해요!" 이런 식으로 대했다.

그런데 그 아저씨가 일을 마친 후 바로 집에 가지 않고 두리번거리는 모습을 담임목사님이 보게 되었다. 샌프란시스코는 노숙자와 도둑이 많아서 차 안에 뭐만 있으면 바로 차 유리를 깨고 가져가기 때문에 CCTV로 유심히 지켜봤는데, 아저씨는 주변에 사람들이 없는 것을 확인하고는 주머니에서 자동차 키를 꺼내더니 벤츠를 타고 갔다.

그다음 주에는 더 놀라운 일이 있었다. 한 대형 투자 회사에서 펀드 매니저로 일하는 교회 청년이 회사에서 '설거지 아저씨'를 발견했다. '아, 주중에는 여기서 청소하시는가 보다' 하고 인사하려 했는데, 아저씨의 복장이 심상치 않았다. 노란색 수트를 입은 그 아저씨가 VIP룸으로 들어가 앉자 곧 전담 매니저가 와서 그를 상담실로 극진히 모셔가더라는 것이다.

알고 보니 그 아저씨는 회사의 상위 몇 퍼센트 안에 들어가는 엄청난 투자자였다. 그런데도 그다음 주일에 지난주와 똑같은 초라한 행색으로 교회에 일하러 왔다. 그러자 모든 사람이 어쩔 줄 몰라 하며 "안녕하세요?" 하고 인사했다고 한다.

감동이나 기대치가 전혀 없었던 사람의 반전은 때로는 이렇게 충격과 감동을 준다. 반전의 스토리를 좋아하시는 하나님, 우리를 통해 반전의 감동을 써 내려가기를 원하시는 하나님. 그분을 기대하라.

반전을 일으키는 원동력

반전의 주재료가 깊은 절망과 낮은 기대감이라면, 반전을 일으키는 원동력은 인내와 성실이다. 포기하지 않는 인내와 지속적인 성실이 반전을 만든다. 포기하지 않고 끊임없이 인내와 성실로 살아가는 자에게 반드시 반전의 스토리가 쓰일 것이다.

인내

눈물을 흘리며 씨를 뿌리는 자는 기쁨으로 거두리로다 울며 씨를 뿌리러 나가는 자는 반드시 기쁨으로 그 곡식 단을 가지고 돌아오리로다 시 126:5,6

이것이 바로 성경의 법칙이고, 하나님의 반전 스토리의 주 레시피다. 눈물로 씨앗을 뿌릴 때 반전의 열매를 맺는 법이다. 눈물 흘리는 척박한 상황 속에서도 포기하지 않고 끊임없이 밭에 나가 씨를 뿌리는 자들이 인내와 성실을 통해 반전의 열매를 거둔다.

각 분야에서 최고가 되어 많은 사람에게 감동이 되는 사람들을 소개하는 〈서민 갑부〉라는 TV 프로그램이 있다. 그 주인공들은 절망의 밑바닥까지 갔던 사람이다.

사람들은 절망의 상황과 형편을 만나면 대부분 포기하고, 자기 인생을 저주하고 원망하고, 누군가에게 책임을 전가하며 분노하고 갈등하는 데 에너지를 쏟지만 이런 반전 드라마의 주인공이 될 사람들은 다르다는 것을 이 프로그램을 보면서 발견했다.

이들은 그 시간에 인내한다. 하나님의 때를 기다리며 성실하게 하루하루를, 지금 할 수 있는 것부터 하나씩, 차곡차곡, 한 걸음씩 뚜벅뚜벅 그 길을 걸어간다.

샌프란시스코 일정 중에 미국 3대 국립공원 중 하나인 요세미티 국립공원을 다녀왔는데 그곳에는 가장 큰 자이언트 세쿼이어로 유명한 '그리즐리 자이언트'(Grizzly Giant)라는 나무가 있다. 그 나무를 보러 일행과 같이 산길을 가다가 나는 다른 분들에게 양해를 구하고 혼자 산길을 달리기 시작했다. 매일 하루에 2시간씩을 꼭 뛰는데 그 무렵 며칠간 운동을 할 수 없어서 너무 뛰고 싶었기 때문이었다.

약 8킬로미터를 달려서 나무에 먼저 도착해 주변을 둘러보고 있으니 30분쯤 지나 일행이 도착했다. 함께 가신 예수인교회 담임목사님이 깜짝 놀라셨다. 내가 3년 전에 방문했을 때는 5분 정도 뛰는 것도 제대로 못 뛰었기 때문이다. 그래서 그 이후 3년 동안 하루에 2,3시간씩 7-8킬로미터를 뛰었다고 말씀드렸더니 완전 다른 사람 같다며 놀라워하셨다.

하루아침에 달라진 것은 아니다. 바쁜 와중에 10센티미터밖에 안되는 스테퍼(stepper)에 올라가는 것이 너무 힘든 날도 많았고, 외국 집회 때 운동하는 것은 시차도 안 맞고 더 피곤해 눈물도 났다. 그래도 참고 무조건 했다.

그렇게 해도 별 표시도 안 났는데 몇 년을 지속하니 어느새 7-8시간 차를 타고 종일 걸어 다녀도 피곤치 않고, 몇 킬로미터를 뛰어도 괜찮아져 나부터 놀라게 되었다. 포기하지 않는 인내로 꾸준하게 버티고 성실하게 살아가면 이처럼 반드시 반전이 일어날 것이다.

성실

반전의 또다른 원동력은 성실이다. '성실'의 올바른 조리법은 '말씀대로 살아가기'다. 하나님 말씀이 아닌 내 소견과 감정대로 열심히 살아가는 '잘못된' 성실은 재앙이기 때문이다. 내 열심과 성실은 말씀 안에서 출발해야 한다.

하나님 말씀의 근본적인 방향은 우리를 역전시키는 것이므로 말씀을 기준과 근거로 선택하고 결정하는 인생은 반드시 반전을 맛보게 된다. 반전시키는 하나님의 스토리는 이미 결말이 나와 있다. 이미 삼위하나님께서 나를 주인공으로 멋진 작품을 써놓으셨다. 내가 그 시나리오대로, 즉 말씀대로만 살면 무조건 결말에 도달하여 역전과 반전의 주인공이 된다.

그러나 내 의견과 소견대로 살아가면 반전의 시나리오 결말 전에 사울처럼 캐스팅에서 제외된다. 하나님의 시나리오를 신뢰하지 못하면 사울처럼 '내가 볼 때는 시나리오가 이렇게 가는 것이 훨씬 더 멋지고 극적일 것 같아'라고 혼자 생각하고 자기주장대로 살아가다가 NG 내고 컷 당한다. 말씀 따라 살아가야 한다. 반전의 역사를 누리지 못하는 사람은 말씀을 따라 살지 못했기 때문이다.

미국의 한 식당 VIP룸에서 식사하다 갑자기 주방에서 와장창 접시와 쟁반 떨어지는 소리가 들려 깜짝 놀라 긴장한 적이 있다. 주방에서 날카롭고 예민한 여자 매니저의 소리가 들리자 영국 유학 시절, 설거지 알바생으로 일할 때 내가 이렇게 실수하면 "미스터 안!" 하고 소리 지르며 씩씩거리던 아줌마가 생각났다.

그렇게 혼나던 그 알바생이 지금 VIP룸에서 편안히 밥을 먹고 있는 것에 눈물이 났다. 내가 어떻게 이 자리까지 왔는가 생각해보니 상황, 처지, 형편이 아닌 말씀 따라, 하나님의 부르심과 소명을 따라, 끊임없이 '죽으면 죽으리라' 하고 살아온 덕분이었다.

요즘엔 나의 개척일지를 본다. 개척 때 써놨던 기도 제목과 일기를 볼 때마다 눈물이 나는데, 밥을 굶고 보일러도 못 틀고 아기들은 추워서 울고 기저귀도 없던 그때 쓴 글이다.

"죽어도 사람에게 구질구질 약한 모습 보이지 않으며, 절대로 상황에 떠밀려 목회와 사역을 하지 말자! 차라리 죽자. 그렇게 사역할 것이라면 차라리 죽자. 하나님만 의지하고 나는 하나님께 끝을 보겠다. 그러면 나의 끝이 바로 하나님의 시작이 될 것이다!"

내가 하나님만 의지할 때 내 절망의 끝은 바로 하나님의 반전 역사의 시작이 될 것이라는 믿음이 고스란히 적혀 있었다. 그저 하나님의 인도하심만 믿고 순종하며 어떤 상황이든 감사를 잃지 않으려고 애쓰고 몸부림친 결과물이 바로 이 반전의 감동과 감격의 레시피가 되었다.

반전의 감격은 준비한 자에게만 주어진다

반전의 역사가 저절로 일어나는 줄 알고, 그런 역사가 일어나면 당연히 감동하는 것으로 아는 사람이 많은데 착각이다. 반전의 감동도 준비가 되어야 하고, 내 마음에 충분한 훈련이 필요하다.

감동은 포기한 자의 것이 아니다. 파괴적인 선택을 하고 무책임하게 살아가는 자에게 절대로 감동적인 반전의 열매는 열리지 않는다. 반전의 감동은 스스로 준비하고 그 반전의 감격을 선택한 자에게만 주어지는 선물이다. 반전의 감격을 선택하지 않는 사람도 있을까? 있다.

성경에서 반전 이야기는 숱하게 찾을 수 있지만, 그 감동의 최고봉, 반전의 대미이자 완성은 바로 예수 그리스도시다. 예수님이 소망 없는 인생을 위해서 이 땅에 오신 것이 반전 중의 반전이다.

이런 인생들이 충분히 상상할 수 있는 반응은 심판인데 반전! 하나님이 이 땅에 오셨다. 스스로 낮아지고 죽으셨는데 또 반전! 죽으심에 머물지 않고 부활하셨다. 그래서 희망 없는 죄인들에게 희망이 되어주셨다. 또 가장 낮은 곳에 낮은 자의 모습으로 오셨지만 가장 높은 영광을 취하시고 하나님나라의 영광이 되셨다. 이보다 더 큰 반전은 없다.

예수님의 성육신, 십자가 사건과 부활의 이 놀라운 반전 드라마를 목도한 사람 중에는 목숨을 내어주어도 아깝지 않을 만큼 이 감격과 감동을 누린 초대 교인들과 같은 사람도 있지만, 비방하고 충돌하고 저항하며 그 감격과 능력의 주인공이 되지 못했던 사람이 더 많다.

예수님의 가족과 동네 사람들 역시 그분을 알고 기적을 보면서도 감동할 줄 모르고 비판했다. 가까움과 자신들의 경험과 지식이 되려 올무가 되어 그 반전의 감격과 감동을 누리지 못했다.

그들처럼 육체적, 감정적 가까움과 관계가, 내 삶의 경험과 지식이 오히려 반전의 감격을 빼앗아 하나님 말씀의 놀라운 능력과 기적을 체험하지 못하는 사람들이 얼마나 많은지 모른다.

기적이나 이런 예화가 부족해서가 아니다. 반전의 감격을 누릴 준비가 되어 있지 않은 사람들은 아무리 큰 반전의 역사가 눈앞에 펼쳐져도 그 기적을 자기 것으로 만들지 못한다. 하나님을 신뢰하고 그분의 반전을 기대하고 있는가? 그렇다면 말씀에 순종하며 인내하고 성실하게 살아가라.

하나님의 반전을 기대하라

반전의 감동을 기대하지 않는 신앙은 병든다. 반전의 결말을 이루실 하나님을 기대하지 않는 신앙은 결국 변질된다. 반전을 이루실 하나님을 기대하지 않는 성도, 목회자, 교회 다 마찬가지다. 신앙은 어떻게 변질되는가?

반전의 하나님을 기대하지 않는 사람들은 되는 대로, 형편대로 살아간다. 그러니 그 형편과 상황을 개선해주고 도와줄 곳, 또는 그런 힘 있는 사람에게 기대고 그쪽에 줄을 선다. 하나님을 의지하지 않고 사람과 환경이 다루는 대로, 제공하는 대로 거기에 의지해서 살아가는 것이 불신의 삶이다.

당신의 선택과 결정 기준은 무엇인가? 지금 당장 누군가가 눈앞의 처우를 개선해주고 형편을 개선할 힘과 조건을 제시하면 예배도 필요 없고 말씀도 필요 없지 않은가?

그런 직장을 택하고, 그런 도움의 손길을 의지하고, 주의 종마저 하나님의 반전 역사를 기대하는 대신 사람들에게 비굴하게 굽신거리며 인간적인 손길을 기대하며 산다면 그야말로 변질된 신앙이다.

하나님의 반전, 하나님의 감동을 기대하는 것은 기복 신앙과는 다르다. 이것은 신앙의 문제다. 나의 절망도 하나님의 능력에 비하면 아무것도 아니다. 하나님의 은혜가 나의 아픔보다 더 크고 하나님의 어리석음이 나의 지혜와 능력보다 크기에 우리는 하나님을 믿고 기대해야 한다. 이것이 건강한 신앙, 건강한 교회다.

하나님의 위대한 반전을 기대하는 신앙은 모든 선택과 결정, 행동과 반응, 사업의 경영과 자녀의 진로와 교육에서 신앙을 우선순위로 한다. 하나님 말씀이 우선이며 최고의 권위이고 내 삶을 움직이는 유일한 동력이 된다. 그리고 그 말씀과 하나님을 향한 믿음과 신뢰가 오늘 하루를 인내하고 견딜 힘이 되어준다.

다윗의 멋진 반전이 가능한 이유를 잘 표현한 것이 바로 시편 23편이다. 비록 처지와 환경과 형편이 완벽하지 않고 사망의 음침한 골짜기에 처해 있을지라도 목자이신 하나님과 그분의 말씀을 믿으며 인도하심을 따르겠다는 고백에는 그의 인생이 투영되어 있다.

삶이 비천하고, 절망적인 심정으로 사망의 음침한 골짜기를 걸어갈지라도 그것이 끝이 아님을 믿고, 하나님의 멋진 반전을 기대하자. 아무리 우리가 거친 길을 걸어가고 험한 산에 가로막혀도 하나님의 능하신 손은 우리를 붙잡아 주시고 상처와 저민 아픔과 슬픔을 싸매주실 것이다.

4

...

보험 같은 삶이 아니라
모험의 삶

삼상 17:34-36 다윗이 사울에게 말하되 주의 종이 아버지의 양을 지킬 때에 사자나 곰이 와서 양 떼에서 새끼를 물어가면 내가 따라가서 그것을 치고 그 입에서 새끼를 건져내었고 그것이 일어나 나를 해하고자 하면 내가 그 수염을 잡고 그것을 쳐죽였나이다 주의 종이 사자와 곰도 쳤은즉 살아계시는 하나님의 군대를 모욕한 이 할례 받지 않은 블레셋 사람이리이까 그가 그 짐승의 하나와 같이 되리이다

골리앗은 피할 대상 아니라 넘어뜨릴 상대

삶 가운데 불현듯 맞닥뜨린 인생의 두려운 도전, 어려움이 있다. 이것을 내가 어쩔 수 없이 맞이해야 하는 고난으로 해석하지 말고, 내가 선택할 수 있는 '골리앗' 같은 존재로 보자.

다윗에게 골리앗은 꼭 싸우지 않아도 되는, 지나치고 모른 척해도 되는 존재였다. 어쩔 수 없이 감당해야 할 대상은 아니었다. 하지만 다윗이 하나님의 놀라운 사역에 본격적으로 등장하기 시작한 것은 사무엘상 17장, 골리앗과의 싸움을 피하지 않을 때부터다. 그는 그때부터 이스라엘의 역사와 하나님의 영광에 주역으로 등장한다.

내 삶에 맞닥뜨린 고난을 '선택할 수 있는 골리앗'처럼 보자는 것은 선택할 수 있으니 피하라는 뜻이 아니다. 능동적이고 적극적인 자세로 대하라는 것이다. 두렵고 피하고 싶지만, 그 도전과 모험이 내 삶과 신앙을 성장시킬 기회, 더 높은 수준의 영적 세계를 체험할 기회라면 그 골리앗을 반드시 상대하고 넘어뜨려야 한다.

골리앗은 피하고 모른 척하고 도망할 대상이 아니다. 너무나도 당연한 것 같지만 이것을 잊은 사람이 너무나 많은 것 같다. 이것부터 다시 점검하고 되새겨야 한다. 우리는 삶 속에서 만난 골리앗을 빨리 넘어뜨리고 전진해 18장으로 넘어가야 하는데 여전히 긴장된 17장 골리앗과의 대치에서 벗어나지 못하고 있다.

누구나 삶에 골리앗이 하나씩 있다. 십일조라는 골리앗, 온전한 주일성수라는 골리앗, 새벽 기도라는 골리앗, 온전한 순종이라는 골리앗…. 그런데 어떤 사람은 골리앗과 10년째 대치 중이다. 어떤 사람은 20년, 30년째 골리앗과 대치만 하다가 아예 눈이 맞아서 친근하게 팔짱 끼고 평생을 동반자로 살고 있다.

빨리 깨고 넘어가야 한다. 이것을 넘어서면 훨씬 풍부한 영적 세계와 하나님의 놀라운 축복이 시작될 것을 아는데도 상황과 처지와 형편을 근거로 두려워서 자꾸만 외면하고 피해버린다. 언제까지 도망만 다닐 것인가?

오늘 이것부터 점검하라. 너무 오랜 대치 끝에 싸울 의지조차 꺾여버린 사람이 있다면, 더 이상 갈등도 고민도 기도도 도전도 하지 않는 인생이 있다면 이 말씀을 통해 다시 한번 찔리고 도전받아서 맞장 뜨고 싶은 의지의 불씨가 되살아나기를 바란다.

성장과 축복의 진통을 거절하지 말라

골리앗은 나의 영적 성장을 이룰 기회지만 상대하고 싸우는 데 분명히 어려움과 고통이 따른다. 그래서 이 골리앗을 내 인생에 찾아온 성장의 진통, 혹은 하나님께서 주실 축복의 산통이라고 말하고 싶다.

성장통은 아프다. 겪어본 사람은 알겠지만, 많이 자랄수록 성장통이 극심하다. 그럴지라도 성장통을 겪으면서 키 크고 싶은가, 아니면 성장통 없이 작은 키로 살고 싶은가.

한 논문에 따르면 아기 낳는 산통은 총알을 세 방 맞은 고통이라고 한다(남편들은 무조건 겸손해야 한다). 누가 그런 두려움과 고통을 즐거워하겠는가. 그러나 그 아픔 너머에 사랑스러운 자녀를 만나는 환희가 기다리고 있고 그 기쁨이 크기에 거절하지 않는 것뿐이다.

마귀는 우리의 약점을 너무 잘 알아서 깐 데 또 깐다. 마음껏 은혜 받게 두었다가 영적으로 성장하고 부흥하겠다 싶을 때, 관계 문제에 약한 사람은 감정과 관계를 뒤집어서 무너뜨리고, 물질에 약점이 있다면 물질을 건드리며, 교만이 약점인 사람은 교만을 부추긴다.

그러므로 도망치지 말라! 신앙 안에서 피하는 것은 절대 답이 아니다. 완전히 박살 내면 더 이상 내 약점이 아니다. 그리고 그 너머에 놀라운 축복과 영적 성장이 기다리고 있다.

다시는 그 문제로 공격받지 않으려면 그 문제를 자꾸 피하지 말고 정면 승부로 돌파하고 박살 내서 마귀가 '이제 이것은 저 사람의 약점이 아니구나' 하고 알게 해야 한다. 그러니 피하지 말고 부딪쳐라.

목사인 내가 주일성수로 공격받겠는가? 어디서 나한테 휴일 근무로 돈 더 준다고 해서 내가 매주 교회에 와서 강단에 서지 않고 교인들에게 "3주에 1번꼴로 교회 좀 비우겠습니다"라는 부탁을 하겠는가? 그런데 그런 사람들이 많다. 마귀가 그의 약점을 알기에 그 문제로 계속 공격하는 것이다.

하나님께서 허락하신 영적 모험과 도전을 도망치고 피하면 결국 하나님의 섭리도 사라진다. 다윗이 인간적 두려움으로 골리앗을 피했다면 그를 향하신 하나님의 섭리와 계획도 사라지고 말았으리라.

에스더는 한 달 동안 왕의 부름을 못 받고 있었다. 그 부름이 없이 들어가면 죽을 수도 있는 두렵고 위험한 상황이었지만 위기의 순간에 그녀는 "죽으면 죽으리라" 하고 나아갔다.

"네가 오늘 이 왕후의 자리에 있는 것은 이때를 위함이 아닌지 누가 알겠느냐"라는, 사촌 오라버니 모르드개의 말이 진리다. 하나님께서 이때를 위해 너에게 이런 축복을 주셨는데 이것을 외면하고 피하면 하나님의 뜻이 '꺾이는' 게 아니다. 하나님의 뜻은 다른 통로를 통해 어떤 방법으로든 이루어지겠지만 너와 네 아버지의 집은 그 섭리에서 배제된다는 것이다.

우리 교회가 하나님의 뜻과 영적 도전과 모험을 거절하면 하나님의 뜻이 꺾이고 중단되는 게 아니다. 하나님의 뜻은 다른 교회를 통해 이루어진다. 그 선교는 다른 사람을 통해 이루어진다. 다른 헌신과 희생을 통해 하나님의 역사는 반드시 이루어진다. 우리 교회만 그 복에서 배제될 뿐이다.

골리앗은 다윗이 피하고 도망친다고 살아 날뛰는 게 아니라 무조건 죽는다. 다만 그를 죽인 영광의 지위는 다른 사람이 차지할 뿐이다. 오늘 에스더처럼, 다윗처럼 하나님께 주신 두려운 사건과 영적인 모험이 기다리고 있다. 도전해보라! 해보면 아무것도 아니다.

모험하는 신앙의 삶

아브라함은 하나님의 부르심을 따라 가나안으로 갈 때 갈 바를 알지 못했다. 뭔가 보장돼서 간 게 아니라 에스더처럼 "모르겠다, 내가 죽으면 죽으리라" 하고 간 것이다. 이것이 모험이다.

"여호와께서 나와 함께하시면 내가 여호와께서 말씀하신 대로 그들을 쫓아내리이다"(수 14:12)라며 이 산지를 내게 달라고 오히려 겸손하고 간절하게 간청했던 갈렙 또한 그렇다.

그는 가만히 있어도 됐다. 도망칠 것도 아니고 그냥 입 다물고만 있어도 됐는데, 그 산지를 달라며 정복 전쟁에 나섰다. 덕분에 유다 지파 자손들의 영적 축복과 믿음의 유업은 말도 못 하게 커졌다.

베드로와 안드레와 야곱과 요한은 사람을 낚는 어부로 예수님의 부르심을 받자마자 즉시로 배를 버리고 예수님을 따랐다. 자기 생업을 버리고 모험을 감행한 그들은 성경에 이름이 영원히 기록되었고, 영광스러운 축복의 지위를 얻었다.

70년 동안 바벨론에서 포로 생활을 하다 예루살렘으로의 복귀를 명받아 돌아와야 했던 이스라엘 백성들을 생각해보자. "와! 드디어 때가 됐다. 가자, 예루살렘을 회복하자!" 하며 좋아했을까? 70년이면 두 세대가 새로 태어날 시간이다. 포로로 끌려간 사람이 아들의 아들을 보았을 시간이다.

그들의 자녀 세대 중에 고레스의 칙령이 떨어지자 고국 귀환을 결단한 사람이 5만 명이었다. 그들은 가정에서 대대로 받아온 역사교육, 신앙교육을 근거로 하나님의 나라와 그 뜻을 위하여 도전했다. 그 '남은 자'들이 이스라엘 역사를 다시 써 내려갔고, 그들을 통해 하나님의 구속 역사는 오늘도 계속되고 있다.

모험이 답이다. 신앙생활이 재미없고 목회가 무력한 건 모험을 안 해서다. 상황과 처지에 매여 내 논리와 인본주의적 계산으로 살아가면 그건 믿음 생활도 아니고 목회도 아니라 경영이다. 경영은 내 수준 안에서 일이 이루어지는 것이고 순종, 영적인 모험, 사명은 하나님 수준의 일들이 세워지는 것이다.

많은 사람이 나의 영적 모험과 신앙의 도전을 보고 겁 없이 돌진하는 사람인 줄 안다. 그러나 하나님의 뜻이니까 온 것이지 원래 도전적이고 모험적인 사람이라 총각 전도사로서 생면부지(生面不知)인 땅에 혼자 와서 '생'개척하고 이렇게 살아온 것이 아니다.

사실 내 성향은 안전형, 안주형이다. 모르는 사람을 만나고 모르는 데 가는 것을 정말 싫어한다. 경제관도 오로지 저축이라 투자도 모르고 성실히 모으기만 했다. 그런데 이렇게 새로운 곳, 새로운 만남을 싫어하고 성실하게 모으기만 좋아하는 안전지향형이지만, 딱 한 분야만은 다르다. 영적인 세계, 목회의 영역에서만큼은 무조건 모험적이고 도전적인데 이건 내 성향이 아니라 믿음이다.

주식이나 투자는 안 하면 거기서 얻어질 소득을 포기하면 된다. 그런 것은 없어도 된다. 그런데 하나님이 주시는 영적인 모험과 투자, 도전은 그 축복과 유익을 내가 가늠할 수도, 감히 상상할 수도 없다. 그것만큼은 포기하기 싫어서 위험 부담을 안더라도 그 모험을 감행하는 것이다.

하나님의 부르심이면 오늘도 나는 무엇이든지 할 수 있는 각오와 결단이 있다. 그분을 신뢰하기 때문이다. 하나님의 섭리와 이끄심을 신뢰할 때 우리는 영적 모험과 도전을 감행할 수 있다.

위대함은 저지르는 사람의 몫

이 시대에 가장 두려운 것은 다음세대인 우리 자녀들이 개척 정신이 없고 더 이상 모험하지 않고 도전하지 않는다는 것이다. 고등학생 대상의 한 설문조사에서 가장 되고 싶은 직업 1,2위가 건물주, 공무원이라 한다. 따박따박 나오는 건물 임대료로 안정되게 먹고살고 싶다는 것이다.

우리는 안정적인 삶을 추구한다. 그런데 보험처럼 안정적인 신앙,

보험처럼 안정적인 목회는 이미 죽은 것이다. 반전의 하나님을 기대하지 못하는 것은 욕심이 없고 겸손한 것이 아니라 믿음이 없는 것이다. 우리는 하나님을 기대해야 한다. 그 능력을 믿는데 어떻게 가만히 있을 수 있는가. 그분의 뜻대로 영적 투자를 결단해야 한다.

모토가 '안주(安住)는 안락사다'라는 언론인 정진홍 씨는 그의 저서 《완벽에의 충동》에서 모험에 대한 남다른 통찰을 보여준다. 〈모험〉이라는 그의 시에 따르면, "사람들 앞에서 웃는다는 것은 바보처럼 보이는 위험을 무릅쓰는" 것이다. 사랑한다는 것은 사랑받지 못할 위험을 무릅쓰는 것이고, 믿는다는 것은 실망할지도 모를 위험을 무릅쓰는 것이며, 노력한다는 것은 실패할지도 모를 위험을 무릅쓰는 것이라고 말한다.

정말 그렇다. 우리가 무심히, 당연한 듯 하는 것들도 실은 모험이다. 그 너머의 기쁨과 사랑과 유익을 믿기 때문에 위험을 감수하는 것이다. 그런 모험들은 육신의 즐거움과 유익을 위해 잘도 감행하고 감수하면서, 영적인 모험과 도전만큼은 너무 절제한다. 너무 신중하고 너무 안주한다.

사업할 때는 리스크를 감수하면서 투자를 잘했는데 하나님께 헌신할 때는 덜덜 떠는 사람이 있다. 사람들 사이에서는 배포가 큰데 하나님의 일을 할 때는 찌질한 사람이 있다. 세상이 나를 어떻게 이해하고 평가하든, 결국 내 인생의 결론은 하나님의 평가에 달렸다. 하나님 앞에 큰 그릇이 되고, 하나님 일에 큰 사람이 되길 바란다.

1919년, 뉴욕의 '호텔 왕'으로 불린 레이몽 오티그가 대서양 횡단에 큰 상금을 내걸었다. 수많은 사람이 도전해 실패하고, 목숨을 잃기도 했는데 이때 찰스 린드버그가 뉴욕에서 파리까지 무려 5,800킬로미터나 되는 거리를 중간 급유도 없이 홀로 33시간 30분을 날아 대서양 횡단에 성공했다.

그 성공은 한 방울의 연료라도 더 싣기 위해 낙하산마저 버린 모험과 도전의 결단 덕분이었다. 낙하산은 안전을 의미한다. 하지만 그는 연료를 위해서 낙하산을 포기하는 결단을 내렸다. 안전과 익숙함을 포기하고 두려운 모험과 도전을 선택한 사람만이 진정한 영웅이 될 수 있다.

신앙생활도 마찬가지다. 그 모험과 도전을 한 사람만이 하나님의 역사에 영웅으로 기록될 수 있다. 결국 하나님 역사의 주역은 도전하고 모험한 자다. 예전에도 그랬고, 지금도 그렇고, 미래에도 그럴 것이다. 그 자리를 나와 당신이 차지하길 바란다.

그러기 위해 다윗처럼, 깨뜨리지 못했던 나의 한계를 깨보는 것이 필요하다. 하나님의 역사에서 아무나 다윗과 같은 위대한 주인공이 되는 게 아니다. 평범함은 늘 하던 대로 그저 그렇게 살아가는 자의 것이고, 위대함은 저지르는 자의 것이다. 저지르지 않고 하나님의 역사가 이뤄지는 법은 없다.

마음이 있으면 길이 열린다

쉼 없이 도전하고 모험을 감행하자. 도전과 모험 없는 인생은 이미 늙고 죽은 것이다. 도전과 모험이 없는 공동체에는 미래가 없다. 쓸데없이 인간적인 생각으로 계산하며 잔머리 굴리지 말고 과감하게 결단하고 도전하는 모험의 인생이 되자. 그 도전과 모험 앞에 하나님의 길이 열릴 것이다. 도전할 마음이 없으면 늘 핑계만 보이지만, 마음이 있는 자에게는 길이 보일 것이다.

싸울 의지가 없었던 사울에게는 핑계만 보였다. 다윗이 싸우겠다고 왔을 때 "네가 가서 저 블레셋 사람과 싸울 수 없으리니 너는 소년이요 그는 어려서부터 용사임이니라"(삼상 17:33)라며 안 되는 이유와 근거만 늘어놓았다.

이런 사람들은 자기 인생과 신앙에 대해서도 그렇지만, 공동체의 소명과 사역에 대해서도 맨날 모여서 환경과 처지를 탓하며 안 되는 이유를 대고, 확률과 가능성을 계산하면서 그래프나 그리고 회의만 한다. 하지만 마음이 있는 자들은 다르다.

우리 교회는 지금까지 건축을 5번 했다. 상황이 돼서 한 게 아니다. 죽으면 죽으리라는 마음으로 했다. 10원도 없이 교육관을 지었다. 우리 교회가 세운 물맷돌기독대안학교 또한 누가 봐도 말도 안 되지만 저질렀고, 그랬더니 됐다. 나는 꿈꾸는 미국의 그 학교처럼 대학교까지 세우고 싶다.

물론 무작정 하는 것은 아니다. 하나님의 뜻을 받고 기도해서 또한 응답이 분명하다면 그때는 주저 없이 한다. 하나님의 뜻이면 하나님께서 길을 열어주신다. 우리가 순종과 결단을 내어드리면 하나님께서는 일을 이룰 능력과 힘을 공급해주신다. 멋진 선순환의 역사를 경험해봐야 그다음 순종, 그다음 모험이 더 쉬워진다.

사울은 애초에 싸울 마음이 없었다. 싸울 마음이 있었다면 40일 동안 하나님을 모독하는 소리를 듣고 있었겠는가? 누가 4시간 동안 당신의 아버지를 욕한다고 생각해보라. 참고 있겠는가? 그런데 사울은 골리앗이 40일 동안 하나님을 능멸하고 모욕하는데도 듣고만 있었다. 이것은 이미 전의를 상실한 것이다.

하지만 다윗은 하나님의 영광을 위해 싸울 마음과 의지가 있었다. 하나님의 영광을 위해 모험하려는 결단의 마음이 있었다. 그래서 사울을 찾아가 "주의 종이 아버지의 양을 지킬 때에 사자나 곰이 와서 양 떼에서 새끼를 물어가면 내가 따라가서 그것을 치고 그 입에서 새끼를 건져내었고 그것이 일어나 나를 해하고자 하면 내가 그 수염을 잡고 그것을 쳐죽였나이다"(삼상 17:34,35)라고 말한다.

자신이 비록 형들의 도시락을 들고 면회 온 어린 소년이고 전쟁에 나가본 적도 없지만, 사자와 곰과 싸운 적은 있으니 저 골리앗을 적군의 장수가 아닌 사자와 곰으로 생각하며 싸우겠다는 것이다. 이렇듯 다윗이 길을 찾아내니까 하나님께서 그에게 골리앗을 무너뜨릴 '물맷돌'이라는 길을 열어주셨다.

길이 없는 게 아니라 마음이 없는 게 진짜 문제다. 이런 사람은 맨날 왜 순종을 못 하고 헌신을 못 하는지, 왜 헌금을 못 드리며 선교할 수 없는지 등 불순종의 이유만 찾고 핑계 대는 데 모든 에너지를 쏟는다. 그러나 도전하고 모험하며 순종할 의지가 있는 사람은 길을 찾아낸다. 하나님은 이런 자의 인생에 반드시 길을 내신다.

두려움을 거절하라

실패에 대한 막연한 두려움

축복의 산통과 성장의 진통을 기꺼이 무릅쓰고자 할 때 정작 거절해야 할 것은 따로 있다. 무엇이 당신의 모험과 도전을 주저앉게 만드는가? 바로 내 마음속에 싹트기 시작해 마음을 뒤덮는 두려움이다.

모험과 도전에는 두려움이 따르기 마련인데 문득 찾아온 이 두려움에 짓눌리면 모험을 주저하게 된다. 그 두려움은 내가 실패해서 아픈 것보다 실패 자체를 두려워해서 아예 도전조차 하지 못하게 만든다. 그 두려움을 거절해야 한다. 실패해도 된다. 실패조차도 하나님의 섭리와 역사의 일부가 될 수 있다.

가나안 정탐꾼들을 보라. 그들은 가데스 바네아에서 하나님께서 약속하신 축복의 땅 가나안을 목전에 두고도 실패를 두려워하여 모험과 도전을 거절했다. 젖과 꿀이 흐르는 땅을 보고도 두려움에 사로잡혀 벌벌 떨었다. 그런데 그것이 출애굽 한 지 2년밖에 안 되었을 때 일어난 일이었다. 그때 그 지경을 넘어가서 축복을 누려야 했는데 그들은 두려움으로 스스로 자신들의 길을 가로막고 발목을 잡았다.

그 결과 이후 38년을 광야에서 방황하다가 죽음으로 축복의 기업을 누리지 못했다. 하나님의 복된 약속은 이루어졌지만 그들의 것이 되지는 못했다.

오늘 우리도 가데스 바네아에 있다. 상황과 처지, 형편을 보면 두렵고 하나님의 약속과 말씀을 보면 기대감이 솟는다. 축복의 지위를 누리는 사람은 이럴 때 두려움을 거절하고 하나님의 약속에 대한 기대를 가슴에 품는다. 그들의 공통된 특징이다.

이는 선택의 문제다. 상황과 형편이 좋아져서 전진하고 모험을 감행하는 게 아니라 좋지 않은 형편과 그 두려움을 내가 거절하는 것이다. 그런 외부의 부정적 요인을 자꾸 수용하면, 즉 그 견고한 성읍과 아낙 자손의 키를 보면 두려워서 못 간다. 모험과 도전은 부정적인 상황이 주는 두려움을 거절하고 하나님 말씀이 주는 기대함을 선택할 때라야 가능하다.

모험의 도전은 믿음, 신뢰의 문제다. 골리앗을 대할 때의 반응을 보면 그가 하나님을 신뢰하는지 안 하는지를 안다. 40일 동안 벌벌 떨며 숨어있던 이스라엘 병사들은 다 하나님을 믿는 사람들이었지만 아무도 나서지 않았다. 그들 중에 전진한 사람은 다윗뿐이었다.

믿음과 신뢰는 주장하고 설명하는 게 아니라 결국 삶에서 영적인 도전과 모험의 결단으로 증명된다. 반면 하나님을 향한 불신은 아무리 아니라고 손사래를 쳐도 결국 두려움과 포기로 드러난다.

다브카, 괜찮다는 하나님의 마음

명실상부한 세계 최고의 스타트업 국가로 주목받는 나라가 어디인지 아는가? 이스라엘이다. 이스라엘의 최대 도시인 텔아비브에는 스타트업 기업이 2천 개가 있다. 그중에는 미국 나스닥에서 상장한 기업이 2022년 기준으로 98개나 있다. 미국과 중국 다음으로 세 번째다. 텔아비브 도시 하나가 미국, 중국 다음으로 나스닥 상장 기업을 많이 보유한 것이다.

이스라엘은 우리나라 경상남북도의 면적에 불과하고 인구는 920만 명밖에 안 되지만 스타트업 기업이 인구 1,400명당 1개로, 전 세계에서 확고부동한 1위를 차지하고 있다. 엄청난 수치다.

우리 교회가 있는 울산 울주군 온양읍 인구가 약 3만 명인데, 말하자면 이곳에 스타트업 기업이 21개나 된다는 것이다.

기업가치가 1조 원이 넘는 기업을 유니콘 기업이라고 하는데 이스라엘에는 이런 기업이 30개가 넘는다. 덕분에 눈에 띄는 글로벌 대기업 하나 없이도 1인당 GDP(국내총생산)가 4만 3,610달러(세계은행, 2020년)에 달하는 엄청난 강국이 되었다.

나는 그 이유를 찾다가 이스라엘의 멋진 문화 하나를 알게 됐다. '다브카'(Davca)라는 문화다. 히브리어로 '그럼에도 불구하고'라는 뜻이다. 실패했음에도 불구하고, 망했음에도 불구하고, 저렇게 끝났음에도 불구하고 다브카 문화는 "그럼에도 불구하고 괜찮아" 하는 것이다. 실패와 도전을 두려워하지 않는 문화다. 실패해도 괜찮으니 자꾸 한계를 극복하고 성공을 향해 달려나가라는 시대적 문화이며, 그들의 사고방식이다.

그래서 이스라엘에서는 이 다브카 정신을 기반으로 '청년들은 도전하고, 책임은 사회가 진다'라는 의식이 강해서, 결코 남의 실패를 비난하거나 책임을 묻지 않고, 실패와 시행착오를 해도 개의치 않는다.

보통은 국가에서 스타트업 기업, 벤처 기업에 예산을 지급하여 투자해줬는데 쫄딱 망하면 그다음에는 신청해도 주지 않는다. 그런데 이스라엘 정부는 한 번 실패한 창업자가 두 번째 창업을 하면 첫 창업 때보다 더 많은 인큐베이팅 프로그램과 자금을 지원한다.

한 번 실패해봤기 때문에 성공 확률이 더 높아졌다고 보는 것이다. 멋지지 않은가? "그럼에도 불구하고 괜찮아. 실패해도 괜찮아. 뭘 그렇게 두려워하느냐"라는 이 '다브카'가 바로 하나님의 마음이다.

두려움을 이길 힘은 성령의 기름부음

두려움은 개인적 성향이나 강함과 약함에 따라 생기고 안 생기는 게 아니다. 성령의 임재, 그 하나님의 도우심을 믿고 신뢰하느냐 그렇지 못하냐에 따라 결정되고 좌우된다.

사무엘이 기름 뿔병을 가져다가 그의 형제 중에서 그에게 부었더니 이 날 이후로 다윗이 여

호와의 영에게 크게 감동되니라 사무엘이 떠나서 라마로 가니라 삼상 16:13

여호와 하나님께서 그를 택하시고 사무엘이 그에게 기름을 부었더니 그날부터 다윗이 하나님의 영에 크게 감동되었다. 그다음 장에 나온 사건이 바로 다윗과 골리앗의 싸움이다.

다윗은 원래부터 소위 '겁대가리'라는 게 없는 사람이 아니다. 길거리 나가서 싸움하기 좋아하는 사람이 아니고, 그도 상황을 보면 늘 두려울 수밖에 없다. 하지만 그에게 성령이 임했다. 성령이 임하면 술에 취한 듯 용기가 나고 모험이 가능해진다.

나 또한 용기백배하고 도전을 즐기는 사람이 아니지만, 하나님의 영이 충만히 임하여 감동되면 내 인격과 의지, 내 성향으로는 할 수 없는 일을 하게 되고 갈 수 없던 길도 가게 되었다.

그러므로 성령 받아야 한다. 성령을 의지하라. 기도하라. 성령의 기름부으심의 역사를 갈망해야 한다. 기대하며 기도의 자리로, 예배의 자리로 나아오라. 그 기회를 놓치면 안 된다. 그 임재의 역사가 아니면 아무도 하나님의 일을 할 수 없다.

우리는 자꾸 자기의지와 자기 계획으로, 시스템과 프로그램으로 일하려고 한다. 그런 사람끼리 모여서 인간의 제도와 집단 지성으로 뭔가를 해보려고 들며, 하나님의 역사 앞에서 인간의 두뇌로 경영하려고 한다. 그렇게 꾸역꾸역 내 의지와 힘으로 하는 것은 심지를 태워 불과 그을음을 내는 램프와도 같아서 반드시 한계가 온다.

성령을 의지해야 한다. 성령의 도우심과 기름 부으심으로 일해야 한다. 성령의 역사 가운데 마치 술 취한 듯 춤추며, 맡겨주신 일들을 거뜬하게 감당하는 멋진 역사의 주인공들이 되기를 바란다.

고춧가루를 경계하라

내부에서 비난하며 공격하는 사람

두려움을 거절한다는 건 오늘 내가 하나님의 모험과 도전을 결단할 때 수많은 조롱과 손가락질과 모함과 부정적인 이야기와 비판을 감내하고 이겨내겠다는 선언이다.

내가 모험과 도전을 결단하면 사람들이 지지하며 갈채를 보내고, 교회들이 다 힘을 모아 도와줄 것 같은가? 그렇지 않다. 오히려 하나님 일에 모험과 도전으로 앞장선 사람들을 가장 먼저 주저앉히는 사람들은 외부의 적이 아닌 내부의 적이다.

칼 한 번 잡아본 적 없고 갑옷 하나 없는 소년 다윗이 괴물 같은 블레셋의 장수를 향해 뛰어들면 블레셋 사람들이 조롱하고 미친놈이라고 웃을 것 같지 않은가? 아니다. 오히려 그 모험과 도전을 비판하고 비웃는 것은 우리 편이다. 그래서 더 아프다. 이걸 이겨내야 한다.

> 큰형 엘리압이 … 다윗에게 노를 발하여 이르되 네가 어찌하여 이리로 내려왔느냐 들에 있는 양들을 누구에게 맡겼느냐 나는 네 교만과 네 마음의 완악함을 아노니 네가 전쟁을 구경하러 왔도다 삼상 17:28

이스라엘과 블레셋 간에 전쟁이 터지자 20세 이상의 장정들이 다 군에 소집되면서 다윗의 세 형이 전쟁에 나갔다. 그들의 근황이 궁금했던 아버지는 막내 다윗에게 음식을 들고 면회 가서 안부를 물어오라고 시켰다.

훈련받은 군인도 아니고 전쟁에 나가본 적도 없는 소년 다윗이 전쟁터에 갔다가 참담한 모습을 보았다. 괴물 같은 골리앗이 와서 하나님의 살아계심을 조롱하고 모독하는데 하나님을 믿는다는 이스라엘의 병사들이 다 숨어서 벌벌 떨며 주눅 들어 있는 것이다. 그래서 어찌하여 저놈 때문에 낙심하고 계시냐고 그 어린 소년이 뛰쳐나가 모험과 도전을 하는 것이다.

내가 너무 두려워서 골리앗과 못 싸우고 40일을 떨고 있는데 갑자기 막둥이가 와서 내가 저놈과 싸우겠다고 하면, 형제들이 모여 "우리는 이렇게 두려워서 떨고 있는데 막내를 보니 참 부끄럽다. 우리가 뒤에서 금식하며 기도라도 해주자" 하며 중보하고 응원해주면 얼마나 좋은가. 그런데 형이란 사람이 그러기는커녕 오히려 비난하고 있다.

목회를 해보니 협력해줄 것 같은 사람들, 하나님을 향한 내 마음을 가장 잘 알고 내 뜻을 누구보다도 잘 이해해줄 것 같은 사람들, 믿었던 가까운 사람들이 오히려 나의 모험과 도전을 곡해하고 조롱했다.

부정적인 말로 사기를 떨어뜨리는 사람

그동안 사울 왕은 골리앗의 조롱을 들으며 리더로서 얼마나 갑갑하고 근심이 많았겠는가? 그런데 40일 만에 드디어 도전자가 나왔다. 너무 반가워서 나가보니까 웬 어린 녀석이 "걱정하지 마세요. 제가 저놈을 물리쳐보겠습니다"라는 게 아닌가. 화가 난 사울은 "임마, 너 집에 가! 이게 장난인 줄 알아? 너는 소년이고 그는 어려서부터 용사야. 넌 그와 싸울 수 없어!"라고 말한다.

이런 부정적인 소견을 내는 게 같은 편이라니, 차라리 블레셋이 비난하면 좋겠다. 건축할 때, 선교할 때, 나도 힘들고 어려운데 하나님의 뜻이라 우리 자녀들의 교육비 통장을 깨서 새로운 장학금으로 드릴 때, 작은 교회를 살리려고 전 재산을 내놓을 때 조계사라든지 신천지, JMS 같은 데서 "야, 그러지 마. 이 나쁜 놈아!" 했으면 차라리 괜찮았을 것이다.

그런데 오히려 내 마음을 가장 아프게 했던 건 협력하고 지지해줘야할, 안에 있는 사람들이었다. 앞으로 도전할 일이 있을 때 또 그럴 것이다. 그래도 그것에 내 결정과 선택을 맡겨서는 안 된다.

이렇게 하나님의 구속 역사의 선봉에 서서 역사를 이끌어가는 사람들과 충돌하는 내부의 적들은 항상 있어 왔다. 그런 사람들을 고차원적인 신학적 용어로 '고춧가루'라고 한다.

그들은 자기가 못 하는 것을 누군가 하면 그것을 지지하고 응원해주는 대신 '내가 못 하는 걸 네가 해? 우리가 못 하는 걸 너희 교회가해?' 하면서 어떻게든 끌어내려 자신처럼 안주와 익숙함의 자리, 실패의 자리에 주저앉히는 걸 인생의 사명으로 안다.

그런 존재가 성도, 목회자, 교회를 막론하고 어디에나 있고 참 많이 있다. 그들의 고춧가루를 거절하고 이겨내야 한다. 오직 하나님만 바라고 성령의 도우심을 신뢰하며 나아가자.

고춧가루를 뿌려대도 내 소명에 목숨 걸자

영화 〈강철중:공공의 적 1-1〉에서 공공의 적인 깡패, 건달들을 잡아넣는 걸 사명으로 알고 끝까지 싸우는 강력반 형사 강철중에게 조직폭력배 보스는 네가 아무리 나를 잡고 물고 늘어져도 이 조직폭력배들은 없어지지 않으며 네 인생도 달라지지 않는다고 회유한다. 그에 대한 강철중 형사의 대답은 거의 사명자 마인드다.

"난 깡패 잡을 때 이놈이 세상 마지막 깡패라는 생각으로 잡는다. 지금 내 머릿속엔 오로지 너 하나다. 너만 잡아넣으면 이 세상 깨끗해질 거라는 생각으로 한다. 봐라. 이러니 내가 널 못 잡아넣겠냐? 조선 시대에도 로마 시대에도 깡패만 있었냐? 강력계 형사도 있었다."

'네가 뭐라든 상관없다, 너만 없어지면 이 세상은 평화로워진다'라는 생각으로 나는 너 하나에만 집중한다는 것이다. 사명자에게 이런 마음이 필요하다. 아무리 옆에서 고춧가루들이 "이렇게 한다고 뭐가 달라지냐"라고 지껄여도 신경 쓰지 마라.

대세를 꺾을 수 없을지도 모른다. 차별금지법이 통과될 수도 있고, 세상은 더 어렵고 힘든 진흙탕으로 들어갈지도 모른다. 그러나 그 결과를 내가 막을 수 없을지라도 '오늘 나에게 맡겨진 일만 하면 반드시 하나님이 역사하신다'라는 믿음 붙잡고, 내 소명에 목숨 걸자.

느헤미야가 하나님의 뜻을 따라 폐허가 된 예루살렘을 다시 세우고자 이스라엘로 돌아왔다. 백성들과 함께 성을 중건하고 성문을 다는 역사를 하고 있을 때 고춧가루들이 출동했다. 산발랏과 도비야가 크게 분노하며 비웃고 "그들이 건축하는 돌 성벽은 여우가 올라가도 곧 무너지리라"라며 조롱했다. 이들은 느헤미야를 제거하기 위해 스마야와 노아댜(느 6장) 같은 거짓 선지자와 결탁하기도 했다.

느헤미야는 그들을 어떻게 이겼을까? 그들이 만나자고 자꾸 불러 내도 응하지 않고 기도했다. 하나님만 바란 것이다. 고춧가루들과 멱살 잡고 싸우는 게 아니라 신경 쓰지 않고 하나님만 바라는 것이다. "하나님, 제가 이렇게 업신여김 당하고 누명 쓰고 모욕을 당했으니 갚아주세요" 하고 마음 들여 전심으로 일할 때 그 일이 감당되고 완성되었다.

하나님의 모험과 도전을 감행하려 하면 반드시 찾아오는 인생의 아픔이 있다. 시대만 다르고 이름만 바뀔 뿐 항상 부정적인 말로 우리의 도전과 헌신을 폄훼하는 사울과 엘리압, 산발랏과 도비야가 있다.

그러나 그것을 감당한 사람들로 인해 하나님의 역사가 쓰였다. 그 헌신과 희생이 누가 봐도 미련하고 무모해 보여도, 그것에 속아서 간 사람들이 아니라 그 일을 감당한 어른들, 그 믿음의 선배들을 통해서 하나님의 역사는 세워져 왔다.

그러니 두려움을 거절하고 모험과 도전을 감행하자. 고춧가루를 경계하고, 실패에 대한 두려움을 이겨내고 전진해서 이전에 맛보지 못했던 최고의 은혜와 축복과 영적 부흥을 맛보길 바란다.

5

• • •

강점을 붙잡고
발휘하라

삼상 17:38-40 이에 사울이 자기 군복을 다윗에게 입히고 놋 투구를 그의 머리에 씌우고 또 그에게 갑옷을 입히매 다윗이 칼을 군복 위에 차고는 익숙하지 못하므로 시험적으로 걸어보다가 사울에게 말하되 익숙하지 못하니 이것을 입고 가지 못하겠나이다 하고 곧 벗고 손에 막대기를 가지고 시내에서 매끄러운 돌 다섯을 골라서 자기 목자의 제구 곧 주머니에 넣고 손에 물매를 가지고 블레셋 사람에게로 나아가니라

다윗이 선택한 강점

한 소년이 있었다. 그의 부모는 아들이 유명한 작가가 되기를 원했으나 그를 지도한 선생님은 "성실하고 열심히 공부하지만 융통성이 없고, 문학 창작력이 약한 편"이라고 평가했다.

그 후 소년은 부모의 뜻을 따라 화가를 꿈꾸며 유화를 배우기 시작했으나 이쪽에도 전혀 재능이 없었고, 구도와 색조, 기본기에 대한 이해력이 부족하다는 평만 들었을 뿐이었다.

그런데 그가 꼼꼼하게 화학실험 준비를 하고 화학적 재능을 보이는 것을 본 화학 선생님이 화학 공부를 권했다. 부모님이 생각지도 못했던 이 분야에서 그의 지혜는 불꽃처럼 타올라, 22세에 괴팅겐대학교에서 박사학위를 받고, 29세에 교수가 되고, 1910년 인공향료를 개발한 공로로 노벨화학상을 수상했다. 그가 바로 유명한 독일의 화학자 오토 발라흐다.

만약 발라흐가 계속 글을 쓰며 작가를 꿈꾸고, 안 되는 그림을 계속 그렸다면 어떻게 되었을까? 심리학에서 그의 이름을 딴 '발라흐 효과'(Wallach Effect)는 제한적인 시간과 힘을 가장 뛰어난 영역에 쏟아야 최고의 효과를 얻을 수 있다는 이론으로, 자신의 약점은 최소한의 노력으로 보완하며 강점과 장점을 극대화하라는 것이다.

누구나 강점과 약점을 동시에 지니고 있다. 우리는 인생이 제한적이고 유한하므로 나의 약점을 보완하고 개선해야 삶을 더 가치 있게 만들 수 있다고 생각해 그 일에 에너지를 쏟으며 끙끙거린다.

하지만 내가 잘하는 것, 재능과 개성으로 늘 열매가 나타나는 것, 즉 강점과 장점에 내 에너지와 시간과 전력을 쏟을 때 지치지 않으며, 더 좋은 결과를 얻을 수 있다.

다윗은 골리앗을 마주하고 있는 모든 이스라엘 군사 중에서 가장 연약하고 경험도 미천하고 체격도 작은 자였다. 즉 승리의 가능성과 확률이 가장 낮고 희박한 자였다. 그런 그가 골리앗을 이길 수 있었던 이유는 바로 자신만의 강점을 선택해 그것에 집중했기 때문이다.

다윗이 골리앗이라는 엄청난 상대와 겨루어 이길 수 있었던 승리의 비결은 익숙지 않은 칼과 맞지 않는 불편한 갑옷을 벗어던질 결단을 빨리한 것, 그리고 자신에게 익숙하고 능숙한 무기인 물맷돌을 선택한 것이다.

다윗은 현실적으로 여러 약점을 안고 있었다. 나이도 어렸고 훈련받지도 못했다. 실전 경험도 없었고 전략과 전술 같은 것도 몰랐다. 체격도 골리앗에 비하면 초라할 정도였다. 만일 그가 자신의 초라함과 현실적 열악함에 집중했다면 분명 열등감과 낮은 자존감으로 주눅 들어 싸워보기도 전에 포기했을 것이다.

우리가 많은 도전과 모험 앞에서 패배는 고사하고 싸워보기도 전에 포기하는 이유는 자신의 약점과 부족한 점에 너무 매몰되기 때문이다. 나 자신뿐만 아니라 자녀에 대해서도 그렇다. 부모 눈에는 늘 자녀의 약점과 부족한 점이 먼저 보인다. 그래서 그것을 고치고 개선하고 보완해줘야 할 것 같은 강박에 사로잡히곤 한다.

그러나 부족함과 약함에 중점을 두고 그것과 씨름하며 싸우기보다

는 각 사람에게 하나님께서 선물하신 재능과 강점에 집중하여 그것을
하루 빨리 발견하고 강화시키는 것이 더 중요하다.

소년 다윗이 맨몸으로 싸우겠다고 나서자 사울이 자기 군복과 갑
옷을 다윗에게 입히고 머리에는 놋 투구를 씌운다. 다윗은 그 차림으
로 칼을 차고 좀 걸어보는데 영 익숙지가 않다.

만일 그가 다른 사람들이 다 그렇게 싸운다고 해서 맞지도 않는 군
복 입고 치렁치렁한 갑옷을 질질 끌고 골리앗에게 나갔다면 어떻게 됐
을까? 익숙지 않은 검을 들고 열심히 훈련하거나 갑옷이 맞을 때까지
체격을 키우고 키가 자랄 때까지 노력하고 기다렸다면 그의 인생은 어
떻게 달라졌을까?

다윗이 칼을 군복 위에 차고 시험적으로 걸어보다가 사울에게 "익숙
하지 못하니 이것은 입고 가지 못하겠나이다" 하고 바로 벗어버리고
손에 막대기를 가지고 시내에서 매끄러운 돌 다섯을 골라 골리앗에게
로 나아갈 때(삼상 17:39,40) 그의 인생에 승리의 희망이 싹트고 있었다
는 것을 아는가?

당신이 지금 붙들고 있는 것이 혹시 맞지도 않는 갑옷이나 익숙지도
않은 검은 아닌가? 자신만의 무기와 강점이 있는가? 잘하는 것이 있는
가? 그것을 찾고 그것에 집중할 수 있는 인생이 되기 위한 승리 비결을
나누고자 한다.

강점을 더욱 강화하라

《위대한 나의 발견 강점혁명》(Now, Discover Your Strengths)이라는
책은 세계적 조사기관인 갤럽이 각 분야에서 가장 뛰어난 200만 명과

인터뷰하고 연구한 결과물이다.

　연구자들은 성공한 사람들이 '저런 단점을 가지고도 성공할 수 있다고?'라는 의심이 들 정도로 많은 약점을 가지고 있었으나 그 단점을 보완하고 고치는 데 시간과 에너지를 쓰기보다는 자신의 강점과 장점을 더욱 개발하고 연마해 활용했다는 것을 밝혀냈다.

　실제로 성공하고 위대한 삶을 살아가는 인생은 약점이 없거나 완벽하게 보완한 사람이 아니라, 한 가지라도 자신만의 장점과 개성, 강점을 개발하고 거기에 집중한 사람이다.

　안타깝게도, 이 책에서는 많은 사람이 자신의 장점은 소홀히 여기고 약점을 보완하는 데만 급급하여 자기 삶의 현장에서 결실이 없고, 승리도 얻지 못하고 있다고 말한다.

　약점을 개선하고 보완하기 위해 노력하고 훈련하는 것은 좋은 일이다. 다만 그 약점에 너무 많은 시간과 에너지를 쏟는 것은 바람직하지 않으며, 특히 익숙지 않은 검과 맞지 않는 갑옷이 있다면 빨리 내려놓고 벗어던져야 한다. 누구나 약함과 단점이 많이 있지만 나만의 장점과 강점, 하나님이 나에게 주신 달란트를 발견하고 그것에 집중하는 것이 필요하다.

　강점을 강화하라. 강점을 더욱 강화할 때 강력한 인생, 승리하는 인생의 주인공이 될 수 있다. 다윗처럼 자신만의 강점, 좋아하면서 잘하는 것, 그래서 지치지 않는 것, 즉 당신의 장점을 붙들고 거기에 집중해서 그것을 더 극대화하라.

　사실 장점과 강점이 있어도 이것을 강화하기 위해서는 집중하고 훈련해야 한다. 이것도 쉽게 되는 일은 아니다. 그런데 우리 안에 다른 것들도 다 잘해보려는, 약점이 없어야 한다는 생각이 상당히 강하다.

특히 공동체 안에서 이것저것 다 잘해야 한다는 생각도 있고, 남들과 달라서 소외되는 것을 두려워하는 경향도 있다. 미움받고 지적받을 용기가 없어서다. 쿨하게 "나는 이거 못 해, 대신 저건 잘해"라고 말할 수 있는 것이 지혜로운 건데 우리 사회 안에서는 그걸 인정하는 것이 패배와 도태로 여겨지니 그렇게 말하기도 쉽지 않다.

우리 자녀들도 잘하는 것에 집중하게 하라. 자녀가 못 하는 것, 부담스러운 것 끌어안고 끙끙거리게 하지 말고, 잘하는 것에 집중하고 그의 강점을 더욱 강화시켜서 다윗처럼 승리하는 인생을 살게 하라. 부모는 이런 점에서, 남들이 뭐라 하든 신경 쓰지 말고 자녀들을 향한 자신의 기대와 교육 방식을 잘 점검해보았으면 한다.

인생, 짧다. 언제까지 약점만 붙들고 끙끙거릴 것인가. 언제까지 맞지도 않는 갑옷 입고 싸움하고 있을 것인가. 빨리 물맷돌을 들라. 그리고 전진하라. 당신의 골리앗과 맞서라. 오늘도 이 말씀이 당신의 인생을 뒤집는 놀라운 결단의 기회가 될 수 있기를 바란다.

주신 달란트를 사용하라

또 하나의 승리 비결은 받은 달란트를 사용하는 것이다. 강점을 다른 말로 말하면, 하나님께서 우리에게 맡겨주신 달란트, 재능과 기질이다. 하나님은 우리를 로봇처럼 획일화시켜 천편일률적으로 만들지 않으셨다. 저마다의 개성과 강점을 주셨고, 달란트를 맡기셨다. 하나님의 사랑이다.

마태복음 25장의 달란트 비유에서 주인은 종들에게 달란트를 맡긴다. 어떤 자에게는 다섯 달란트, 어떤 자에게는 두 달란트, 어떤 자에게는 한 달란트를 맡기셨는데 이것은 우월이나 열등의 기준으로 볼 것이 아니고 각자에게 맞는 달란트를 주셨다는 의미다.

그것을 포기한 채 땅에 파묻은 자에게 주인은 "이 악하고 게으른 종아!"라고 화를 낸다. 하나님께서 주신 달란트를 땅에 파묻는 것은 그분께 괴로움이고 슬픔이다.

우리도 어떤 것이 되었든 얼마가 되었든 다들 달란트, 재능을 받았다. 그런데 그것을 땅에 파묻어 놓는, 즉 주목해 보지 않고 개발하지 않는 사람들이 있다. 악하고 게으른 것이다.

개인뿐 아니라 공동체도 그렇다. 어떤 이는 '교회가 왜 이렇게 많아? 교단은 왜 있어?'라고 생각할지 모르겠다. 물론 분열과 갈등의 결과일 수도 있지만 나는 긍정적으로 하나님께서 다른 교회 공동체를 세우시는 것이라고 생각한다. 교회마다 거기에 어울리고 거기서 양육돼야 할 성도들이 따로 있다. 그 교회만의 달란트가 있고 그 목회자만의 달란트가 있으며 그 성도들만의 달란트, 개성이 있다.

그것에 집중하고 그것을 스스로 활용할 줄 알아야 한다. 재능, 달란트가 없는 인생이 없다. 자신은 달란트가 없다고 생각하는 사람이 많은데, 단언컨대 하나님께서 함부로 대충 만드신 사람은 한 명도 없으니 달란트 없는 자가 없음을 인정하길 바란다.

컴퓨터 프로그램 넷스케이프를 개발한 짐 클라크는 한때 문제아로 여겨졌다. 미국 텍사스주의 가난한 가정에서 태어났고, 학업 성적은 최하위권을 맴돌다 결국 고2 때 퇴학을 당한 문제아이자 사회 부적응자였다. 해군에 입대해서도 관심사병으로 취급당하다가 제대했다. 그러나 수학 실력만큼은 특출해 전역 후 대학에 진학해 학위를 받았는데 이것이 그에게 하나님께서 주신 달란트였다.

그는 결혼도 2번 실패하고 건강마저 좋지 않아 '혈액색소 침착증'이라는 병으로 병원에 다녔다. 그러다 환자와 의사들이 작성하는 복잡한 서류들을 보고 이를 간편하게 처리할 수 있는 프로그램을 개발했다. 이렇게 해서 설립한 벤처기업 '헬시온'은 세계적인 기업으로 성장했다.

그는 약점만 보면 문제아고, 사회 부적응자고, 퇴출될 인생이고, 사회에 쓸모없는 사람이었지만 강점 하나 붙들자 컴퓨터 업계의 주요 인물이 되었으며 큰돈을 벌어 많은 사람의 부러움을 사게 되었다.

내 인생도 이렇게 인정받고 찬란하게 빛날 수 있다. 수많은 약점과 약함에 매몰되지 말라. 저것만큼은 "진짜 대단하다"라고 인정할 수 있는 것이 있다. 그것을 하라.

기질대로 쓰임받자

나는 설교하고 설교 준비하는 것을 좋아하며 이 일에 지치지 않는다. 집회로 잠을 2-3시간밖에 못 자면서도, 특히 해외 집회 가면 엄청난 스케줄의 압박에서도 열심히 설교 준비를 한다. 물론 힘은 들지만 재미있고 좋다. 소기의 성과도 있다. 이것이 하나님이 내게 주신 달란트와 재능, 나의 경쟁력이고 강점이다.

자녀들의 성화로 MBTI 검사를 해봤더니 INFJ(헌신적인 리더형)가 나왔다. 인생에서 중요한 사명과 신념, 가치를 찾고 그것에 목숨을 거는 기질이라 한다. 이런 타입은 약한 자에게는 한없이 약하고 그를 동정하고 공감하지만, 강한 자는 반드시 꺾는 성격이며, 대충 눈 감아 주고 모른 척하는 법이 없다고 한다. 또 눈치 보며 비굴하게 대충 타협하여 머리 숙이는 것도 못 한다.

이것이 하나님이 나에게 주신 기질이다. 어쩔 수 없다. 그래서 난 이 기질대로 목회한다. 하나님은 나를 그 기질에 딱 맞게 사용하고 계시며, 그분이 주신 기질이 목회에 잘 적용되니 열매가 있다. 이 기질에 맞지 않는 자리에 있었다면 열매도 없고 행복하지도 않았을 것 같다.

많은 사람의 눈에 좋아 보이는 조건의 대형교회 청빙을 거절했던 이유도 그 때문이다. 내 기질이 이런데 어디 가서 누구 눈치 보며 조심조심 목회한다면 아마 속이 터져 문드러졌을지도 모른다. 잠시 잠깐의 평안과 안정은 있었을지 몰라도 지금 누리는 부흥, 영적 충만한 은혜와 예배의 감격은 맛보지 못했을 것이다.

사람들은 화려한 갑옷과 번쩍이는 검이 주어지면 더 행복하고 대단해질 거라고 생각한다. 하지만 나는 남창 지역이라는 '막대기'와 내 설교를 잘 들어주는 '물맷돌' 같은 우리 교회 성도들을 만나 목회하는 것이 가장 행복하다.

사도 바울과 바나바는 귀한 하나님의 종으로 기질대로 사용되었다. 저돌적이고 타협 없이 불같이 일하는 사도 바울은 그 강한 기질로 선교의 영역을 넓혀가도록 불처럼 쓰임받았다. 이름 자체가 '권면하고 위로하는 자'인 바나바는 어머니같이 따뜻하고 부드러운 리더십으로 쓰임받았다.

레위 지파는 잔혹하고 즉흥적이며 욱하는 기질이 있었다. 레위는 동생 디나가 강간당하자 세겜 족속을 멸하고 집안을 위기에 빠뜨린 일로 야곱의 유언 때 시므온과 함께 축복인지 저주인지 모를 평가를 받았다.

시므온과 레위는 형제요 그들의 칼은 폭력의 도구로다 … 내가 그들을 야곱 중에서 나누며 나중에 이 두 지파가 흩어지긴 했는데, 시므온은 흩어져 없어진 반면, 레위 지파는 이스라엘 백성이 금송아지를 숭배할 때 이 저돌적이고 불같은 기질로 하나님의 심판 도구가 되어 결국 온 지파 가운데 영광스러운 하나님의 지파로서 거룩하게 구별되는 축복의 지위를 누렸다.

기질이 잘못되고 틀린 건 없다. 기질은 가치중립적이며 어떻게 사용하느냐에 달렸을 뿐이다. 기질과 장점을 함부로 나쁘다, 잘못됐다 할수 없다. 하나님이 주신 내 기질과 달란트가 가장 좋은 것이다. 남 흉내 낼 것도 없고, 누가 어떠니 세상이 어떠니 신경 쓰지 말고, 나다운것, 우리다운 것 하다 천국 가면 된다.

약점은 협업과 협력으로

솔직히 약함 때문에 손해 보는 것도 많은데 약함도 처리해야 하지 않을까? 약함에 관한 하나님의 뜻은 나 혼자 짊어지고, 해결하려고 노력하고 극복하는 게 아니라 협업하고 협력하는 것이다.

가장 대표적인 인물이 모세다. 하나님께서 모세를 부르셨지만 그에게는 약점이 많았다. 자기 스스로 입이 뻣뻣하고 혀가 둔한 자라고 고백한 것처럼, 특히 그는 민족의 지도자로서 카리스마 있게 이끌고 가기에는 연설의 능력, 설득의 영역이 약했다.

그렇다면 모세가 열심히 연설 연습을 하고 웅변 학원을 다녀야 했을까? 아니다. 입이 뻣뻣하고 혀가 둔해 어눌한 모세의 연설 능력에 하나님이 주신 해결책은 아론이었다. 연습하고 극복하고 노력하는 게 답이 아닐 때도 있다. 그때는 협업이 답이다.

　하나님은 만남을 통해 많은 일을 하신다. 그래서 우리에게 만남이라는 축복을 통해 공동체를 주시는 것이다. 오늘도 하나님께서 내 약점을 보완할 대안으로, 협력하고 도와줄 자로 보내신 사람들이 있다. 하나님께서 주신 귀한 만남의 축복을 잘 사용해서 협업하고 협력함으로 약함을 극복하는 지혜로운 사람이 되길 바란다.

　약함과 약점은 언젠가는 드러나게 된다. 그러므로 내 옆에 있는 존재와의 만남을 소홀히 여기고 함부로 대하는 사람은 절대 성공하지 못한다. 만남을 항상 소중하게 여겨라.

　우리 교회 부교역자 중에는 복싱선수 출신이 있고, 복싱을 했다는 사람도 있다. 그중 한 명에게 복싱 전적이 어떻게 되느냐고 물었더니 연습 경기까지 치면 셀 수도 없이 졌다고 했다. 그래서 내가 "나는 복싱을 한 번도 져본 적이 없어"라고 했는데 이 말에 그는 지금도 내가 복싱을 되게 잘하는 줄 안다.

　하지만 내가 복싱에서 한 번도 진 적이 없는 이유는 복싱을 한 번도 해본 적이 없기 때문이다. 아예 못 한다. 안 하니까 지지 않는 것이다. 나는 교통위반 딱지를 받은 적이 단 한 번도 없다. 운전을 못 하니 안 하고, 안 하니까 딱지 끊길 일이 없다.

　내가 강해 보인다면 약한 걸 안 하기 때문이다. 못하는 걸 억지로 하려 들지 않고 대신 잘하는 것에 집중한다. 잘하는 것을 하라. 그게 지혜인데 사람들은 자꾸 억지로 안 되는 링에 올라간다. 지지 않는 비결은 안되는 것을 붙들고 씨름하는 대신 되는 것, 잘하는 것, 좋아하는 그것을 붙드는 것이다. 그래야 승리한다.

신앙에도 영적 아웃소싱이 필요하다

아웃소싱(outsourcing)이란 기업 업무의 일부 부문이나 과정을 경영 효과 및 효율의 극대화를 위한 방안으로, 제3자에게 위탁해 처리하는 방식이다. 기업이나 조직에서 자기들이 잘하는 것, 본질에 집중하고 프로젝트의 비용적, 시간적 효율을 높이기 위해서 경영의 어떤 과정이나 일부 부문을 외주 업체에 맡겨 처리하는 경영 방법이다.

현대 사회에서는 고용 불안과 근로 조건 하락 등의 부정적인 측면도 있지만, 성경에서 아주 신앙적이고 복음적인 방식으로 사용되기도 하는데 대표적인 예가 일곱 집사의 임직(행 6장)이다. 기도와 말씀이라는 본질에 집중하기 위한 이 아웃소싱 덕분에 사도들은 기도와 말씀에, 본질에, 그들의 강점에 전념할 수 있었다.

우리 인생에도 아웃소싱이 필요하다. 내가 모두 잘하려고 하는 것은 미친 짓이다. 나 혼자 다 짊어지고 약함을 극복해서 처리할 수 없다. 협업할 건 협업하고, 내어줄 건 내어줘야 한다.

내가 잘하는 것에 집중하고, 나의 약함과 약점은 나에게 보내주신 동역자, 조력자들에게 도움을 청해 보완하길 바란다. 그럴 때 강력해진다.

나는 돈 관리, 행정 및 세무 관리는 잘 못해서 우리 교회 엄 집사님에게 맡긴다. 전기, 시스템도 전혀 몰라서 안 목사님에게 다 맡기고, 운전도 못 하니까 진 목사님에게 맡긴다. 나는 못 하는 것을 끙끙거리며 내가 하려고 하지 않는다.

요즘 나는 교회도 아웃소싱이 필요하다는 생각을 한다. 교회는 교회만이 잘할 수 있는 일에 집중하고 매달려야 하는데, 그 본질은 제쳐 두고 비본질적인 것을 붙들고 승부를 보려 하는 어리석은 모습이 보여

안타깝다.

우리가 아무리 잘 준비하고 즐겁게 하려 해도 세상보다 잘할 수 없다. 우리가 잘하는 것을 해야 한다. 기도와 말씀만이 교회의 강점이다. 복음은 세상 어느 기관이나 단체도 증거하거나 전달하지 못하는 우리만의 무기이며 집중해야 할 강점이다.

이 강대상을 거추장스러운 갑옷과 세상의 즐거움으로 채운다면 무슨 경쟁력이 있겠는가. 우리의 경쟁력은 즐거운 예배, 기도, 말씀, 찬양이다. 이것만은 잃어버리지 않는 믿음의 사람들이 됐으면 좋겠다. 베드로의 이 선언이 우리에게 있어야 한다.

> 베드로가 이르되 은과 금은 내게 없거니와 내게 있는 이것을 네게 주노니 나사렛 예수 그리스도의 이름으로 일어나 걸으라 하고 행 3:6

우리 교회에 뭐가 있는가? 즐거움이 있는가, 관계가 있는가, 사업적 유익이 있는가. 그건 세상에 더 기회가 많다. 우리는 은과 금 같은 세상의 가치가 아니라 우리에게 있는 것을 줘야 한다. 바로 예수 그리스도다. 길이요 진리요 생명이신 예수 그리스도를 전하고, 복음과 생명의 비밀을 알려주어야 한다.

물론 교회가 세상에서 제공하는 가치와 즐거움을 따라갈 수 없기에 아웃소싱할 부분도 있다. 그러므로 그런 것에 대한 기대치는 낮추되 복음과 말씀, 예배만큼은 타의 추종을 불허하고 절대 타협하지 않으며 조금도 흐트러지지 않기를 바란다.

감추어졌을 뿐 누구나 식스 팩은 있다

나는 나 같은 사람이 목사 되면 안 된다고 생각했고, 나를 믿지 못했다. 그런데 내 아버지는 선배 목사로서 나의 목회적 자질과 재능을 가장 먼저 발견해주셨다.

1996년 10월 어느 가을밤, 아버지가 내게 말씀하셨다.

"내가 목회자로서 볼 때 너는 목회를 정말 잘할 것 같다. 지금은 생각이 없더라도 훗날 하나님이 부르셔서 네가 소명을 느꼈을 때, 스스로 못 할 것 같고 자신감이 없어서 도망치지는 않았으면 좋겠다."

나는 그러겠다고 약속했지만, 까불고 건달들과 어울리며 싸움질하고 다닐 때는 아버지의 이 말씀이 말도 안 된다고 생각했다. 그런데 어느 날 하나님의 부르심 앞에 서게 됐다. 너무 두렵고 외면하고 싶었지만 '아, 그래! 아버지가 그러셨지. 난 잘할 거라고…' 하고 용기를 낼 수 있었다.

아버지는 나보다 나를 더 잘 아셨다. 나의 재능과 강점을 알고 계셨다. 육신의 아버지도 이렇다면 우리의 하늘 아버지 되시는 그분은 어떠시겠는가. 하나님을 신뢰하는 것이 축복이고, 승리의 비결이다.

남들이 다 한다고, 그래야 성공한다고 생각하는 코스들이 있지만, 그것을 따라가는 것이 성공과 인생의 행복을 보장하는 것은 아니다. 자기의 기질대로, 어떤 이는 안 가는 게 맞고 어떤 이는 가는 게 맞다.

자기 강점을 개발해서 거기에 집중하면 다윗처럼 초라함과 희박한 가능성에서도 하나님의 능력과 역사는 얼마든지 발휘될 수 있다. 그러므로 흉내 내지 말고, 눈치 보지 말고, 비교하지 말고, 당신의 기질대로 살라.

우리 하나님은 모든 사람에게 달란트를 주셨다. 발견했느냐 못 했느냐, 개발했느냐 못 했느냐의 문제지, 달란트가 없는 사람은 없다. 복근 없는 사람은 없다. 아주 깊이 감추인 보배처럼 당신의 지방과 살들이 그걸 꽁꽁 싸매고 감춰놓은 것뿐이다. 그 비곗살을 태워야 복근, 식스 팩이 드러나는 법이다. 재능도, 달란트도 마찬가지다. 반드시 있다. 열등감을 버리고 나만의 달란트를 찾으려 노력하라.

그리고 하나님이 부르실 때는 그것이 옳다. 하나님은 나를 만드신 분이다. 그분이 나한테 원하실 때는 그것이 맞다. 지금 불안하고 의심스러워도 우리 하나님이 부르실 때는 내 삶을 적극적으로 순종해서 내어 드려라. 그리고 하나님이 어떻게 역사하시는지를 보자.

6

•••

목표와 목적을
혼동하지 말라

삼상 17:45-47 다윗이 블레셋 사람에게 이르되 너는 칼과 창과 단창으로 내게
나아오거니와 나는 만군의 여호와의 이름 곧 네가 모욕하는 이스라엘 군대의
하나님의 이름으로 네게 나아가노라 오늘 여호와께서 너를 내 손에 넘기시리
니 내가 너를 쳐서 네 목을 베고 블레셋 군대의 시체를 오늘 공중의 새와 땅의
들짐승에게 주어 온 땅으로 이스라엘에 하나님이 계신 줄 알게 하겠고 또 여
호와의 구원하심이 칼과 창에 있지 아니함을 이 무리에게 알게 하리라 전쟁은
여호와께 속한 것인즉 그가 너희를 우리 손에 넘기시리라

목표 위에 반드시 있어야 할 것

지독한 불면증으로 며칠째 잠을 못 자던 입원환자가 오늘은 웬일인지 모처럼 초저녁부터 잠에 빠져들었다. 그런데 정확히 밤 10시, 간호사가 깊은 잠에 빠진 그를 흔들어 깨우며 하는 말, "일어나세요. 수면제 드실 시간이에요!"

수면제는 잠을 재우려는 목적으로 주는 것인데 수면제를 먹어야 할 시간에 자고 있다고 약 시간에 맞춰 모처럼의 단잠을 깨우는 간호사의 실수가 우리 삶에도 벌어지지는 않는지. 이 장에서는 그 '목표'와 '목적'에 관한 말씀을 나눠보고자 한다.

> 목적[目的] 몡 실현하려고 하는 일이나 나아가는 방향. 실현하고자 하는 목표의 관념.
> 목표[目標] 몡 어떤 목적을 이루려고 지향하는 실제적 대상으로 삼음. 행동을 취하여 이루려는 최후의 대상.

비슷한 말 같지만 어느 쪽이 더 큰 개념인가를 이해해야 한다. 목표와 목적 중 어느 쪽이 더 큰 개념인가? 목적이 더 크고, 목표는 과정이다. 즉 꿈이 목적이라면, 그 꿈을 향해 나아가는 과정이 목표다. 그러므로 우리는 목표보다 더 중요한 목적이 있어야 한다.

이 세상은 목표 중심적 삶을 요구한다. 목표를 세우고 그 목표를 향해 전진해야 한다는 말은 자기계발서나 성공학 개론, 인문학 강좌에서 수없이 들을 수 있다. 목표를 확실하게 정하는 사람, 목표를 구체적으로 쓰고 읽고 외치는 사람이 그렇지 않은 사람보다 성공과 승리의 가능성이 현저히 크다는 것은 누구나 다 아는 사실이다.

그런데 우리는 세상의 성공학 비결이나 승리의 비법을 배우려는 것이 아니다. 우리는 더 깊이 있고 묵직한 신앙인으로서 하나님께서 주시는 능력을 받아 참 가치 있고 행복한 인생, 더 나아가 승리하는 인생, 성공하는 인생으로 만들기를 꿈꾸는 자들 아닌가. 그런 자라면 마땅히 세상의 가치, 목표를 지향하고 목표에 집중하는 삶을 넘어 목적 중심의 삶을 꿈꾸고 배워야 한다.

세상 사람들은 돈 많이 벌고 영향력 얻고 인기 누리고 명예와 권력을 얻으면 그걸 성공이라 부른다. 하지만 하나님은 우리에게 재물, 영향력, 재능, 시간, 학위, 능력, 명예 등을 주시는데 여기서 멈추지 않고 우리가 이것을 가지고 뭔가를 하기를 원하신다. 이것이 바로 '목적'이고, 우리는 이것을 사명 또는 비전이라고도 부른다.

목표와 목적을 혼동해서는 안 된다. 분명하게 목표를 세우고 나아가되 그 목표 너머에 목적의식을 분명히 갖고 있어야 한다. 그렇지 않으면 때로는 혼동되어 목표가 목적이 되어버린다. 그래서 목표 지향적인 사람들은 이 목표를 위해 왜 싸우고 있는지를 잊는 실수를 저지를 때가 많다.

이 책에서 우리는 다윗의 인생을 통해 골리앗을 이길 수밖에 없었던 신앙의 승리 비결을 배우고자 한다. 사실 하나님이 개입하시고 그분의 능력이 더해지면 그 싸움은 끝난다. 그렇다면 하나님은 언제 개입하시는가? 하나님께서 요구하시는 인생의 목적, 즉 사명을 분명히 하고 목표를 이루려 싸울 때다. 그때 싸움에 개입하시고 우리를 붙들어 능력 있게 사용해주신다.

골리앗과 싸우는 목적

다윗의 강력한 점은 바로 이것이었다. 지금 그는 누구와 싸우고 있는가? 시대의 엄청난 대적 골리앗이 눈앞에 있다. 돈 10만 원 내기가 아니라 목숨이 걸린 싸움이다. 지금 지면 죽는다.

이런 어마어마하고 무시무시한 싸움 앞에서 그는 자신이 이 골리앗을 왜 쓰러뜨려야 하는지 그 분명한 목적을 잊지 않았다. 이것이 다윗의 능력 있는 믿음의 모습이었다.

골리앗이 자기 체격의 우월함을 믿고 무려 40일 동안 하나님의 살아 계심을 부정하고 조롱할 때 이스라엘 군대는 그의 체격과 우월함에 주눅 들고 패배감과 열등감에 싸여 벌벌 떨고만 있었다.

그때 다윗이 골리앗에게 달려나가면서 외친 선언이 사무엘상 17장 45-47절 말씀이다. 다윗은 골리앗과 왜 싸우는가? 성경은 그 이유를 분명히 밝힌다.

대적에게 하나님의 살아계심을 선포하기 위해

다윗이 블레셋 사람에게 이르되 너는 칼과 창과 단창으로 내게 나아오거니와 나는 만군의 여호와의 이름 곧 네가 모욕하는 이스라엘 군대의 하나님의 이름으로 네게 나아가노라 오늘 여호와께서 너를 내 손에 넘기시리니 내가 너를 쳐서 네 목을 베고 블레셋 군대의 시체를 오늘 공중의 새와 땅의 들짐승에게 주어 온 땅으로 이스라엘에 하나님이 계신 줄 알게 하겠고 삼상 17:45,46

우리가 사업에 실패하고, 진로가 막히고, 취업에 실패하고, 질병에 걸리고 연약한 모습으로 살아가면 세상 사람들은 우리가 믿는 하나님을 비방하고 조롱하기도 한다. 그래서 우리가 반드시 이겨야 할 싸움이 있다.

다윗은 골리앗에게 "너는 무기와 우월한 체격과 전술을 갖고 싸우지만, 나는 그런 것 없다. 하지만 네가 그토록 부정하고 모욕하는 만군의 여호와 하나님, 그 하나님의 이름이 나의 무기다"라고 외친다.

즉, '나는 네가 비방하고 모욕하는 만군의 여호와 하나님의 이름을 붙들고 나아가서 너를 쓰러뜨리고, 블레셋 군사들의 시체를 땅의 들짐승과 공중의 새들에게 줌으로써 하나님의 살아계심을 믿지 못하는 온 땅의 이방인들에게 알게 하겠다'라는 것이다. 하나님을 믿지 못하는 자들에게 하나님의 권능과 살아계심을 선포하기 위해 나아간다는 선포였다.

무력한 성도에게 하나님의 구원을 알리기 위해

또 여호와의 구원하심이 칼과 창에 있지 아니함을 이 무리에게 알게 하리라… 삼상 17:47

하나님의 살아계심을 믿지 못하고 비방하는 블레셋 군사들도 꼴 보기 싫지만, 이 어린 소년의 눈에 더 참혹한 건 하나님을 믿는다는 이스라엘 군대의 반응이었다.

그들은 하나님에 대한 믿음을 잃고 두려움에 휩싸여 절망의 바위 뒤, 낙심의 수풀 속에 숨어서 40일 동안 벌벌 떨고 있었다. 왜? 도저히 저 싸움에서 이길 수 없었기 때문이다.

다윗은 바로 그들에게 알려주고 싶다는 것이다. 하나님을 알지 못하는 자들에게도 하나님의 살아계심을 알려야 하겠지만, 하나님을 믿는다면서도 정작 현실에서는, 싸움 앞에서는 하나님을 믿는 모습이 전혀 나타나지 않는 사람들에게 선포하고 싶었던 것이다. 여호와의 구원하심은 칼과 창 따위에, 스펙과 가능성이며 확률 따위에 달려 있지 않음을!

부귀영화를 얻으려고, 내 야망을 이루려고, 정치적 정당성을 구축하려고 나아가는 것이 아니라 오직 하나님을 믿지 못하는 자들에게 하나님이 살아계신다는 것을 선포하고, 하나님을 믿는다면서도 그분의 능력을 여전히 신뢰하지 못하는 자들에게 전쟁과 인생의 승리와 성패는 오직 하나님께 달려 있음을 온전히 알리고 싶은 것이 내가 골리앗과 싸우는 이유라고 외치는 것이다.

당신은 왜 골리앗과 싸우는가?

오늘도 우리는 저마다의 골리앗과 치열하게 싸우고 있다. 학생은 진학이라는 골리앗과, 젊은이는 취업이라는 골리앗과, 직장인은 승진과 성과라는 골리앗과, 병상에 있는 분들은 질병이라는 골리앗과 각자의 영역에서 치열한 싸움을 벌이고 있다.

그런데 많은 사람이 맨날 목표만을 붙잡고 하나님께 기도한다.

"하나님, 골리앗을 이기게 해주세요. 하나님, 돈 좀 벌게 해주세요. 사업 성공하게 해주세요. 좋은 대학 들어가게 해주세요. 취직하게 해주세요. 승진하게 해주세요….”

정작 하나님은 그 목표보다는 목적에 관심을 두신다. “너 돈 벌면
뭐 할 건데? 사업 성공해서 뭐 할 건데? 병이 나으면 뭐 할 건데? 명예
얻고 권력 잡으면 뭐 할 건데?” 이 질문의 답을 궁금해하신다.

그런데 싸움이 너무 맹렬해서 골리앗과 싸우는 데 완전히 몰입하다
보면 내가 지금 이 골리앗과 왜 싸우는지 진짜 목적을 잊고, 그 싸움에
서 이기려는 목표만을 위해 엉뚱한 일을 할 수도 있다.

오늘 당신이 골리앗과 싸우는 이유는 무엇인가? 이겨서 무엇을 할
것인가? 이게 진짜 중요하다.

목적과 목표를 혼동하면

“너 공부하는 목적이 뭐냐?” 물어보면 “서울대입니다”, “법대입니다”,
“의사입니다” 이렇게 대답하는 아이들이 있다. 어떤 학교나 학과, 직업
은 목표지 인생의 목적이 될 수는 없다.

내가 공부하는 목적은 서울대를 가는 그 자체가 아니라 ‘서울대를
나와서 영향력 있는 인생이 돼서 하나님의 영광을 위해 이렇게 쓰임 받
겠다’라는 것이어야 한다.

목표를 목적으로 잘못 생각했기 때문에 서울대를 가도 헛헛하고 의
사가 돼도 허탈한 것이다. 대학만 가면 모든 게 술술 풀린다고 해서
갔는데 더 안 되고, 더 외롭고, 더 힘들다. 부모가 자녀에게 인생을 잘
못 가르쳐서 그렇다. 12년 동안 목표를 목적인 줄 착각하고 미친 듯이
살아오게 했더니 서울대를 가도 문제고, 안 가도 문제다.

서울대 떨어지면 인생이 끝난 줄 안다. 서울대만을 목적으로 12년

동안 달려왔는데 그것을 실패했으니 인생이 무너지는 것 같은 절망이고 다시 일어날 힘도 나지 않는 것이다. 그런데 서울대를 붙어도 문제다. 인생의 목적이던 것을 이뤄내고 나니 헛헛한 것이다. 그래서 명문대생들이 이유 없이 자살하는 사건이 많았다.

아이들만 그럴까? 돈 버는 것이 목적이어서 미친 듯이 돈을 벌었는데 벌고 나니 뭔가 헛헛해서 이상한 짓을 한다. 저것만 이루면 내 인생의 수고는 끝날 거라고 생각했는데, 목표를 목적으로 삼아 살아가니 돼도 문제고 안 되면 절망하는 것이다.

목표와 목적을 혼동하지 말아야 한다. 목표 중심적으로 살아가면 소기의 성과들은 얻는 것 같다. 그러나 잘됐는데도 헛헛한 인생들이 많다. 돈을 많이 벌었는데도, 명문 대학을 갔는데도, 학위를 땄는데도, 뭔가 잘된 것 같은데도 이상하게 찝찝하고 헛헛하다. 하나님의 목적을 잃어버리고 살아서 그렇다. 목적 없이 살아서 그렇다.

그런데 우리는 오늘도 목표와 목적을 혼동한 채 목표, 그 과정, 골리앗과의 싸움에 전 인생을 걸고 싸운다. 물론 열심히 싸워야 한다. 그러나 목표 너머에 있는 목적을 분명히 하고, 가는 방향을 아는 것이 더 중요하다.

그러므로 나는 달음질하기를 향방 없는 것같이 아니하고 싸우기를 허공을 치는 것같이 아니하며 고전 9:26

승리를 꿈꾸는 자가 분명한 목표가 없다는 것은 승리를 이미 포기한 것이다. 목표 의식은 분명해야 하지만 그 목표만을 위해 싸우는 사람들은 헛헛하고 허망한 시간, 절망과 낙심의 시간을 반드시 한 번은 맛보게 된다. 왜냐하면 모든 것을 이길 수는 없기 때문이다.

꿈과 목표는 다르다. 목표는 꿈을 실현하는 과정이다. 목표는 목적을 향해 가는 과정 중의 하나다. 목표가 너무 치열하면 온 신경과 마음을 거기에 쏟다가 삶의 궁극적인 목적을 잃어버리기 쉽다.

그러니 정신 차려야 한다. 내가 골리앗과 싸우고 있는 이유, 진정한 목적을 늘 확인하며 실수할 때도 실패할 때도 바로 회복하고 일어나길 바란다. 골리앗을 쓰러뜨리고 조금 성공해도 자만하지 말고 그것이 완결이 아님을 알고 더 성실하게 걸어가는 우리이길 바란다.

목적 중심의 성숙한 삶

목적이 분명해 목표와 혼동하지 않고 살아가는 사람은 명문대에 가도 괜찮고 안 가도 괜찮다. 대학 입시라는 목표는 목적을 이루는 길로 가는 과정임을 알기 때문이다.

그런 사람은 "그건 목표이고 과정일 뿐이야. 난 꿈과 목적이 있고 더 중요한 가치가 있어"라고 말할 수 있다. 과정일 뿐인데 여기에 만족하거나 낙심할 필요가 없지 않은가. 하나의 목적을 품고 다른 모습으로 얼마든지 쓰임 받고 살아갈 수 있다.

그래서 어떠한 성공을 해도 교만하거나 나태해지지 않고, 형통해도 겸손하고 성실하다. 웬만한 실패와 실수에도 절망하지 않고, 또 다른 길을 다시 한번 개척하고 또 다른 기회를 구축하며 결국 그 꿈과 점점 가까워지는 인생을 살 수 있다.

성숙하고 철들면 목표가 아닌 목적 중심의 삶을 살기 시작한다. 나는 일본 유학 시절, 목적을 추구하는 성숙함을 배우게 된 일이 있다.

교회에서 유학생 회장을 맡고 있을 때, 전도 주일을 계획했다. 당시 나는 은행지점장, 영사 등의 자녀들을 과외하며 꽤 많은 돈을 벌고 있었는데, 6개월 동안은 그 돈을 10원도 나를 위해 쓰지 않고 전도 대상자들을 섬기는 데 사용하며 열매가 있게 해달라고 기도했다.

그리고 당일에는 한국식 바비큐 파티를 해서 유학생들, 타국에서 온 친구들을 먹이려고 했는데 고기가 비싸다 보니 예산이 부족했다. 그래서 담임목사님께 요청을 드려, 유학생회가 한 끼 식사를 바자회처럼 섬기고 어른들은 그 식사 한 끼를 사 드실 수 있도록 허락을 받았다.

적당한 선의 돈을 받으면서도 재료비는 싸게 드는 가성비 좋은 음식이 뭘까, 메뉴를 고민했는데 카레가 딱이었다. 그래서 전 교인이 먹을 카레라이스를 만들어서 팔았다. 그때 재미있는 사실을 발견했다.

성도 중에는 일본인도 있었고, 한국인도 있었다. 내가 회장이었기 때문에 그들은 대부분 나에게 질문했는데 한국인 성도는 주로 "한 그릇에 얼마야? 그럼 얼마 모아야 해?"라며 목표를 물었다. 얼마가 필요하고 얼마에 팔 것인지에 대한 질문이 99퍼센트였다.

그런데 일본인 성도 중에는 그 '얼마'라는 목표를 묻는 사람이 한 명도 없었다. "이 행사의 목적이 뭐야? 무슨 일에 쓸 건데?"라고 물었다. 그래서 그것이 자기의 뜻과 부합하면 우리가 책정한 금액보다 10배를 내고 드시는 분도 있었다.

나는 사대주의자는 아니다. 이 일도 20년 전의 일이다. 지금 우리나라는 더 발전하고 훨씬 성숙했다. 그러나 그때 당시 나는 '아, 선진국 사람들의 성숙함은 이런 거구나' 하고 느꼈다.

성숙함은 목적을 추구한다. 그러나 미성숙함은 목표만 추구한다. 당신은 목표 지향적인가, 목적 지향적인가? 목표만 이루려고 미친 듯이 열심히 살아가다가 목적을 잃어버린 채 방향을 잃고 헛헛해 하는 인생이 되지 말고, 오늘도 꾸준히 목적을 향해 한 걸음 한 걸음 걸어가기를 바란다.

하나님의 뜻과 나의 목적을 일치시켜라

앞서 목표와 목적을 혼동하지 않되 강력한 인생을 사는 법을 알아보았다. 아무리 화려하고 모두가 부러워할 만큼 풍족하고 명예롭고 힘 있는 자리를 차지했더라도 인생의 분명한 목적인 하나님의 영광과 영화로움이라는 꿈을 이루지 못했다면 그것은 실패한 삶이다.

잘되고 부유하고 영향력이 있어도 헛헛하지 않고 허망하지 않은 인생이 되길 원한다면 인생의 목적을 붙들어야 한다. 우리 삶의 궁극적 목적은 하나님을 영화롭게 하며 영원히 그분을 즐거워하는 것이다.

이렇게 하나님을 예배하는 것이 우리 삶의 목적이다. 그러므로 그리스도인이라면 누구도 예외 없이 하나님의 영광을 위해 살겠다는 분명한 목적 한 조각씩은 가슴에 새겨져 있어야 한다.

할례 받지 않은 블레셋 사람 골리앗이 40일 동안 주야로 하나님을 능멸하고 그분의 권세를 조롱해도 누구 한 사람 나가 싸우지 못할 때 하나님의 마음은 얼마나 아프셨을까. 저 입을 닫고 "아니다! 우리 하나님은 시퍼렇게 살아계신다!"라고 증명할 누군가를 얼마나 간절히 기다리셨을까.

그때 다윗이란 어린 소년이 나와 "내가 네 목을 베고 블레셋 군사의 시체를 공중의 새와 들짐승에게 주어 온 땅으로 하나님이 살아계심을 알게 하겠다!" 외치자 하나님이 그 기도에 응답하지 않으실 이유가 없었다.

강력한 기도는 바로 이런 기도다. 내가 원하는 요구를 하나님께 줄줄이 내어놓는 것이 아니라 하나님께서 이 시대에 이루시고자 하는 목적을 나와 내 가정을 통해, 우리 교회 공동체를 통해 이루게 해달라고 기도하는 성숙함이 있는 기도다.

기도도 인생도 그 목적이 하나님의 뜻과 일치되는 영광을 누려야 한다. 나의 삶이 하나님의 영광을 위해 조금이라도 헌신하고 그 영광에 동참했다면 그건 나에게도 감동이고 영광이다. 하나님께서 그것을 얼마나 기대하고 기다리시는지 모른다.

분명한 목적을 향해 전진하는 사람은 때로 쓰러지고 넘어지고 실패하는 연약함이 있을지라도, 하나님께서 그를 그냥 두지 않으시고 반드시 일으켜 세우시며 그를 통해 역사하기를 즐거워하신다. 그것이 진정한 성공이고, 가치 있고 행복한 인생이다.

얼마 전 금란교회 김정민 목사와 같이 밥 먹고 차 마시며 얘기하는데 그가 내게 뭔가를 자랑하고 싶어서 입이 실룩거렸다. 그가 꺼내 든 것은 아들이 사준 만 원 정도 되는 투명한 휴대폰 케이스였다. 아들이 그 주에 설교했던 말씀에 은혜받았다며 설교 말씀을 뒷면에 새겨 생일 선물을 주었단다. 그것을 얼마나 자랑하던지!

그 모습을 보며 우리 하나님이 딱 저러시겠다는 생각이 들었다. 우리가 하나님께 내어드리는 것이 우리한테나 대단하지 하나님께 뭐 그리 대단하겠는가. 그런데 하나님은 그 만 원짜리 폰 케이스처럼 소소하고 아무것도 아닌 선물이라도 그것을 그분이 사랑하는 자들을 통해 받으실 때 그렇게 기뻐하실 것 같다. 그러니 우리는 저마다 한 조각이라도 그분의 영광과 영화로움을 위해 쓰일 준비를, 결단을 오늘부터

해나가야 한다.

선주후사의 법칙

많은 사람이 자녀가 고3이 되면 하나님의 영광을 위해 명문대 가야 한다고 기도를 부탁하러 온다. 지난 20년 동안, 사업 시작하면서 "자식들 잘 먹이고, 보란 듯이 좋은 차 타고 다니고 성공하려고 사업 시작했다"라고 말하는 사람은 한 명도 못 봤다. 다 하나님 영광 위해, 선교 위해 사용하겠다고 한다. 그렇지만 평상시에 그렇게 쓰는 사람을 본 적이 별로 없다.

진짜 그게 돈 버는 목적인 사람들은 과정도 그렇게 살아간다. 내가 얼마가 터지면 하나님께 영광 돌리는 게 아니라 주어진 순간순간마다 영광 돌린다. 나중에 전 재산을 드려 하나님께 영광 돌릴 사람은 지금 주신 것도 한 번쯤은 깨뜨려서 드릴 줄 안다.

그런 적이 없는 사람들이 하나님께 영광 돌린다는 것은 절대 허망한 얘기다. 나는 아버님이 40년간 목회하실 때 곁에서 많은 가정을 봤지만 그 약속을 지킨 사람을 본 적이 없다.

그 과정이 정당하고 목표에 충실할 때 목적도 가까워지는 것이지 절대 입으로만 되지 않는다. "오늘은 내가 잠잠하지만 다음번에는 골리앗을 이기겠습니다" 하는 사람은 절대 하나님을 위해 일하지 못한다. 하나님은 마음의 중심을 보신다.

다윗처럼 하나님의 살아계심을 알리고 연약한 자들의 믿음을 북돋우는 간증으로 내가 사용되기를 마음의 중심으로 청하며, 그렇게 쓰임 받고 싶다는 생각만 할 게 아니라 오늘 당장 희생의 자리로 달려나가

라. 나중에 꿈꾸는 소리를 할 생각 말고 오늘 꿈꾸는 자처럼 달려나가라. 오늘 당신 앞의 골리앗부터 차근차근 무너뜨리며 하나님의 영광이되는 삶을 살라. 그런 자들로 인하여 오늘 하나님의 역사가 쓰이는 것이다.

그 분명한 목적의식이 하나님께 신뢰를 드리면 하나님은 당신이 구하고 계획한 것보다 훨씬 더 위대하고 가치 있는 인생을 살게 해주신다. 이것이 내가 발견한, 신구약을 통틀어 일맥상통하는 '선주후사'(先主後私, 자신을 생각하기 전에 주님을 먼저 생각함)의 법칙이다. 먼저 하나님의 영광을 구하고 나의 사사로움을 뒤로 미루고 살아가면 하나님은내가 꿈꾸고 기대한 것보다 훨씬 더 큰 축복과 능력을 허락하신다.

> 그러므로 염려하여 이르기를 무엇을 먹을까 무엇을 마실까 무엇을 입을까 하지 말라 이는다 이방인들이 구하는 것이라 너희 하늘 아버지께서 이 모든 것이 너희에게 있어야 할 줄을아시느니라 마 6:31,32

예수님이 말씀하신 법칙이다. 불신자처럼 목표를 위해 살지 말라는것이다. 이건 믿지 않는 자들의 모습이다. 하나님께서 당신에게 이것이필요한 줄을 모르시겠는가? 다 알고 계신다. 당신보다 더 잘 알고 계신다. 그래서 결론이 무엇인가?

> 그런즉 너희는 먼저 그의 나라와 그의 의를 구하라 그리하면 이 모든 것을 너희에게 더하시리라 마 6:33

먹고 마시는 문제뿐만 아니라 하나님의 나라와 그분의 영화로움의 증표가 되기 위하여 필요한 모든 것, 내가 구하지 못한 것까지도 공급해주신다. 더하여 주신다. 내가 구한 허접한 것들보다 더 영화롭게 해주신다. 내 계산과 이성의 기준으로 한계 지은 것까지 뛰어넘어 버리는, 격이 다른 축복을 주신다. 내 인생에 퍼부어 주신다.

하나님의 뜻을 내가 먼저 구하면

하나님의 영광을 위해 골리앗을 쓰러뜨린다는 분명한 목적의식을 가지고 희생의 자리로 달려나간 다윗, 하나님께서는 그 영광을 올린 다윗의 자손들도 잘살 수 있도록 만들어주셨다.

솔로몬은 전대미문의 왕이었던 아버지 다윗의 뒤를 이어 왕이 되었다. 그는 왕좌를 지키기 위해 많은 일을 해야 했지만 가장 먼저 하나님께 일천 번제를 드렸다. 그런 그의 꿈에 하나님께서 나타나 "내가 네게 무엇을 주랴 너는 구하라"(대하 1:7) 하신다.

당신이라면 어떤 답을 하겠는가? 하나님의 영광과 목적에 부합하는 한 가지를 딱 구할 수 있어야 하는데 '뭘 구하지?' 하는 사람은 목적이 없는 사람이다. 그런 목적을 가지고 살아가지 않으면 구할 수도 없다. 그런데 솔로몬은 지체하지 않고 구한다.

"여호와 하나님이여 원하건대 주는 내 아버지 다윗에게 허락하신 것을 이제 굳게 하옵소서 주께서 나를 땅의 티끌같이 많은 백성의 왕으로 삼으셨사오니 주는 이제 내게 지혜와 지식을 주사 이 백성 앞에서 출입하게 하옵소서 이렇게 많은 주의 백성을 누가 능히 재판하리이까"(대하 1:9,10).

지금 하나님께서 솔로몬에게 가장 원하시는 삶은 무엇일까? 다윗의 뒤를 이어 하나님의 백성들을 잘 이끌어가는 것이었다.

"내 백성 잘 맡아서 다스리고, 공정하게 재판해주고 이끌어다오."

이것이 하나님의 기대요 목적이다.

그런데 솔로몬이 그렇게 할 지혜와 지식을 구한 것이다. 이것을 그보다 하나님이 더 원하실 터이니 이 기도를 응답하지 않으실 이유가 없었다. 사사로움을 뒤로하고 먼저 하나님의 뜻을 구한 그에게 하나님이 이처럼 말씀하셨다.

> 이런 마음이 네게 있어서 부나 재물이나 영광이나 원수의 생명 멸하기를 구하지 아니하며 장수도 구하지 아니하고 오직 내가 네게 다스리게 한 내 백성을 재판하기 위하여 지혜와 지식을 구하였으니 그러므로 내가 네게 지혜와 지식을 주고 부와 재물과 영광도 주리니 네 전의 왕들도 이런 일이 없었거니와 네 후에도 이런 일이 없으리라 대하 1:11,12

한나의 기도도 그렇다. 그녀는 "하나님, 브닌나가 저를 너무 괴롭혀서 힘드니 제게 빨리 아기를 주세요. 보란 듯 아들 낳아서 저 얄미운 브닌나 혼쭐 내주고 동네방네 돌잔치 하고 싶어요"라고 하지 않았다. 하나님께서 아들을 주시면 그를 하나님께 바치겠다고 했다(삼상 1:11).

타락하여 하나님의 영광을 위해 쓰임 받을 주의 종이 없던 시대였다. 아들을 나실인으로 드리겠다는 것은 하나님이 간절히 원하시는 바였기에 하나님은 한마디도 땅바닥에 떨어지지 않게 하셔서 어두운 시대의 절망을 깨뜨리는 민족의 지도자, 영적 지도자 사무엘이라는 큰 축복을 그녀에게 주셨다.

한나가 그런 축복을 구하지도 않았다. 하나님의 영광과 그 목적에 부합한 기도를 드렸을 뿐이다. 이 기도가 우리가 드릴 강력한 기도다.

나의 요구에서 하나님의 뜻을 구하는 기도로

유치한 어린아이 수준에 머물러 기도하는 사람이 너무 많다. 갓난아기의 유일한 소통은 우는 것이다. 울기만 해도 먹여주고 기저귀 갈아주고 재워준다. 아기는 그럴 수밖에 없고, 그래야 하지만, 평생 똥 싸고 치워달라고 울기만 하면 안 되고 성장하고 성숙해가야 한다.

기도도 그렇다. 기도의 첫 단계는 구하는 것이다. 나의 필요를 아빠 아버지이신 하나님께 정직하고 솔직하게 구해야 한다. 평생 이 수준에 머무르면 안 되지만 기도의 1단계는 구하는 것이다.

2단계는 하나님과 관계를 맺고 교제를 청하는 기도다. 아기가 조금 크면 엄마 아빠를 찾는다. 꼭 뭐가 필요하고 불편해서가 아니라 엄마 아빠를 보고 싶고 함께하고 싶어서다. 우리도 하나님이 좋아서 별일이 없더라도 그분의 이름을 부르고 찾는 이 기도로 나아가야 한다.

아이가 더 자라면 '아빠는 뭘 원하지, 엄마는 지금 뭐가 필요할까' 생각하기 시작한다. 자기 필요가 채워지기만을 구하다가, 어느 순간 하나님과의 관계와 은혜를 구하다가, 더 나아가서 하나님의 마음과 나를 향한 그분의 뜻이 무엇인지를 고민하는 것은 철이 든 것이다. 이렇게 하나님의 뜻을 헤아리는 기도가 3단계다.

4단계는 회개 기도다. 하나님 편에서 볼 때 여전히 나는 불성실하고 게으르고 정욕과 탐욕에 물들어 죄악으로 나아가려는 모습이 보인다. 그래서 내 육신을 복종시키고 하나님의 뜻에 맞추려고 애쓰는 기도를 하게 된다. 회개가 시작되는 것이다.

마지막 5단계는 내 뜻을 꺾고 하나님의 뜻을 구하는 기도다. 처음에는 내 뜻을 구했지만 성숙할수록 하나님의 뜻을 위해 내 뜻을 꺾고 일치시키게 된다. 내가 깨지고 꺾여도 좋은 것이다. 예수님의 기도가 그러했다.

"하나님, 하고 싶지 않아요. 할 수만 있다면 이 잔을 제게서 옮겨주세요. 하지만 내 뜻대로 마시고 아버지의 뜻대로 하옵소서."

내 목적이 하나님의 뜻과 일치되어 갈 때 강력한 기도가 되어 시대를 살리고 민족을 살리고 다음세대를 깨우는 하나님의 능력의 통로가 된다.

사무엘상 17장은 내 인생에 엄청난 변화를 가져다준 말씀이다. 중학교 2학년을 시작할 때 나는 1주일 금식을 하며 내 인생의 목적을 알려달라고, 실패하지 않는 인생이 되게 해달라고 기도했다.

그때 내 생각에 우리 마을에서 가장 못 사는 사람이 있었다. 술 먹고 가족을 두들겨 패고, 바람피우고 다니는 어떤 아저씨인데 어른들은 다들 그 집이 동네에서 제일 잘산다고 했다. 물론 '잘살다'(부유하게 살다)와 '잘 살다'는 다르다. 그러나 세상에서는 그것을 같은 개념으로 생각했다.

나는 세상의 기준이 내가 생각하는 성공과 잘 사는 기준과 완전히 다르다는 것을 알고, 하나님께서 인정하시는 잘 사는 삶, 성공하는 삶, 기뻐하시는 삶을 살게 해달라고 기도했다.

내가 어떤 분야에서든 성공하고 최고가 돼도 혼자 잘 먹고 잘살 것이 아니라 나를 통해 주변 사람들이 함께 행복하고, 함께 꿈꾸고, 절망에서 일어나게 되었으면 좋겠다고. 나를 그런 통로로 사용해달라고.

그때 금식 마지막 날 읽고 결론으로 얻은 말씀이 사무엘상 17장에서 다윗과 골리앗의 싸움 그 이후의 이야기다. 40일 동안 벌벌 떨며 아무 소망 없어 보였던 이스라엘 백성에게 다윗의 승리가 신호탄이 되어 영광과 승리의 환희로 번져 나갔다. 그러자 그들이 함께 칼을 들고 달려나가 블레셋 군사들의 목을 치기 시작했다.

다윗의 승리가 그들을 일으켰던 것처럼 나의 도전과 돌파가 우리 성도들과 다음세대를 일으킬 것을 믿고, 그 목적 하나로 지금까지 달려왔다. 그동안 수없이 실패하고 실수도 많이 하고 목표가 어그러지기도 했지만, 목적 하나가 분명하니 돌고 돌아서라도 그 길에 점점 가까워지고 있다.

전투는 내주더라도 전쟁은 지지 말자

전투와 전쟁이 있다. 전쟁이 상위 개념이고, 전쟁 안에 수많은 전투가 있다. 전투에서는 이길 수도 질 수도 있으며, 져도 회복의 기회가 있다. 그러나 전쟁은 이겨야 한다. 전쟁에서 지면 모든 것을 잃는다.

'목적'은 전쟁, '목표'는 전투에 비유할 수 있다. 오늘 우리가 꿈꾸고 목표하는 것들은 단기적으로 좀 안돼도, 설령 사업이 조금 망하고 입시에 실패해도 재기할 기회가 있다. 하지만 하나님의 목적을 잃고 사명을 깨뜨려 버리면 아무리 잘돼도 그건 끝난 인생이다.

모든 전투에서 다 이겨 전쟁을 완승하면 정말 좋겠지만, 인류 역사상 그런 전쟁은 없었다. 전쟁의 승리를 위해 눈 질끈 감고 내어줘야 하는 전투도 있다. 작전상 포기해야 할 고지가 있고, 후퇴해야 할 전선도 있다.

한국 전쟁 당시 경북 영덕군 장사리에서 벌어진 '장사(長沙) 상륙작전'은 이기려고 한 전투가 아니었다. 인천 상륙작전의 성공을 위해 북한군의 주의를 분산시키고 보급로를 차단하는 것이 주목적이다 보니 주력 부대가 아닌 어린 학도병 772명이 소총 하나 들고 군함도 아닌

상선(문산호)을 타고 들어갔고, 상륙 과정부터 인민군의 공격으로 많은 희생이 있었다. 그들이야말로 숨은 영웅이었다.

그 전투도 승리했다면 얼마나 좋았을까. 그럴 수 없는 전투였기에 패하기는 했으나 그들의 헌신과 희생으로 인천 상륙작전은 성공할 수 있었고 덕분에 전쟁의 전세가 뒤바뀌었다.

우리는 내 삶에서 모든 전투가 승리하기를 바란다. 꿈꾸고 바라는 그 목표가 이루어져야 하나님에게도 영광이 된다고 생각한다. 그러나 내가 그것을 포기하고 내려놓고 잃어야 하나님의 목적이 이루어질 때도 있다.

만일 지금 치열하게 싸우고 있는 목표가 하나님의 목적에 부합하지 않는다면 당신은 어떻게 하겠는가? 지금 집중하는 그 일이 하나님의 뜻과 상충한다면 내려놓을 수 있겠는가?

적에게 패하여 등을 보이고 전선을 빼앗기는 것이 너무 싫을 수 있다. 그러나 그 패배가 전쟁의 큰 그림 안에서는 승리 요인이 되기에 하나님이 지도록 명령을 내리실 때가 있다.

더 중요한 전선을 지키기 위해 퇴각하라는 사령관의 명령에 불복해 그곳을 사수하려는 소대장이 있다면 그는 충성된 자일까? 눈앞의 목표를 위해 목적을 상실하고 고집을 피우는 경우가 있다. 외관상으로는 아주 열심히 사는 사람 같고, 충성스러워 보이지만 실패한 인생이다.

우리 삶에 이런 일이 얼마나 많겠는가. 내가 낮아지고 우리 교회가 낮아져 하나님께 영광을 돌릴 수만 있다면 우리는 얼마든지 그렇게 해야 하고, 사도 바울처럼 죽을 길도 가야 한다. 하나님은 우리가 그분의 목적에 맞게 포기하고 내려놓을 때 그 헌신과 희생을 절대 잊지 으신다.

'성공한 실패자'라는 말이 있다. 성공한 것 같지만 실패한 사람이라는 뜻으로, 목표를 이루려 치열하게 살았고 소기의 성과도 얻었지만 정작 중요한 가정의 행복이 깨지거나 사람을 잃거나 건강을 잃어버린 사람을 말한다.

그들도 처음에는 하나님의 영광을 위해 골리앗과 싸우려 했다. 그런데 목숨을 걸어야 하는 치열한 전쟁이다 보니 골리앗과 싸우느라 하나님이 부르셔도 듣지 못하고, 하나님을 제쳐놓고 싸움에만 매진하다가정말 놓치면 안 될 중요한 것을 놓친 것이다.

그것이 잘 사는 인생인가? 그런데 우리 삶에 그런 일이 얼마나 많은지 모른다. 하나님의 영광을 위해 명문대에 가겠다고 하지만 학원 가느라 주일에 온전히 예배드리지 못하는 경우가 너무나 많다. 국회의원에 당선되어 하나님께 영광을 돌리겠다면서 절에 가서 절하는 사람도종종 본다.

낮은 자리에서 주일 한 번 지키려고 혹독한 대가를 치르는 성도들도있는데, 더 많이 받고 누리는 사람들이 자기가 가진 것들을 지키고자하나님의 영광을 훼손하는 모습에 너무 화가 난다. 내가 지금 가진 모든 것은 원래 내 것이 아니기에 내가 포기하는 게 아니다. 주인의 뜻대로 흘려보내는 것이 마땅하다.

목표를 목적보다 앞세우면 안 된다. 목적을 위해 그에 상충하는 목표를 꺾을 용기가 있어야 한다. 당신은 그런 용기가 있는가? 없다면자기 경영 능력으로 살면 된다. 하지만 하나님의 위대한 영광은 당신의것이 아니다.

삶의 자리에서 하나님나라와 그 의에 충돌하는 것이 있을 때, 치열하게 이루려고 애써오던 것이 성취되려는 문턱에서조차 주님이 내려놓으라고 하시면 언제든지 내려놓아야 제자이고 참 그리스도인이다.

우리는 오늘도 인생의 성공을 향해 달린다. 그것은 하나님의 영광을 위한 과정일 뿐이다. 그런데 성공이 없으면 하나님도 등지고, 하나님의 영광을 위해 아무것도 하지 못하는 어리석은 성도와 교회가 너무도 많다. 이런 실수를 범하지 말자. 아름다운 승리의 비결을 잘 배워서 분명한 인생의 목적을 확인하고, 끝까지 하나님의 선하시고 기뻐하시고 온전하신 뜻대로 살아가자.

7

...

바람개비를 돌리는
두 가지 방법

삼상 17:48-50 블레셋 사람이 일어나 다윗에게로 마주 가까이 올 때에 다윗이 블레셋 사람을 향하여 빨리 달리며 손을 주머니에 넣어 돌을 가지고 물매로 던져 블레셋 사람의 이마를 치매 돌이 그의 이마에 박히니 땅에 엎드러지니라 다윗이 이같이 물매와 돌로 블레셋 사람을 이기고 그를 쳐죽였으나 자기 손에 는 칼이 없었더라

바람이 멈췄다면 일어나 달릴 시간

미국 샌프란시스코의 금문교, 엠파이어스테이트 빌딩, 후버댐의 공통점을 아는가? 압도적인 스케일로 위용을 자랑하는 미국의 이 유명 건축물들은 의외로 1920년대 말에 시작된 경제 대공황 때 지어졌다.

당시 프랭클린 루스벨트 대통령은 1933년, 대공황 타개책으로 노동진흥국(Works Progress Administration)과 공공노동국(Public Works Administration)을 설치해 대대적인 토목건설사업을 벌였다. 하던 공사마저 멈춰야 할 것 같은 시기였지만, 그는 수많은 실업자를 토목사업에 끌어들여 일자리를 만들고 급여를 주자는 생각으로 엠파이어스테이트 빌딩과 댐의 공사를 계속 진행시키고 금문교 건설을 시작했다.

경기가 안 좋으니 아무것도 할 수 없다고 주저앉는 대신 오히려 일을 벌였더니 그의 의도대로 이들 건축물은 경제 공황기에 수많은 일자리를 제공해 국민의 삶에 도움을 주었을 뿐만 아니라 미국이 대공황을 극복하고 명실상부한 초강대국으로 부상하는 토대를 만들었다.

우리 인생에는 가만히 있어도 바람개비가 돌아갈 때가 있다. 별 노력하지 않아도 힘들이지 않고 순풍에 돛 단 듯 잘 나갈 때다. 그러다 그 순풍이 멈추고 역풍이 불어 힘들어지면 사람들은 대개 낙심하여 포기하고 주저앉는다. 하지만 그럴 때라도 우리 믿음은 전진하고 바람개비는 돌아야 하는데 어떻게 해야 할까.

최초로 자기계발서를 쓴 데일 카네기는 "바람이 불지 않을 때 바람개비를 돌리는 방법은 내가 앞으로 달려나가는 것이다"라는 명언을 남겼다. 순풍을 타고 바람개비가 돌 수도 있지만 바람이 불지 않아도 내가 달려가면 바람개비는 돈다.

다윗은 모든 것이 불공평하고 열악한 가운데 골리앗과 대적했다. 원망하고 절망할 법도 한데, 그는 어떻게 반응하는가?

블레셋 사람이 일어나 다윗에게로 마주 가까이 올 때에 다윗이 블레셋 사람을 향하여 빨리 달리며 삼상 17:48

힘들고 주저앉고 싶을 때, 낙심하여 절망하고 포기하고 싶을 때 골리앗을 이기고 쓰러뜨릴 방법은 그 열악함을 이기고 뚫어낼 정도로 골리앗을 향해 빨리 달려가는 것이다. 우리도 인생과 신앙에 이러한 반응과 가치관이 필요하다. 포기하지 말라. 상황에 지배당하지 말라. 형편과 처지에 눌려 패배를 받아들이는 인생이 되지 말라.

인생에는 좋은 상황과 경기의 바람을 탈 때도 있지만 그렇지 않을 때도 반드시 찾아온다. 교회도 가만히 있어도 영적 부흥의 바람이 그냥 몰려들 때도 있지만, 그렇지 않을 때가 있다.

인생의 바람개비, 부흥의 바람개비가 돌지 않을 때 한탄하며 절망해야 할까? 많은 사람이 절망하고, 왜 나에게 바람을 멈추시느냐고, 이 바람개비를 돌려주지 않으시냐고 하나님을 원망한다. 그런데 그때는 하나님께서 당신에게 명령하시는 때다. "이제 네 힘으로 일어나 달려!"라고.

바람개비를 들고 달려나간 사람들

축구 선수 김민재를 닮은 얼굴로 유명해진 정동식 심판이 한 TV프로그램에서 인생사를 전해 감동을 안긴 바 있다. 집이 너무도 가난했던 그는 축구 선수가 되고 싶어 다른 아이들 쉴 때도 쉬지 않고 매일같이 운동하며 정말 최선을 다했지만 한계를 절감하게 됐다고 한다.

그래도 K리그에서 선수는 못 되어도 심판으로 뛰자고 결심하고 심판의 꿈을 키우며 노력했다. 그러는 한편으로는 생계를 위해서 쉬지 않고 일해야 했다. 2평 남짓한 노숙인 쉼터에서 생활하며 5년간 하루도 쉬지 않고 신문·우유 배달, 공사장 일용직 등 하루에 7가지 일을 하며 1억을 모았다.

그런데 그 돈으로 상가를 분양받았는데 사기를 당했다. 자살까지 생각했으나 내 인생 이렇게 끝내지 말고 한 번만 더 노력해보자, 하고는 7년을 또 노력했다. 환경 공무관을 주업으로 하면서 지금까지 하루도 안 쉬고 새벽에 일어나 20시간 일하며 K리그 심판이 되었다.

그는 녹화 후 아들에게 맛있는 거 사주려고 처음으로 휴가를 냈다고 했다. MC 유재석이 아들에게 아빠는 어떤 사람이냐고 묻자 아들은 아빠 이야기를 들으면서 대단하시다는 생각이 들었다며, 아빠는 "착하고 부지런한 사람"이라고 말했다. 그 말에 녹화장은 그만 눈물바다가 됐다. 별말 아닌 것 같지만 그의 삶이 투영된 답변이었다.

나는 그 삶의 묵직함에 경외감과 존경심마저 들었다. '그에게 바람이 조금만 불어왔다면 그 인생의 바람개비는 얼마나 잘 돌았을까'라는 생각이 들었다. 그러나 그는 인생에 바람 한 점 없었지만 스스로 달려나가 바람을 만들어낸 사람이었다.

역사학자이자 정치평론가인 도리스 컨스 굿윈은 《혼돈의 시대 리더의 탄생》(Leadership: In Turbulent Times)에서 미국의 대통령 중 에이브러햄 링컨, 시어도어 루스벨트, 프랭클린 루스벨트, 린든 존슨의 리더십과 인생을 분석하며 "리더는 타고나는가, 아니면 만들어지는가?", "시대가 리더를 만드는가, 아니면 리더가 시대를 만드는가?"를 묻는다.

그리고 이 네 명의 대통령은 역경 속에 주저앉는 대신 멈추지 않고 다윗처럼 빨리 달려나가며 역사를 개척해 위대한 리더가 되었다는 결론을 통해, 힘들고 어려운 시대가 리더를 만들어 갔음을 말한다.

에이브러햄 링컨은 어머니를 병으로 잃은 후 아버지에게 버려졌고, 집이 너무도 가난해 공식적인 교육을 받을 수 없어서 독학으로 변호사가 되었다. 그는 낙심에 너무나도 익숙해져 있는 인생이었기 때문에 사람들의 선택을 받지 못해도 전혀 낙심하지 않았다고 고백했다.

시어도어 루스벨트는 한 날에 젊은 아내와 어머니를 잃었고, 프랭클린 루스벨트는 39세에 척수성 소아마비에 걸려 그 이후 하반신 마비로 평생 휠체어 신세를 져야 했다. 린든 존슨은 상원의원 선거 패배로 인한 우울감에 심장마비로 죽음의 문턱에 선 후에야 삶의 과정을 재정립했다.

이처럼 이들은 대통령이 되기까지 절대로 순풍이 불어온 인생은 아니었으나 그 가운데 절망하거나 낙심하지 않고 자기가 할 수 있는 최선을 다해 달려나갔다.

시어도어 루스벨트의 말처럼, 전쟁이 없다면 위대한 장군을 얻을 수 없고 중대한 사건이 없다면 위대한 정치가를 얻지 못한다. 링컨이 평화로운 시대에 살았다면 지금 그의 이름을 기억하는 사람은 별로 없을 것이다. 순풍이 불지 않는 절망의 때가 오히려 그 인생을 더욱 가치 있고 위대한 이름으로 드높여 주는 발판이요 기회가 될 수도 있다.

역풍 속에서 더욱 보여드릴 믿음

사도 바울의 선교 여정 또한 순풍과 형통과 기막힌 만남의 축복만 있었던 것은 아니다. 그의 서신에는 자신의 사역과 선교 여정이 얼마나 막혀 있고 험난했는지가 기록되어 있다.

… 내가 수고를 넘치도록 하고 옥에 갇히기도 더 많이 하고 매도 수없이 맞고 여러 번 죽을 뻔하였으니 유대인들에게 사십에서 하나 감한 매를 다섯 번 맞았으며 세 번 태장으로 맞고 한 번 돌로 맞고 세 번 파선하고 일 주야를 깊은 바다에서 지냈으며 여러 번 여행하면서 강의 위험과 강도의 위험과 동족의 위험과 이방인의 위험과 시내의 위험과 광야의 위험과 바다의 위험과 거짓 형제 중의 위험을 당하고 또 수고하며 애쓰고 여러 번 자지 못하고 주리며 목마르고 여러 번 굶고 춥고 헐벗었노라 고후 11:23-27

이것은 순풍이 밀어주는 대신 오히려 역풍이 불어서 가려는 길이 가로막혔던 숨가쁜 현장의 기록이다. 하지만 그는 멈추지 않고 푯대를 향하여 하나님이 원하시는 길을 달려감으로써 신앙과 선교의 열매를 맺고 우리에게 도전을 준다.

당신은 혹시 조금만 바람이 멈추면 포기하고 원망하는 사람은 아닌가? 바람이 꼭 불어야 하는가? 내 인생은 늘상 바람이 불어야만 하는가? 바람이 안 불면 안 되는가? 믿음이 뭔지 아는가?

하나님은 나를 만드신 분이며 나를 지키시는 분이고, 나를 누구보다 가장 잘 알고 계시며 생각하시는 분이다. 그런데 이 고백을 광야에서도, 사막 한복판에서도, 음침한 골짜기에서도 하는 것이 믿음이다.

"하나님이 내 인생 잘 지켜주셔서 이렇게 바람이 잘 부네요"라며 순풍에 돛단배 같은 인생을 감사하는 것만이 믿음이 아니다. 광야에서도, 사막에서도, 음침한 골짜기에서도 "하나님은 나를 만드신 분입니다. 다른 사람이 나를 걱정하고 동정해도 하나님은 나를 너무너무 잘 아시고 지키십니다. 내가 비록 사망의 음침한 골짜기에 있을지라도 주님이 나를 인도하시기에 나는 부족함이 없습니다"라는 고백이 진짜 믿음의 고백이다.

누구는 행복만 가득하고, 누구는 불행만 가득한 것이 아니다. 누구에게나 행복과 불행의 총량이 있어서 이들은 항상 교차하면서 함께 온다. 그러므로 행복하고 형통한 순풍의 때도 누릴 줄도 알아야 하고, 지혜와 용기로써 막혀 있는 답답한 현실도 지나갈 줄 알아야 한다.

우리 인생과 신앙에서 바람 한 점 없어 열매와 성과의 바람개비는 멈추고 조용하기만 한 날들이 있다. 그래서 나의 사역도, 신앙생활도 침체되어 도무지 신나지 않고 웅크리게 될 때가 있다.

당신의 인생도 지금 꽉 막혀 답답한가? 그때 절망하고 주저앉지 말고 일어나 달려야 한다. 그래야 바람개비가 다시 또 돌아간다. 바람개비를 돌리는 다른 방법은 일어나 두려워하는 삶을 향하여 다윗처럼 빨리 달리는 것이다. 주눅 들어 멈추거나 주저앉지 말고 오히려 빨리 달려나가 당신의 골리앗에게 맞장을 떠라!

다윗의 손에는 칼이 없었다

사무엘상 17장에 기록된 다윗과 골리앗의 싸움은 48-50절에서 종결된다. 그 가운데 이 싸움의 본질을 가장 잘 드러내는 한마디 표현이 있다.

다윗의 인간적인 노력과 힘이 아니라 하나님의 능력이라는 것이다. 누가 봐도 불리하고, 불가능해 보이고, 기울어진 운동장처럼 불공평한 싸움이었지만 다윗은 주저하거나 포기하지 않고 끝내 승리했다.

다윗의 손에는 칼이 없었다. 골리앗과 싸우는 자로서 자기 손에 칼이 없는 것은 부당한 것이고, 불평과 원망의 이유가 될 수 있다. 그러나 그가 '나는 남들 다 있는 칼도 없어!'라고 불평하며 절망했다면 나아가지 못한 채, 도전의 기회도 승리도 날려버렸을 것이다.

우리 인생은 두 가지만 잘 보완하고 이겨내면 된다. 열악할 때 어떻게 반응하느냐, 그리고 열등감을 느낄 때 어떻게 반응하느냐다. 칼이 없으면 어떤가. 다윗은 자기 손에 칼이 없다는 것으로 인해 낙심하지 않았다. 처지와 환경을 바라보지 않고, 오직 하나님만 바라봤다. "너는 칼과 창과 단창으로 내게 나오지만 나는 만군의 여호와의 이름, 네가 모욕한 이스라엘 군대의 하나님 이름으로 네게 나아간다!"라고 외치며 달려나갔다.

물론 칼이 있으면 좋다. 칼과 갑옷을 배제하고 살아가자는 게 아니다. 스펙, 돈, 영향력이 필요 없다는 게 아니다. 다 필요 없다는 게 아니다. 그것들이 있으면 좋지만 없을 때 어떻게 반응하냐는 것이다. 이때 열등감과 비교의식으로 살지 말라는 것이다.

"자기 손에는 칼이 없었더라"라는 말씀을 보며 비교의식을 버리자. 승리를 보장해줄 것 같은 칼이 없다고 불평하다가, 남들과 비교하고 불행해하다가 얼마나 많은 승리와 위대함을 놓치는지 모른다.

전쟁은 여호와께 속한 것이며, 여호와의 구원하심은 그 칼과 창에 있지 않음을 다윗뿐만이 아니라 나도 믿어야 한다. 내 인생의 승리와 구원은 하나님께 달렸으며 칼과 창 따위에 있지 않다는 것, 그리고 내게는 나를 향한 하나님의 계획과 방법이 있음을 나 스스로 믿어야 한다. 그래야 남들의 갑옷과 칼 앞에 기죽지 않고 열등감을 느끼지도 않는다.

열악함을 이기는 방법은 비교의식을 갖지 않고 하나님만 바라고 그 이름만 힘입으며 그분이 주신 것에 만족하며 나아가는 것이다. 그래서 낙심하지 않고 빨리 달려나가 다시 한번 도전하는 것이다.

씨를 뿌리러 나갈 상황과 처지와 형편이 되지 않을지라도, 눈물을 흘리며 주저앉아 있는 것이 아니라 말씀에 의지하여 울면서라도 씨를 뿌리러 나갈 때 결국 열매가 있으며, 역전이 있으며, 응답이 있으며, 풀림이 있으며, 회복이 있으며, 반전의 드라마가 있을 것이다.

눈물을 흘리며 씨를 뿌리는 자는 기쁨으로 거두리로다 울며 씨를 뿌리러 나가는 자는 반드시 기쁨으로 그 곡식 단을 가지고 돌아오리로다 시 126:5,6

비교가 내 삶에서 빼앗아 가는 것들

히말라야 산맥에 위치한 인구 73만 명의 작은 나라, 부탄은 우리에게 '가난하지만 행복한 나라', '행복 지수 세계 1위'로 잘 알려져 있다. 2010년 영국 유럽 신경제재단(NEF)이 국가 행복도를 조사했을 때 부탄 국민의 97퍼센트가 행복하다고 대답했다고 한다.

그런데 유엔 산하 '지속가능발전네트워크'(SDSN)의 '2018년 세계행복보고서'에서 부탄의 순위는 95위에 그쳤다. 이렇듯 급격히 순위가 하락한 이유를 살펴보니, 급격한 도시화로 부탄에 인터넷과 SNS 등이 발달하면서 국민이 자기 나라의 빈곤을 알게 되고 다른 나라와 비교하기 시작하면서 행복 지수가 급락한 것이라고 한다.

그들이 행복했던 이유는 비교하지 않아서였다. 다른 사람들이 사는 것을 보지 않고 나름대로 자기들만의 삶을 살 때는 행복했는데 현실을 알게 되고 비교하기 시작하니까 질투가 일어났다.

정문정 작가의 《무례한 사람에게 웃으며 대처하는 법》이라는 책을 재미있게 읽었는데, 이 책 두 번째 파트의 한 소제목에 매우 공감했다. 그것은 "불행하면 남에게 관심이 많아진다"였다. 저자는 "불행한 사람들은 자신의 삶에 만족하지 못하고, 다른 사람들의 삶을 비난하거나 무시하는 경향이 있다"라고 말한다.

그 말처럼, 불행한 사람들은 맨날 남의 일 얘기하고, 비난하는 데 관심이 많다. 우리가 지금 그렇게 살고 있지는 않은가? 인스타그램이나 페이스북에 올리는 것은 매번 먹는 음식이나 물건이 아니다. 평생 한두 번 할까 말까, 볼까 말까 한 것들을 올린다. 그것은 현실이 아닌데도 그것으로 비교하다 보니 다른 사람들의 삶의 기준을 높게 잡고 보게 되면서 상대적으로 내 삶은 불행해 보이기 시작한다.

비교하지 않고 살아가면 우리는 다 행복하다. 비교의식은 우리를 지옥과 같은 불행으로 이끌어가는 편도 티켓이다. 비교하지 말고 오늘 내게 칼이 없어도 물맷돌이 있다는 것을 기억하라.

예전에 어떤 예능 프로그램에서 이런 게임을 본 적이 있다. 각 출연자가 평상시 습관처럼 하는 말이나 행동을 하나씩 몰래 적어놓고, 그가 이 단어를 쓰거나 행동할 때마다 용돈을 계속 빼는 것이다. 당사자는 자기 용돈이 왜 줄어드는지도 모르고 계속하다가 결국에는 다 날리곤 했다.

우리 삶에도 주신 축복을 갉아먹고 차감시켜 거지꼴이 되게 하는 나의 고질적인 습관과 언행이 있다. 비교의식은 불평, 원망, 시기, 질투를 일으키고, 그것들이 내 행복과 축복을 갉아먹는다. 또한 우리가 하나님의 섭리와 축복을 누리고, 차원 높은 하나님의 섭리와 계획을 향해 도전할 크고 존귀한 기회를 빼앗아 간다.

그러므로 축복과 행동을 자꾸 차감하고 불행과 비참한 삶을 안기는 비교의식을 어서 빨리 멈추라. 모르고 계속하기에 알려줬는데도 계속한다면 그것은 이제 자기 책임이다. 그러나 비교의식을 버리고 하나님의 사명과 비전을 품고 꿈을 꾸며 살아가는 사람은 행복을 선물 받을 것이다.

비교의식이 죄(罪)인 이유

비교의식은 죄다. 시기와 질투, 남 얘기와 다른 사람의 삶에 관심이 많은 건 내 성향과 오지랖이 아니라 죄다. 그 이유는 크게 두 가지다.

교만이나 열등감을 갖게 한다

비교의식으로 남들을 바라보며 살아가면 우리 마음에 생기는 것은 두 가지밖에 없다. 교만 아니면 열등감이다. 교만과 열등감은 하나님을 바라보지 않을 때 생기는 현상이다. 하나님께서 내게 허락하신 목표와 목적만 바라보고 살아가면 그것들은 내 삶을 차지할 수가 없다.

200밀리미터짜리 종이컵은 1.8리터 생수병을 만났을 때 기가 죽지만 그 생수병은 18.9리터짜리 생수통 앞에서 기도 펴지 못한다. 이들보다 더 큰 양동이, 고무통이 그 앞에서 잘난 척을 해도 바다 앞에서는 죄다 아무것도 아니다. 바다와 합쳐질 때는 컵의 물, 생수병의 물, 고무통의 물이 전혀 차이가 없다. 바다는 너무 커서 얼마큼을 붓든 티도 나지 않는다.

이 바다가 바로 하나님이시다. 물이 어떤 용기에 얼마큼 담겨 있었는지는 전혀 중요하지 않다. 바다와 같은 하나님의 능력을 받으면 우리의 스펙이나 능력이나 통장 잔고는 아무 의미가 없고 너나 나나 다 똑같다. 하나님의 능력을 받았느냐 안 받았느냐가 중요하고, 하나님께 붙어 있는 자, 하나님의 힘과 능력을 덧입는 자가 최고다.

하나님을 바라볼 때는 열등감과 교만, 우월감 따위는 전혀 존재할 수가 없다. 그러므로 우월감과 열등감을 낳는 비교의식은 하나님을 바라보지 못하는 것이기 때문에 죄다.

은혜의 기회를 잃고 빼앗기게 한다

비교의식은 아무것도 존재하지 않아야 할 하나님과 나 사이에 반드시 뭔가를 자꾸 개입시킨다. 그것이 우상이다. 누가복음 18장에서 각기 기도를 드린 바리새인과 세리의 비유는 의인과 죄인, 용서받은 죄인과 용서받지 못한 죄인의 모습이 극명한 비교를 이룬다.

자기는 대단히 신앙이 좋고 믿음이 견고하다고 생각하는 은혜 입지 못한 죄인 바리새인과 나는 스스로 죄인이라고 여기고 용서받을 자격이 없다고 생각하나 용서받고 은혜 누리는 세리의 차이는 바로 비교의식에 있다.

바리새인은 "하나님이여 나는 다른 사람들 곧 토색, 불의, 간음을 하는 자들과 같지 아니하고 이 세리와도 같지 아니함을 감사하나이다"(눅 18:11)라고 기도한다. '같지 아니함'은 비교한 것이다. 비교의식은 바리새인처럼 하나님과 나 사이에 뭐가 하나 끼어든 것이다.

세리는 멀리서 감히 눈을 들어 하늘을 쳐다보지도 못하고 다만 가슴을 치며 "하나님이여 불쌍히 여기소서 나는 죄인이로소이다"(눅 18:13)라고 고백한다. "하나님, 나는 죄인입니다"가 끝이다. 그와 하나님의 관계 속에 그 어떤 것도 중간에 막혀 있지 않다.

언제 죄인이 용서받고 은혜를 누리는가. 하나님과의 사이에 아무것도 개입되거나 막혀 있지 않을 때다. 비교의식은 교만의 우월감을 들여와 하나님과 나 사이의 은혜의 통로를 막아버린다. 비교의식이 죄인 것은 우상을 끼워 넣을 뿐 아니라, 나 스스로 은혜를 받아 누리지 못하도록 은혜의 기회를 빼앗기 때문이다.

그러니 하나님과 나 사이에 그 어떤 것도 개입되지 않게 하라. 하나님과 나 사이에 끼어 있는 것은 우상이자, 오염되고 변질된 신앙의 증거다. 그것을 단호하게 깨뜨려야 하나님께서 붙들어주시고 사용해주신다는 것을 기억하라. 비교의식을 가진 사람은 하나님과 자기 사이에 뭔가 개입시키고 그 우상을 사랑하는 사람이다.

너는 나를 따르라

예수님을 배신하고 떠난 베드로는 주님이 찾아와 그를 용서하시고, 그에게 주님의 양을 맡기며 사명을 주시자 너무 감사해서 눈물이 터진다. 그런데 이런 감동적인 장면 직후에 그는 그 와중에도 요한을 의식하며 "주님 이 사람은 어떻게 되겠사옵나이까"(요 21:21)라고 묻는다.

이것은 마치 우리가 충만한 예배를 마치고 "예수님을 위해 죽겠습니

다. 십자가를 지겠습니다"라고 헌신을 다짐하고는 "그런데 목사님, 저
는 헌신할 건데요, 저 집사는 이번에 권사 받아요, 못 받아요?"라고 묻
는 것과도 같다.

이것은 하나님과 나 사이에 우상 하나가 끼어든 것이다. 그런 베드
로에게 예수님은 "내가 올 때까지 그를 머물게 하고자 할지라도 네게
무슨 상관이냐 너는 나를 따르라"(요 21:22)라고 대답하셨다.

다윗의 정적 사울도 비교의식 때문에 망했다. 다윗과 골리앗의 싸
움이 끝나고 사람들이 "사울이 죽인 자는 천천이요 다윗은 만만이로
다"(삼상 18:7)라고 외치자 '다윗은 만만'이라는 데 꽂혔다. '천천'이면
어떤가? '천'으로써 하나님께 만족하고 살면 되는데 사울은 "자기 손에
는 '만만'이 없었더라"가 되어 다윗을 죽여야 직성이 풀리게 되었다.

세상은 "너는 대학은 들어와도 아직 자격 미달이야. 너는 인서울 대
학은 들어와도 자격 미달이야. 너는 대기업에 들어와도 자격 미달이야"
이런 식으로 계속 칼이 없음을 들먹이고 다른 사람과 비교하게 하며
우리에게 자격 미달을 선언한다. 우리가 죽을 때까지 만족하지 않고
계속 경쟁을 부추기고 우리를 비교의식 속에 살게 한다.

그러나 신앙은 비교하는 것이 아니다. 고유한 것이다. 하나님만이
"너는 충분하다"라고 하신다. 그렇게 말씀하시는 유일한 존재시다.
그냥 나로 만족하시고, 나로서 충분하다고 하시고, 내 모습 그대로
수용하고 용납해주신다. 세상 사람들은 나를 상품처럼 자꾸 비교하지
만 하나님은 나를 '포이에마'(만들다, 창조하다), 즉 작품이라고 하신다.

우리는 그가 만드신 바라 엡 2:10

비교 불가한 유일무이한 존재라고 말씀해주신다.

하나님이 베푸신 구원의 은혜만을 누리며 "너는 충분해. 너로 만족해. 나는 네 모습 그대로가 좋아"라고 말씀하시는 하나님만 바라보면 세상과 나는 간 곳 없고 오직 구원의 주님만 보인다. 나는 유일무이하며 정말 독창적 작품과 같은 인생임을 기억하고, 그렇게 나를 부르신 하나님만 믿고 따라가는 멋진 인생 되기를 바란다.

우리 인생은 두 가지만 보완하고 살면 된다. 바람이 멈출 때 다윗처럼 빨리 달리며, 자기 손에 칼이 없을 때 비교의식 가운데 열등감과 낮은 자존감으로 절망하며 살아가지 말고 하나님이 내게 주신 것을 바라보며 충분히 존귀한 인생임을 기억하라. 당신은 스스로 생각하는 것보다 더 강한 인생이다. 비굴하게 주눅 들지 말라. 지금, 이렇게 외쳐보자.

"나는 내가 생각하는 것보다 훨씬 더 강하다."

"나는 내가 생각하는 것보다 훨씬 더 존귀하다."

세상은 당신을 비교의식 속에 몰아넣고 열등감과 낮은 자존감으로 끌어내리려 하지만 우리 하나님의 생각은 천지창조의 그 순간부터 이미 충분하다고, 내 모습 그대로 수용하시고 만족하여 주신다. 이 세상은 나를 상품 취급하고 비교할 때 우리 하나님은 나를 작품으로 대우하시며 존귀하게 여겨주신다. 그 하나님께 감사하자.

8

⋅ ⋅ ⋅

만남의 축복,
꿈의 확산

삼상 18:1–5 다윗이 사울에게 말하기를 마치매 요나단의 마음이 다윗의 마음과
하나가 되어 요나단이 그를 자기 생명같이 사랑하니라 그 날에 사울은 다윗
을 머무르게 하고 그의 아버지의 집으로 다시 돌아가기를 허락하지 아니하였
고 요나단은 다윗을 자기 생명같이 사랑하여 더불어 언약을 맺었으며 요나단
이 자기가 입었던 겉옷을 벗어 다윗에게 주었고 자기의 군복과 칼과 활과 띠
도 그리하였더라 다윗은 사울이 보내는 곳마다 가서 지혜롭게 행하매 사울이
그를 군대의 장으로 삼았더니 온 백성이 합당히 여겼고 사울의 신하들도 합당
히 여겼더라

인생에 숨겨두신 '만남'이라는 보물

일본 최대 IT기업이자 세계적 투자회사인 소프트뱅크의 창업자 손정의 회장은 재일교포 3세다. 대구에서 가난하게 농사짓던 할아버지가 일제 강점기에 농지를 빼앗기자 일본으로 건너가 살려고 몸부림친 가정이었다.

맥도널드재팬의 설립자 후지타 덴이 쓴 책을 읽고 매우 감명을 받은 16세 소년 손정의는 그의 조언을 듣고자 후지타 덴의 회사로 장거리 전화를 걸어 면담을 요청했다. 60번 가까이 전화를 걸었으나 비서는 매번 "전달은 해보겠지만 너무 바빠서 어린 학생을 만날 수가 없을 겁니다"라고 말할 뿐이었다. 결국 손정의는 도쿄로 가서 비서에게 이 내용을 메모로 전해달라고 청했다.

"… 얼굴만 볼 수 있어도 좋습니다. 딱 3분간만 사장실 안에 들어가게 해주시면 그걸로 충분합니다. 저는 옆에 서서 후지타 사장님을 바라보고만 있겠습니다. 눈길도 마주치지 않겠습니다. 말도 걸지 않을 테니 사장님에게 폐가 되지 않을 겁니다."

어린 소년의 열정에 궁금해진 후지타 덴이 만남을 허락하고, 15분의 그 짧은 만남 동안 손정의는 "만약 당신이 지금 16살이라면 무엇을 하고 싶습니까? 어떤 사업에 투자하고 준비하겠습니까?"라고 질문했다.

후지타 덴은 "컴퓨터가 답"이라며 과거의 산업을 보지 말고 미래의 투자를 볼 것, 그리고 미국 유학을 가는 것이 좋을 것이라고 조언해준다. 이에 손정의는 고등학교를 중퇴하고 미국 유학을 떠났고, UC버클리에서 경제학과 컴퓨터과학을 공부하고 돌아와 '소프트뱅크'를 창업했다.

손 회장은 자기 인생의 결정적 전환점으로 항상 후지타 덴과의 만남을 이야기한다. 만남 하나가 한 사람의 인생을 이렇게 바꿀 수 있다. 한 사람의 인생을 바꾸는 위대한 전환점은 위대한 만남이다.

위대한 인생을 살아가는 사람들의 전기를 보면 이런 극적인 축복의 만남이 없는 사람이 단 한 명도 없다. 하나님이 주신 놀라운 축복과 은혜를 누리는 자들은 반드시 만남이라는 축복을 누린 자들이다.

만남의 축복을 당신도 누리길 바란다. 열정적인 노력으로 만남을 취했든, 아니면 우연한 것처럼 찾아온 선물 같은 만남이었든 당신을 위대함으로 초대하는 것은 만남이라는 축복이다.

만남의 축복을 누리는 행복이야말로 신앙생활의 즐거움 가운데 하나다. 이 땅을 나그네처럼 살아가는 우리는 모두 하나님이 주신 천국 소망 아니면 참 힘들고 거친 인생일 것이다. 뭐 하나 쉬운 법이 없고, 호락호락하지 않고 마치 전쟁터처럼, 망망대해 또는 사막 한복판에 있는 것처럼 느껴지며, 외롭기 그지없다.

물론 우리는 천국 소망을 품고 살아가지만 하나님은 이 땅을 힘들게만 살아갈 것이 아니라 마치 소풍처럼 재미있게 살아가라고 우리 인생에 구석구석 귀한 보물찾기와 같은 선물들을 숨겨 놓으셨다.

그분은 거칠기만 하고 광야 같고 사막 같은 우리 삶 속에 위로, 축복, 기쁨, 행복, 승리, 은혜, 부흥, 성장과 성숙이라는 귀한 보물을 숨겨두시고 우리가 찾아내고 누리기를 바라신다. 그런데 그중 최고의 보물은 바로 '만남'일 것이다. 다른 보물은 좀 놓치더라도 만남이라는 보물만큼은 놓치지 말고 다 찾아 누리는 인생 되기를 바란다.

사람이 독이고, 복이다!

사울 왕에게 쫓겨 광야의 시간을 보내야 했던 다윗. 배신자, 불충한 자, 원수와 대적자들로 인해 그는 큰 고통과 모욕을 당했다. 그 인생의 슬픔, 아픔, 상처, 그리고 곳곳마다 그를 그야말로 사망의 음침한 골짜기로 끌어내렸던 사건들은 대부분 사람으로 인한 것이었다.

그런데 사람이 이렇게 인생에서 가장 큰 함정이고 아픔일 수도 있으나 언제나 독(毒)인 것만은 아니고 복(福)이 되기도 한다. 다윗에게는 사람으로 인한 아픔도 있었지만 복되고 좋은 만남, 위대한 만남도 존재했다.

하나님은 다윗의 인생에서 시시때때로 중요한 순간마다 협력하고 조언해주는 좋은 만남을 주셔서 그가 위기를 헤치고 바른길을 갈 수 있게 하시고 마침내 승리에 이르게 하셨다.

가족마저도 하찮게 여긴 어린 목동 다윗은 사무엘 선지자를 만나 하나님의 위대한 역사의 주인공이 될 꿈을 품게 되었다. 사무엘 외에도 나단, 갓과 같은 너무나 귀한 주의 종이 다윗의 인생에서 중요한 시기마다 그에게 등대같이 나침반같이 하나님의 말씀을 전해주었다.

다윗은 그의 주변에서 목숨 걸고 충성했던 수많은 용사와 부하들, 그리고 조언자들과 협력자들로 인해 왕위에 오를 수 있었다. 아디노, 엘르아살, 삼마를 위시한 37인의 용사들, 아비새, 브나야, 이스마야 같은 충성스러운 장수들도 그의 곁을 지키며 하나님께서 그에게 주실 놀라운 축복을 함께 완성해 갔다.

또한 다윗은 도망자 신세로 광야의 시절을 지낼 때 수많은 이들을 만남으로 오히려 정치력과 리더십을 기르고 훗날 왕으로 옹립되기에 합당한 기반을 쌓을 수 있었다. 그가 후회할 분노의 결정을 막고 후에 그의 아내가 된 아비가일도 좋은 만남이라 할 수 있다. 친구이자 참모인 후새, 은인 바르실래는 그의 가장 곤고한 날, 위기에서 건져주고 회복의 한 줄기 희망의 빛이 되어주었다.

다윗을 생명처럼 사랑하고 아낀 친구 요나단과의 만남도 귀하고 좋은 만남 중 하나였다. 다윗은 생명을 나눌 정도로 소중한 우정을 나눈 요나단으로 인해 절대절명의 위기에서 벗어날 수 있었다.

하나님은 만남을 통해 우리 삶에 축복의 길을 열어 가신다. 하나님이 그 사람을 어떻게 귀히 사용하시고 축복하실지가 궁금하다면 그 사람 곁에 어떤 사람들을 보내고 만나게 하시는지를 보면 안다.

다들 만남의 복을 구하지만 만남의 복을 누리는 사람은 많지 않다. 이 만남의 복을 어떻게 차지하고 누리며 만들어 갈 수 있을까? 좋은 만남을 만드는 비결은 만남을 소중하게 여기는 것이다. 하나님은 우리가 받은 것을 소중하게 다루고 기쁘게 여길 때 만남의 축복을 주신다. 만남을 하찮게 여기는 사람에게는 하찮은 만남만 이어진다.

이 장을 통해 우리가 만남을 중요하게 생각하고, 만남 가운데 하나님의 역사가 이루어지고 있음을 기억했으면 좋겠다. 지금까지 좋은 만남을 주신 하나님께 감사하고, 좋은 만남을 주실 하나님을 기대하며 귀한 만남의 축복을 꿈꿔보았으면 좋겠다.

좋은 만남은 우연이 아니다

성경 인물 중 룻은 만남 하나로 인생이 바뀐 대표적인 인물이다. 먹고살 것이 없어 거지처럼 남의 밭에 가서 이삭을 주워야 했던 룻은 보아스라는 유력자를 만남으로, 비참하고 초라한 인생에서 영광스럽고 복된 인생의 주인공이 된다.

이방 여인이 다윗의 증조모가 되고 예수 그리스도의 족보에 오르게 된 위대한 축복의 전환점은 만남이었다. 먼저는 시어머니 나오미라는 하나님의 사람을 만났고, 이스라엘로 돌아와서는 보아스라는 유력 인물을 만난 덕분이었다. 그들의 만남을 성경을 통해 살펴보자.

> 룻이 가서 베는 자를 따라 밭에서 이삭을 줍는데 우연히 엘리멜렉의 친족 보아스에게 속한 밭에 이르렀더라 마침 보아스가 베들레헴에서부터 와서 베는 자들에게 이르되 여호와께서 너희와 함께하시기를 원하노라 하니 그들이 대답하되 여호와께서 당신에게 복 주시기를 원하나이다 하니라 룻 2:3,4

룻은 "우연히"(3절) 보아스에게 속한 밭에 이르렀는데 보아스는 "마침"(4절) 베들레헴에서부터 와서 밭에 왔다. 보아스는 자기 밭에 잘 오지 않았던 것 같다. 그런데 '마침' 온 것이다. 만남을 소중하게 여기고 그 만남의 축복을 누린 자들만의 고백이 바로 '우연히', '마침'이다.

훗날 결과적으로 보면 둘이 부부가 된 것은 행복하고 존귀한 인생의 전환점이다. 그러니 자꾸 생각할 때마다 그날 내가 거기 있었던 게 기가 막힌 거다. 룻은 "원래는 내가 저쪽 밭으로 가려 했는데 이상하게 길을 잘못 들어서 이쪽 밭을 갔다가 그때 딱 만난 거야" 이렇게 말하고, 보아스는 "난 다른 일정이 있었는데 이상하게 그 밭을 가고 싶더라고" 이랬을 것 아닌가. 이것은 주신 만남을 축복의 관계로 만들고 누린 자들만의 고백이며 감격적인 회상이다.

"어떻게 내가 그때 '우연히' 거기를 딱 갔을까?", "어떻게 내가 그때 '마침' 그 설교 영상을 봤을까?" 이렇게 '우연히'와 '마침'이 기가 막히게 이루어지는 경우가 있는데 만남을 소중히 여기고 만남의 복을 누리는 사람들만 이런 이야기를 할 수 있다.

우연처럼 보이지만 우연을 가장했을 뿐 사실은 우연이 아니다. 모든 것이 하나님의 섭리이며 깜짝 선물이다. 하나님께서는 그 만남의 축복을 우리에게도 주신다. 오늘도 이런 축복을 누리기 위해서는 하나님께서 주신 만남들을 소홀히 지나치지 말고 소중히 여겨야 한다.

'왜 나한테는 이런 극적이고 멋진 우연한 만남이 없을까?' 하는 사람이 있을지 모른다. 만남의 복을 놓쳐버린 사람들은 우연히 갔는지, 마침 왔는지 잘 모른다. 만남을 소중하게 여기지 않으면, 그냥 지나쳐버리면, 그냥 손절하고 깨뜨려 버리면 존재하지도 않을 표현이다. 있었는데 누리지 못하니 이런 표현들이 자꾸 내 삶에서 사라진다.

요즘 우리는 삶에 필요한 만남만 대충 만나며 살다 보니 극적이고 운명적인 만남을 갖기가 어렵다. 내 인생에 고백할 수 있는 놀라운 축복의 만남이 없다면 너무 비참하다. 멋지게 살아도 모자란 짧은 인생인데 억울하지 않은가? 만남을 소중히 여김으로 놀라운 만남의 축복을 우리 모두가 누렸으면 좋겠다.

만남을 소중히, 사람을 귀하게
소설 〈삼국지〉가 유비를 중심으로 쓰이다 보니 조조는 부정적인 인물로만 보이지만 상당히 본받을 만한 리더십의 소유자다. 역사적으로 오히려 조조가 더 중요한 리더십으로 부각되어 기록되는 부분이 많다.

조조는 수단과 방법을 가리지 않고 인재 확보에 집착했다. 전쟁이 끝나면 항상 패전국의 인재를 찾아 자기 사람으로 만들기 위해 많은 공을 들였다. 다른 사람의 재물은 탐하지 않았지만 다른 사람의 인재를 보면 그냥 지나치는 일이 없을 정도로 인재, 사람에 대한 욕심이 강했다.

원소와 조조가 동탁을 치기 위해 연합했을 때, 질 수도 있는 싸움 앞에서 그들은 이 전쟁이 실패로 돌아가면 어떻게 할 것인지 이야기를 나눴다. 원소는 하북을 근거로 삼고 연과 대를 울타리로 삼은 다음 흩어져 사는 무리를 모아서 남으로 내려가 천하를 도모하겠다고 했다. 조조는 "나는 천하의 지혜로운 인재를 모을 생각이네. 그러면 어디로 가든 해내지 못할 일이 없을 테니 말이야"라고 말했다.

원소는 '땅'을 힘과 승리의 근거로 삼으려 했고, 조조는 '인재'를 승리와 인생의 발판으로 삼으려 했다. 이처럼 다른 전략적 결정이 두 사람을 완전히 다른 방향으로 이끌었다. 조조는 뛰어난 용인술로 수많은 인재가 자신에게 충성하도록 만들어 결국 최후의 승자가 될 수 있었다.

조조와 원소가 관도에서 벌인 관도대전에서 조조는 거의 10배에 달하는 원소의 군대에 승리했다. 그 비결 중 하나는 원소의 책사였던 허유가 조조에게 투항했을 때, 많은 사람의 반대에도 불구하고 그를 품은 조조의 용인술이었다. 결국 사람이었다. 사람 하나를 어떻게 만나고 대하느냐에 따라 엄청난 수적 열세에도 승리할 수 있었다.

이것은 믿음의 승리 방식과도 일치한다. 당신은 만남을 소중하게 여기고 있는가? 당신에게 주신 만남을 소중하게 만들라. 하나님의 선물 같은 소중한 만남을 이제 익숙해졌다는 이유로 하찮게 여기지 말라.

축복과 승리를 위해 새로운 만남이 필요한 것이 아니다. 우리에게 이미 주신, 그러나 익숙해져 어느새 가치를 잃어가는 그 만남을 소중하게 여겨야 한다.

성실하게 자신에게 맡겨진 일을 감당하라

우연처럼 보이는 모든 축복의 만남이 성실에서 비롯된 것을 아는가? 성실과 책임감, 정직함은 하나님이 주신 위대한 만남을 누리게 하는 또 하나의 도구와 단계가 된다. 좋은 만남을 내 삶 속에서 계속 누리려면, 성실하게 자신에게 맡겨진 일을 감당해야 한다.

다윗을 보라. 하나님의 섭리로 왕으로 내정되었지만 그가 가만히 누워 왕이 될 날만 기다린 것이 아니다. 하찮아 보이는 목동의 일부터 성실히 함으로 하나님께 택함받은 그는 이후에도 맡겨진 일마다 지혜롭게 감당하여 백성과 모든 신하의 신임을 얻었다.

다윗은 사울이 보내는 곳마다 가서 지혜롭게 행하매 사울이 그를 군대의 장으로 삼았더니 온 백성이 합당히 여겼고 사울의 신하들도 합당히 여겼더라 삼상 18:5

신의를 쌓아야 한다. 책임감과 정직함, 성실함을 보여줘야 한다. 스스로에게 물어보라. 나는 성실한가? 정직한가? 책임을 지는가? 믿을 만한가? 의리가 있는가? 이것들은 정말 중요한 지표다. 이러한 것들이 있을 때 계속해서 좋은 만남이 붙기 때문이다. '우연한' 만남의 복은 갑자기 생기는 것이 아니라 이러한 것들이 밑바닥부터 쌓여 얻어지는 것이다.

룻과 보아스의 만남을 '우연히'와 '마침'으로 설명했는데 실은 룻의 성실이 우연을 가장한 하나님의 섭리로 그녀를 이끈 것이다. 밭에서 룻을 본 보아스가 그녀에 관해 물었을 때 사환이 대답한다.

"이는 나오미와 함께 모압 지방에서 돌아온 모압 소녀인데 그의 말이 나로 베는 자를 따라 단 사이에서 이삭을 줍게 하소서 하였고 아침부터 와서는 잠시 집에서 쉰 외에 지금까지 계속하는 중이니이다"(룻 2:6,7).

일꾼들이 이삭 줍는 사람들의 신변을 어떻게 다 알겠는가? 그런데 그 사환이 알았다는 것은 룻이 성실했음을 짐작케 한다. 쉬지 않고 성실하게 했기에 물도 주고 말도 섞어 룻이 누구인지 알았을 것이다. 성실한 사람들은 관심이 가고, 마음속에 저장된다. 룻이 그러했다.

요셉도 만남으로 축복받은 인생이다. 그러나 만남의 축복이 업그레이드 될 때마다 그 앞에 성실이 있었다. 하나님의 섭리는 이미 내정되어 있었다. 그를 존귀하게 높이기로 작정하셨고, 열일곱 살 소년에게 이미 꿈을 주셨다. 그런데 그 꿈이 어떻게 요셉의 삶에 다가왔는가? 주도적인 요셉의 열심 가운데, 성실 가운데 찾아온다.

아버지가 심부름을 시켰을 때 요셉은 성실하게 형들을 찾아갔다. 아버지가 가라 했던 세겜에 형들이 없자 끝까지, 도단까지 형들을 찾아갔다. 보디발의 집에서도 성실하게 열심히 일했더니 주인의 신임을 얻었다.

노예란 짐승과도 같았던 시대, 요셉이 자기 아내를 겁탈하려고 했다면 보디발은 그 자리에서 그를 죽였을 것이다. 그런데 왕의 감옥에 가

둔 것은 보디발이 요셉을 믿었다는 거다. 요셉은 감옥에 가서도 맡은 바 일을 성실히 했다. 그랬더니 거기서도 형통이 이루어지고, 왕의 신하를 만나게 되고, 애굽의 총리대신까지 이르게 되었다.

꿈의 확산을 기대하고 소중히 여겨라

좋은 만남을 위해서는 꿈을 나눠주고 비전을 확산시키는 사람을 곁에 두어라. 꿈과 비전을 말하며 내 심장을 뛰게 하고 도전하게 하는 사람을 곁에 두라. 그 자체가 자산이다.

하나님이 주신 꿈과 비전을 확산시키는 사람들이 있다. 그런 사람들을 만나면 하나님나라와 뜻이 기대돼서 가슴이 뛴다. 이런 사람들을 만나고 곁에 두어야 한다. 그래야 비로소 하나님나라의 뜻이 나와 내 인생, 내 자녀들의 인생을 통해 이루어지게 된다.

요즘 나는 아이들을 만나면 "너는 나중에 책을 쓰는 인생이 돼라!"라는 이야기를 한다. 각자의 분야에서 최고가 되어 꼭 자기 이름으로 책을 쓰라는 권유다. 요즘은 책을 쓰기는커녕 책을 읽는 어른을 만나기도 힘든 시대인데 자기 주변에 책 쓰는 어른이 있다는 것 자체가 복이다. 그런 어른이 옆에 있으면 아이들도 책을 쓸 꿈을 꾸게 된다.

내가 앞서 쓴 《좋은 것보다 위대한 것을 선택하라》(규장)라는 책에서 소개한 예화다. 미국의 육상선수이자 올림픽 금메달리스트인 찰리 패덕은 한 고등학교에서 강연하면서 "나처럼 꿈을 품고 성실하게 노력한다면, 여기서 올림픽 금메달리스트가 나오지 말란 법이 어디 있습니까?"라며 꿈을 선포했다. 그리고 강연 후 그를 찾아온 한 흑인 소년을 격려하며 그 꿈을 위해 올라가야 할 사다리를 말해주었다.

"첫 번째 사다리는 인내의 사다리야. 두 번째는 믿음의 사다리이고 세 번째는 노력의 사다리야. 네 번째 사다리는 기도의 사다리야."

하나님은 그 소년에게 올림픽 선수가 되고자 하는 불타는 소원을 주셨고, 그날부터 180도 바뀐 그 소년은 열심히 노력해 마침내 1936년 베를린 올림픽에서 육상 4관왕이 되었다. 그의 이름은 바로 제시 오웬스다.

금의환향하던 제시 오웬스에게도 키가 크고 깡마른 흑인 소년 하나가 달려와서 "저도 아저씨처럼 멋진 육상선수가 될 수 있을까요?"라고 물었다. 제시는 자신이 고등학생 때 찰리 패덕에게 달려갔던 것을 기억하고 너도 할 수 있다며 그 소년을 격려해주었다.

제시 오웬스에게서 꿈을 전달받은 해리슨 딜라드는 1948년 런던 올림픽과 1952년 헬싱키 올림픽에서 각기 육상 금메달 2관왕이 되었다. 찰리 패덕의 꿈은 제시 오웬스로, 그리고 해리슨 딜라드에게로 전달되었다.

인생에 있어서 누구를 만나 어떤 영향을 받느냐는 정말 중요하다. 리더십 연구가 존 맥스웰은 "리더십은 영향력이다"라고 말했다. 어떤 사람을 만나 어떤 자세로 살 것인가를 결단하는 것은 정말 중요한데, 꿈과 비전을 기대하고 소중히 여기는 사람이 또한 그런 사람 곁에 있을 수 있다.

누군가가 꿈을 말하고 선포할 때 마음을 열고 인생의 조언자로 받아들이면 내 안에도 꿈의 씨앗이 자라난다. 그러니 꿈꾸고 선포하는 사람, 꿈을 전염시키는 사람 곁에 머무르고, 그런 사람을 곁에 두라.

큰 나무 밑에는 작은 나무가 자랄 수 없지만 큰 사람 밑에서는 큰 사람이 계속 나온다. 다윗처럼, 룻처럼, 베드로처럼, 찰리 패덕과 제시 오웬스처럼 선한 영향력을 이어가고 하나님이 복으로 이끄시는 섭리의 단계인 좋은 만남과 은혜를 누리는 우리가 되기를 바란다.

하나님의 섭리가 있는 복된 만남으로

모든 교제가 다 아름다운 형제의 연합인 것은 아니며 오히려 고라의 당 짓는 모임일 수 있다. 그러나 이런 이들도 자기들의 만남과 교제가 축복이라고 생각, 아니 착각한다. 그렇다면 좋은 만남인지 아닌지를 무엇으로 구분할 수 있는가? 바로 말씀이다.

말씀 중심으로 만났느냐, 만나면 그 중심에 전해진 말씀이 있느냐, 말씀에 순종하느냐 이것으로 구분하면 된다. 기도할 때, 맡겨진 일을 성실히 감당할 때, 성령님의 인도하심으로 매번 순종할 때, 선포된 말씀에 신실하게 반응하고 순종할 때 하나님께서 섭리하시는 만남을 얻게 된다.

그러나 그 외의 만남은 내 작위적이고 인본주의적인 만남이다. 만일 다른 것이 중심이자 화제가 되고 내 인본주의적 노력과 몸부림으로 만난 관계라면 그건 당 짓기다. 잠시 잠깐의 유익과 즐거움이 있는 것 같더라도 종국에는 해악을 끼치고 깨지기 마련이다.

좋은 만남을 얻으려면 말씀에 반응하고 순종하며 성실하게 맡겨진 일을 하라. 이런 반응을 하지 않는데도 좋은 만남처럼 보이는 만남이 있다면 그건 위험한 것이다. 말씀에 순종함이 없다면 하나님의 뜻에 반하는 존재와 모임이 되겠다는 것과 같다.

나를 향한 하나님의 계획 안에서 주어지는 만남의 축복에는 그분의 기가 막힌 섭리가 있다. 하나님과 결이 같을 때, 방향이 같을 때 그 섭리를 누리게 된다. 만남의 축복은 주도적 열심으로 하나님의 섭리를 만나는 것이다. 나의 주도적 열심과 성실로 하나님의 섭리가 앞당겨지는 것이지 섭리 없이 나의 작위적인 열심으로 사람 찾아다니는 것이 아니다.

나의 계산으로 유익한 곳과 즐거운 곳을 찾으면 하나님의 역사에 불성실하고 소홀한 것이다. 그러면 그 하나님의 꿈과 계획이 내 곁으로 오지 못한다. 계속 발버둥은 치지만 이상하게 더 멀어진다. 이럴 때는 무엇이 문제인지 잘 생각해보아야 한다.

나는 지금도 부흥회를 가면 교회 규모가 어떻든, 몇 명이 앉아 있든 상관없이 전심으로 하나님 말씀을 전하고 그분의 일을 한다. 맡겨주신 일에 최선을 다했더니 하나하나 극적인 만남이 이루어졌고, 그 후 집회와 방송, 책을 내는 일까지 모두 이루어졌다.

쫓아다닌다고 만남이 이어지는 것이 절대 아니다. 성실할 때 만남과 축복이 더 가까이 찾아온다. 사람에게 줄 서고 의지하고 정치질하는 데 힘쓰지 말라. 게으르고 불성실한 자들은 좋은 만남을 주셔도 반드시 깨뜨리고 만다. 상대방의 인격과 인내, 참을성만큼만 누리다 끝난다.

만남을 소중하게 여기는 자, 하나님이 부르신 자리에서 그 맡겨주신 일에 성실한 자, 꿈꾸고 위대한 비전과 사명을 품은 사람 곁에 있는 것을 기뻐하며 어떤 대가라도 지불하는 자에게 하나님은 그 극적이고 운명적인 만남을 허락하시고 선물해주실 줄 믿는다.

9

• • •

절박하다고
조급해지지 말라

삼상 20:41,42 아이가 가매 다윗이 곧 바위 남쪽에서 일어나서 땅에 엎드려 세
번 절한 후에 서로 입 맞추고 같이 울되 다윗이 더욱 심하더니 요나단이 다윗
에게 이르되 평안히 가라 우리 두 사람이 여호와의 이름으로 맹세하여 이르기
를 여호와께서 영원히 나와 너 사이에 계시고 내 자손과 네 자손 사이에 계시
리라 하였느니라 하니 다윗은 일어나 떠나고 요나단은 성읍으로 들어가니라

광야 훈련소에 오신 것을 환영합니다

다윗의 인생에 도피 생활이 시작되었다. 광기에 가까운 사울의 집착과 시기, 질투에 생명의 위협을 느낀 그는 척박한 광야에 몸을 숨기고 겨우 목숨을 부지한 채 도망 다니는 삶으로 들어서야 했고, 이 광야의 시기는 꽃다운 청춘이 다 지나도록 15년 가까이 계속되었다.

때로는 우리 인생에도 이런 광야의 시대가 도래한다. 물질의 광야, 관계의 광야, 영적 광야 등 수많은 형태의 광야에서 메마름을 경험할 때가 있다. 나름대로는 신중하게 바른길을 선택하여 열심히 살아왔는데 막상 눈앞에 끝없이 펼쳐진 광야를 바라보게 되면 절망할 수밖에 없다.

그런데 우리는 먼저 광야의 의미와 목적을 하나님의 기준과 관점에서 이해할 필요가 있다. 광야, 사막, 고난, 환난, 시련, 이 모든 것은 누구의 기준에서 부르는 이름인가? 지극히 내 기준이다. 약함, 그것이 왜 약함인가? 세상 사람들이 약하다고 하는 것이다. 고난, 누구의 기준에서 고난인가? 허접하고 무지한 내 기준에서 고난이다.

우리의 언어 습관으로 말할 때 광야, 환난, 고난, 실패, 절망, 낙심, 막힘, 약함, 가난이다. 이런 관점으로 보고 이름을 붙이는 것은 우리다. 내 욕심에 근거할 때 가난이고 내 무지한 입장에서 실패로 보이는 것이지 하나님은 그것을 실패와 고난으로 부르지 않으시며 약함을 약함으로 보지 않으신다. 성경이 우리가 이해할 수 있는 기준으로 적어놓은 것이다.

우리가 보는 그 기준이 옳다면 예수님은 이 땅에 초라하고 약한 모습으로 오실 수 없었다. 너무 약하고 부족한 모습으로 이 땅에 오신 예수님 아니신가. 그러나 그건 지극히 무지한 우리 인간의 관점이고 세상 사람의 표현일 뿐 하나님에게는 가장 강한 모습이었다.

그런 의미에서 광야도 누구 기준에서 광야인가 생각해보라. 내 생각대로 안 되니 힘겹고 내 예상대로 안 되니 당황하여 고난이며 광야라 부르는 것일 뿐이다. 절대 헛된 시간이 아니다. 광야는 사랑하시는, 택하신, 크게 사용하실 자들을 불러 테스트하시고, 준비시키시고, 그 결말에 합당한 믿음의 배경을 만드시며 훈련하시는 장소다.

우리가 부르는 약함을 강함이라 부르시고, 우리가 고난과 연단이라 부르는 것을 훈련이라 부르시는 하나님에게는 우리 기준에서는 '사망의 음침한 골짜기'도 멋진 '신의 한 수'이며 하나님의 위대한 계획을 이루는 지극히 정당하고 완전한 시간이 된다.

우리의 기준으로 상황을 이해하려 하면 안 된다. 하나님이 우리의 기준과 수준에 맞춰 이해시키려 하시는 것뿐이지 실은 광야도, 사막도, 실패도, 절망도 아니다. 우리가 그렇게 부르니 하나님이 "그래, 그럼 광야의 의미를 알려주마" 하시며 이 책을 통해 당신에게 풀어주시는 것이다.

하나님은 우리가 '광야'라고 부르는 절망과 실패의 자리로 사랑하는 자들을 오히려 불러 모으신다. 이 인생의 고난, 삶의 광야는 실은 반전의 시간이다. 실수와 실패가 없으신 하나님이 우리를 그분의 승리로, 그 계획된 결말과 절정의 순간으로 향하게 하시는 멋진 전환점을 '광야'라고 부른다. 당신도 그 반전을 기대하길 바란다. 광야는 낙심하고 절망할 때가 아니라 반전을 기다리며 기대할 시간이요 공간임을 잊지 말라.

광야의 신체검사

겉포장을 벗겨놓아 무슨 차인지 모르는 티백은 더운물에 담가 보면 안다. 찻잎의 맛과 향이 우러나며 정체를 알 수 있게 된다. '정체'란 평온할 때는 알 수 없지만 뜨거운 물과 같은 고난과 환난에 담기면 그제야 그 근본이 드러난다.

평온할 때는 누구나 잘 산다. 평탄하고 좋은 일이 있으면 누구나 신실하다. 그러나 병들고 사고 나고 억울한 일을 당하는 등 어려움의 광야에 들어서면 본질이 나온다. 그래서 누구든 인생의 광야, 사막을 만나봐야 그 정체가 드러난다.

인생의 광야를 만나봐야 한다고 말하면 모두 "아멘" 한다. 그러나 막상 실패하고 고난당하면 대개는 절망하고 낙심한다. 분노하고 짜증을 낸다. 시시비비를 가리려 하고 책임을 전가한다. 사람을 찾아다니고 정치질하는 데 에너지를 다 쏟는다. 올바르게 반응하는 사람들을 별로 못 봤다.

하나님의 테스트가 바로 그렇다. 광야의 시간은 하나님께서 내 본질, 내 실력, 내 믿음을 체크하고 점검하시는 때다. 광야는 내 본성과 밑바닥이 다 드러나는 곳이다. 괜찮은 줄 알았던 신앙의 미천함이 발각되는 곳이다. 광야에서는 진짜와 가짜가 구별되며, 가짜 믿음과 준비되지 않는 연약함이 다 드러난다.

우리나라 양궁 대표팀의 실력은 대단하다. 2012년 런던 올림픽 때 이들 대표팀이 최고의 적수로 뽑은 것은 어떤 나라가 아니라 런던의 변덕스러운 날씨였다. 그래서 변화무쌍한 영국 날씨에 맞추어 훈련했다.

그런데 개막 4일 전부터 이상하리만큼 바람 한 점 없이 쨍쨍하고 맑은 날씨가 이어졌다. 그러자 기자가 다행스러워하며 당시 한국 남자대표팀 오선택 감독에게 "이런 날씨가 계속 유지가 돼야 할 텐데요"라고 했는데 오 감독이 뜻밖의 대답을 했다.

"아닙니다. 오히려 저는 비가 쏟아졌으면 좋겠습니다. 이런 환경에서는 누구나 잘 쏠 수 있지요. 비가 오고 바람이 불어야 비로소 선수들의 실력 차이가 확연히 드러나기 마련입니다."

너무 감동적이었다. 자신 있다는 말이다. 진짜만이 할 수 있는 얘기다. 광야도 그렇다. 진짜 실력은 여기서 발휘된다. 그러므로 근본 없는 사람들이나 두려워하지, 실력 있는 사람들은 두려워하지 않는다.

수많은 믿음의 사람들도 그랬다. 꽤 신실하고 하나님을 위해 목숨 건 것 같지만 광야로 나갔을 때 밑바닥이 드러났다. 그때 하나님은 "넌 이래서 실격이야!"라고 하지 않으셨다. 그들을 훈련하여 거기서부터 다져가고 빚어 '진짜'로 만들어 가셨다.

광야의 시간과 훈련 없이 위대하게 쓰임 받은 하나님의 사람이 있던가? 아브라함, 요셉, 모세, 다윗, 엘리야, 이사야, 예레미야, 다니엘, 사도들과 초대 교회 성도들, 사도 바울, 심지어 예수님도 광야를 경험하며 하나님의 계획을, 하나님의 사명을, 하나님이 온 인류에게 주실 축복을 이루고 누리셨다. 축복 주시고 크게 사용하실 인생들은 반드시 하나님이 광야로 부르신다는 사실을 잊지 않길 바란다.

광야 훈련의 목적과 채점 기준

인생의 광야를 만났는가? 하나님의 목적을 이해해야 한다.

네 하나님 여호와께서 이 사십 년 동안에 네게 광야 길을 걷게 하신 것을 기억하라 이는 너를 낮추시며 너를 시험하사 네 마음이 어떠한지 그 명령을 지키는지 지키지 않는지 알려 하심이라 신 8:2

하나님께서 광야 길을 걷게 하셨다고 한다. 내가 복불복으로 재수 없게 걸린 것도 아니고 길을 잘못 들어 광야에 들어선 것이 아니라 하나님의 의도적인 선택이자 계획이었다는 것이다. 그 목적은 우리를 낮추시며, 그 마음이 어떠한지 그 명령을 지키는지 지키지 않는지 시험하여 알려 하심이라고 하신다.

신명기 8장 16절에도 "네 조상들도 알지 못하던 만나를 광야에서 네게 먹이셨나니 이는 다 너를 낮추시며 너를 시험하사 마침내 네게 복을 주려 하심이었느니라"라고 했다. 광야의 목적은 시험이다. 구별하고, 훈련과 연단을 통해 하나님의 뜻과 계획에 맞게 빚어가서 마침내 축복을 주시려는 것이다.

광야 훈련의 목적은 '광야에서 살아남기'가 아니다. 생존이 문제가 아니고, 결국 복을 주기 위한 과정이다. 하나님은 낮추심, 시험, 훈련과 연단의 과정을 거쳐 우리를 존귀하게 높여 세우려 하신다.

하나님 백성을 성장시키신다

광야는 결국 축복받고 성장하는 곳이다. 낮추시고 시험하시고 말씀을 듣고 안 듣고 어째도 결론은 "마침내 너에게 복을 주려 하심이니라"

다. 이것이 하나님의 마음이다. 그 광야에서 고난은 나를 침체시키는 압력이 아니라 나를 더욱 높이 두시려는 적절한 긴장과 장력(張力)이다.

연을 날리면서 연이 떨어지기를 바라는 사람은 없다. 최대한 높이 날리기를 원한다. 그러려면 줄을 하염없이 풀어야 할 것 같은데, 그러면 연이 높이 날지 못한다. 적당하게 끌어 잡아 당겨줘야 한다.

이것을 연의 심정이 되어 생각해보자. 날아오르고 싶은데 주인이 자꾸 줄을 당기면 짜증 난다. 주인이 자신을 미워하는 것 같다. 당기면 아프고 자꾸 공기의 저항을 받아 힘든데, 그런데 높이 날고 있다.

모든 연이 그렇다. 답답하고 원망스러운데 이상하게, 아니 신기하게도 날고 있다. 뭔가 나를 묶은 끈이 당겨졌는가? 실은 비상하고 있는 것이다. 하나님은 이처럼 우리를 높이 날리기를 원하신다. 그걸 믿는 믿음이 있길 바란다.

가짜가 발각되고 밑천이 드러날 때 포기하고 절망하는 것이 아니라 겸손하게 하나님께 엎드려 집중하고 하나님의 빚어가심을 받으라. 광야는 오히려 이전의 내 한계와 틀로는 전혀 상상도 못 할 만큼 축복의 경계가 넓어지는 곳이다. 그 광야를 적극적으로 활용하자.

노예근성을 없애고 하나님 백성으로 세우신다

하나님이 이스라엘 민족을 바로 가나안으로 들이지 않으시고 40년 동안 광야 생활을 하게 하신 데는 다 이유가 있었다. 그들이 430년 동안 애굽에서 종 노릇하며 몸에 밴 노예근성을 벗겨내기 위해서였다.

지금도 노예근성에 찌들어 있는 사람이 많다. 교회만 나올 뿐 아직도 세상의 종, 물질의 종, 감정의 종, 관계의 종으로 우상 숭배하며 살아가는 사람이 너무도 많다. 끊어버려야 한다. 광야는 이런 것을 훈련하는 곳이다.

하나님은 "이제 너는 바로의 노예가 아니다. 너는 내 백성이다" 그것을 가르치시고, 또한 그 백성이 하나님을 자신들의 진정한 왕이요 주인이라고 고백하기를 바라셨다. 그래서 지성소를 만들어서 예배를 가르치셨다.

하나님만 예배하고 찬양하며 하나님 말씀에만 귀 기울이는 공동체로 만드셔서 그들이 내 것임을 선언하시고, 그들도 하나님이 나의 주인이고 왕이심을 선포하는 장소가 바로 광야다. 그것이 40년이나 걸렸다.

하나님에게 집중하게 하신다

다윗이 싸움에서 이기고 백성 앞에 출입할 때는 사람도 있고 인기도 있고 명성도 있었다. 그러나 광야로 도망치고부터는 하나님밖에 없었다. 광야는 하나님께만 집중하기 좋은 장소다. 아니, 하나님께 집중할 수밖에 없고, 집중해야 하는 곳이다. 어떤 광야에 들어가 있든지 당신이 해야 할 일은 하나님만 바라보고 그분께 귀 기울이는 것이다.

요세미티 국립공원에 갔을 때 밤하늘에 가득한 별을 보고 탄성이 나왔다. 별들이 LED 조명처럼 눈부시게 빛나고, '별이 쏟아진다'라는 표현이 무엇인지 알게 됐다. 그런데 그곳의 별들이 유별나게 잘 보이고 선명한 이유는 주변에 세상의 빛들이 하나도 없기 때문이다. 그곳은 해발 1,500~2,000미터의 완전한 산속으로, 아무것도 없고 캄캄하다. 그 어둠과 고요 속에 오직 별빛만 가득하고 찬란하다.

그러기에 우리 인생의 광야는 의도적 정전이다. 광야는 적막함 속에 하나님의 말씀이 더 크게 들리고 더 선명하게 보일 기회다. 오직 하나님께만 모든 감각을 집중해야 한다. 그래야 살아남고 또 더 크고 위대하게 성장하며 날아오를 수 있다.

말씀에 순종하는가를 보신다

운전면허 시험장에서 채점관은 무엇을 볼까? 응시자의 외모가 아니라 운전 장치 조작 능력, 교통법규에 따라 운전하는 능력, 운전 중의 지각 및 판단 능력이라는 이 3가지 요소만 집중해서 본다.

이처럼 광야에서 하나님도 한 가지를 집중해서 보신다. '하나님 말씀에 순종하느냐'다. 하나님은 광야에서 내가 말씀을 지키는지 안 지키는지 시험하신다고 했다. 하나님이 그것만 보시기 때문에 광야에서 소망 있는 사람은 하나님 말씀을 붙드는 사람이다.

나도 좋아서, 내 성향에 맞아서 하는 게 아니다. 하나님이 시키시니까 하는 것이다. 기도하라고 하시면 기도하면 된다. 시키시는 대로 하면 된다. 그런데 하지 않는다면 그것은 이미 마음 안에서 하나님을 적대하는 것이다. 그것이 불순종이다.

아무리 교회 다닌다 해도 내 슬픔과 절망이 당장 간증거리로 변하고 축복과 역전승의 주인공이 되는 건 아니다. 그렇지 않은 사람이 훨씬 더 많다. 하나님 붙잡고 늘어져야 한다. 그런 시간이 있어야 한다.

내가 요즘 하는 말은 "이 말씀에 내 생명이 걸린 것처럼 행동해야 한다"다. 이 말씀에 당신의 생명이 걸렸다. 이 말씀에 당신 자녀의 인생이 걸리고, 운명이 걸렸다. 그것을 확인하는 자리가 광야다.

어떤 광야를 만났는가? 관계의 깨어짐, 가난, 질병인가? 어떤 광야든 상관없다. 문제의 정답은 말씀의 순종이다. 하나님만 바라보는 것이다. 하나님은 그것만 보신다. 말씀에 내 생명 걸렸으니 그렇게 반응하라. 그런 자가 산다.

광야는 말씀을 듣고 하나님을 만나는 곳

히브리어로 광야는 '미드바르'인데 이 단어는 말씀인 '디바르'와 어원이 같다. 그러므로 유대인들은 정서상 '광야' 하면 자기도 모르게 바로 연상되는 것이 '말씀'이다. 광야는 말씀에만 집중하게 해주는 기회이면서 말씀에 집중하는지 안 하는지를 점검받는 테스트 장소이기도 하다. 당신의 광야(미드바르)는 말씀(디바르)에 작동되고 있는가?

그런데 '디바르'에서 파생된 단어가 하나 더 있다. '지성소'(드비르)다. 그러므로 광야는 하나님의 말씀에만 집중하고, 하나님의 섭리와 동행을 체험하는 지성소와 모두 일맥상통한다. 나는 이것이 우연이 아니라고 생각한다. 오늘, 인생의 광야에서 말씀에 집중할 때 그것은 절망과 낙심, 실패의 장소가 아니라 하나님의 역사와 살아계심을 체험하는 장소가 된다.

나 역시 인격적인 하나님을 만나고 영접한 곳은 광야였다. 목사 아들로서 평생을 교회 다니면서 하나님을 만난 것이 아니었다. 내 인생에 광야가 찾아오니 비로소 말씀이 들렸다. 예배에서 하나님을 만나게 됐다. 광야는 두려운 곳이 아니다. 절망하고 낙심할 곳이 아니다.

그러니 광야를 허투루 지나가 그 시간을 낭비하지 말고 적극적으로 활용하라. 자신의 고난을 잘 사용하는 지혜로운 성도가 되어라. '나의 광야(미드바르)는 하나님의 말씀(디바르)에만 집중하고 순종하는 곳이 되게 하겠다'라고 선언하고 결단해 보라. 그때 당신의 삶과 가정과 일터는 하나님의 임재의 장소(드비르)가 될 것이다.

물론 반대가 되면 불행이다. 광야를 만나고도 '하나님의 말씀'에 집중하지 않고 사는 사람은 그 광야가 '하나님의 지성소', 즉 만남과 체험의 장소가 되지 못하고 계속 고통과 아픔의 장소가 될 것이다.

《사막을 건너는 여섯 가지 방법》(Shifting Sands)은 저자인 스티브 도나휴가 사막 횡단 체험과 컨설턴트로서 상담 및 적용한 사례들을 엮은 책이다. 이 책에서 소개한 6가지 방법 중 가장 중요한 첫 챕터의 제목은 '지도를 따라가지 말고 나침반을 따라가라'다.

사막에서는 자기 감각을 의지하거나 시시각각 변하는 모래 언덕을 비롯해 자연 지형, 풍광을 의지하면 절대 사막을 탈출할 수 없다. 내 감각과 내 눈에 보이는 것을 의지하지 말고, 오직 나침반만 의지하고 가야 한다.

광야가 그런 곳이다. 내 감각, 상황, 처지, 형편은 언제든지 변한다. 사람 또한 언제든 변한다. 위험천만하게 그런 것을 보고 인생을 결정하면 되겠는가? 풀은 마르고 꽃은 시들어도 영원히 변치 않는 나침반 같은 존재가 바로 말씀이다. 그 말씀에만 집중하고 가는 것이 광야에서 살아남는 법이고, 하나님께서는 그런 사람들을 보신다.

예수님의 제자들은 예수님 가까이에서 그분의 말씀을 누구보다 많이 듣고 심지어 수난과 부활의 예고까지 선명하게 들었지만 그 말씀을 기억하지 못하고 믿지도 못했기에 예수님의 십자가 앞에서 절망하고, 부활 앞에서마저 두려워하고 의심했다. 말씀이 작동되지 않은 것이다.

인생의 패착은 대부분 여기서 비롯된다. 말씀이 정말 능력이 되기 위해서는 광야를 지나는 고난의 시간에 말씀이 내 삶에 적용되고 작동되어야 한다. 당신은 말씀으로 소망을 품고 견디고 있는가?

고난의 시간에 켜지는 감정, 관계, 정치, 사람으로는 절대 인생의 사막에서 벗어날 수 없다. 고난의 광야, 인생의 절망적 상황이라는 사막을 만날수록 말씀에만 집중하라.

광야에서 복받는 사람의 반응

고난당하기 전에는 내가 그릇 행하였더니 이제는 주의 말씀을 지키나이다 주는 선하사 선을 행하시오니 주의 율례들로 나를 가르치소서 교만한 자들이 거짓을 지어 나를 치려 하였사오나 나는 전심으로 주의 법도들을 지키리이다 그들의 마음은 살쪄서 기름덩이 같으나 나는 주의 법을 즐거워하나이다 고난당한 것이 내게 유익이라 이로 말미암아 내가 주의 율례들을 배우게 되었나이다 시 119:67-71

이 상황이 이해되는가? 심히 고통스러운 상황이다. 원수와 대적들 때문에 아픔을 당하고 있는데 다윗의 시선과 관심, 그리고 결론은 오직 말씀에만 있다.

"고난당하기 전에는 내가 그릇 행하였더니"(67절)는 고난을 당해보니까 내가 하나님 말씀에 순종하는 삶이 아니었다는 것을 비로소 알겠다는 것이다. 그래서 "이제는 주의 말씀을 지키나이다"로 귀결된다.

이어서 그는 "주는 선하사 선을 행하시오니 주의 율례들로 나를 가르치소서"(68절)라고 기도한다. 이 시험과 환난을 빨리 끝내달라기보다 주의 율례들을 배우길 원한다.

"교만한 자들이 거짓을 지어 나를 치려"(69절) 했으나 그들 때문에 너무 짜증 난다고 하지 않았다. "나는 전심으로 주의 법도들을 지키리이다"라고 말한다. "그들의 마음은 살쪄서 기름덩이 같으나"(70절) 저

것들을 혼내달라고 하는 대신 "나는 주의 법을 즐거워하나이다"라고 고백한다.

상황은 다 달라도 결론은 언제나 말씀으로 끝난다. 모든 전제가 다 말씀으로 끝난다. 이것이 광야에서 축복받고 승리하는 사람들의 반응이다.

결국 70,71절에서는 "고난이 있었기에 내가 말씀을 배우게 됐으니 오히려 고난도 즐거움이고 나에게 유익이었다"라고 고백한다. 그는 광야 가운데 자기 인생을 오직 말씀과 결부시켰고, 말씀만이 관심사였다. 이것이 광야를 헤쳐나가는 유일한 나침반과 같은 것이다.

한 가정이 사업실패로 경제적 위기를 겪고 있다. 그런데 심방을 가서 들어보면 '말씀'을 이야기한다. 말씀에 은혜받는다고 하고, "말씀이 딱 제 말씀인 것 같아요"라고 한다.

믿음 없는 세상 사람들은 그것을 고난, 실패라고 부르고 경제적 위기, 곤란함에 처했다고 말한다. 그러나 이것은 세상의 시각일 뿐 하나님의 눈으로 보면 다르다. 영적인 눈으로 보면, 목회자의 눈으로 보면 더할 나위 없는 은혜가 넘치는 가정이다. 이게 축복이다.

광야에서 조급해하지 말라

광야가 너무 힘들다 보니 사람들은 대부분 이 광야를 빨리 벗어나고 싶어 한다. 문제는 절박하고 조급하면 너무 성급해진다는 것이다. 이러면 필패다. 광야는 하나님의 사람들을 존귀히 높이고 사용하시기 위한 시험과 연단의 시간이므로 그 훈련 목적이 성취되어야 끝난다. 그런데도 우리는 빨리 벗어나려고만 하고 문제만 피하려고 한다. 다윗도 그렇게 반응하며 자신의 밑바닥을 드러냈다.

> 그 날에 다윗이 사울을 두려워하여 일어나 도망하여 가드 왕 아기스에게로 가니 아기스의
> 신하들이 아기스에게 말하되 이는 그 땅의 왕 다윗이 아니니이까 무리가 춤추며 이 사람의
> 일을 노래하여 이르되 사울이 죽인 자는 천천이요 다윗은 만만이로다 하지 아니하였나이까
> 한지라 다윗이 이 말을 그의 마음에 두고 가드 왕 아기스를 심히 두려워하여 그들 앞에서
> 그의 행동을 변하여 미친 체하고 대문짝에 그적거리며 침을 수염에 흘리매 아기스가 그의
> 신하에게 이르되 너희도 보거니와 이 사람이 미치광이로다 어찌하여 그를 내게로 데려왔느
> 냐 삼상 21:10-14

다윗은 사울이 두려워 피하고 싶은 나머지 가드 왕 아기스에게로 도
망했다. 그러나 신하들이 "다윗은 만만이로다"라는 노래를 이야기하
며 경계하자 여기서도 죽을 수 있다는 생각에 두려워져 그들 앞에서 미
친 척을 했다. 하나님께서 택하셔서 존귀하게 될 자 다윗이 수염에 침
을 흘리며 대문짝에 그적거리며 미치광이 노릇을 하는 이 비참한 모습
을 보라.

거지처럼 쫓겨나 삶을 연장하는 다윗의 모습이 지금 당신의 모습은
아닌가? 내가 의지했던 세상의 방법과 사람들에게 상처받고 또 상처받
지는 않는가? 광야를 피하고자 내 눈앞에 조금 즐겁고, 돈이 되고, 이
익인 것 같은 것들을 따라다니기를 반복하며 살지는 않는가?

물론 삶에서 맞닥뜨리는 사울이란 문제는 버겁고 두렵기에 빨리 피
하고 싶은 것이 사실이다. 그런데 이 절박함과 간절함이 문제다. 때로
는 인생에서 꼭 이루고 싶은 성공이나 목적으로 간절할 수 있고, 너무
힘든 문제와 혹독한 상황과 처지에서 벗어나고 싶어 절박할 수 있다.

그러나 이 간절함과 절박함 때문에 조급해진 나머지 인간적인 방법으로 광야를 벗어나려 하면 또 다른 문제와 아픔이 양산되고, 그런 악순환이 계속되며 더 깊은 늪에 빠지게 된다. 그와 같은 삶이 내 자녀와 자손들에게 반복된다고 생각해보라. 두렵지 않은가.

조급한 마음으로 사람에게 기대거나 피하지 말라. 현실적으로 즉각 도움이 될 것 같은 사람을 의지하거나 인간적 계산으로 임시방편을 쓰는 것은 광야를 벗어날 진정한 해결책이 아니다. 그것은 결국 나를 더 초라하게 만들고 처참한 나락으로 끌어내린다.

광야는 단순한 도피가 아니다. 그 가운데서 하나님의 뜻을 구하고 하나님의 뜻대로 하나님의 때와 방법으로 역사하실 때까지 기다릴 수 있는 인내가 더할 나위 없이 필요하다.

이렇게 밑천을 드러낸 다윗의 실수는 이후에도 계속되어 툭하면 사람한테 패하고 사람에게 달려든다. 이것이 깨지지 않는 한 하나님은 그를 들어 사용하실 수가 없다. 우리는 그 모습을 계속 살펴보며 이러한 실수를 범하지 않도록 경계해야 한다.

조급하면 필패하는 법칙

절박함과 간절함이 성급함이 되지 않도록 경계하라. 이 신앙의 법칙은 세상의 전쟁과 성패의 법칙에서도 똑같이 적용된다. 조금 늦는 것은 상관없지만 조급하면 반드시 실패로 이어진다는 것이 역사의 교훈이다.

전쟁에서 져본 적이 없는 미국이 가장 치욕스럽게 생각하는 흑역사가 바로 베트남전이다. 제2차 세계대전 후 미국을 위시한 자유민주주의 진영과 중국, 소련을 위시한 공산주의 진영 간에 냉전이 이어지는 가운데, 중국과 국경을 맞댄 베트남은 프랑스의 지배에서 벗어난 후 남과 북이 나뉘어 북쪽은 공산주의, 남쪽은 민주주의 정부를 세우고 냉전의 대리전을 펼치고 있었다.

베트남을 빼앗기면 이후 인접한 캄보디아, 라오스 같은 동남아시아 국가들이 도미노처럼 공산화될 것을 크게 우려한 미국은 남베트남을 지원하며 북베트남의 침공과 베트콩(베트남민족해방전선)의 남베트남 내 게릴라전으로부터 그들을 보호하고 있었다.

그러던 중 1964년 8월 2일 북베트남 통킹만에서 미국의 정보수집함대 매덕스 호와 북베트남의 어뢰정 사이에 소규모 충돌이 일어나자 미국은 이 사건을 빌미로 베트남전쟁에 본격적으로 개입한다.

하지만 이는 당시 케네디 대통령 암살로 1년의 잔여 임기를 승계한 린든 존슨 대통령의 조급함이 부른 오판이었다. 그는 얼마 남지 않은 대선에서 상대 후보인 공화당의 강경한 반공주의자 배리 콜드워터보다 자신이 강인하다는 것을 유권자들에게 보여주고자, 정확한 정보 분석과 세부적 정보를 공개하라는 의회의 요구를 무시하고 성급히 전쟁을 감행했다.

6개월이면 끝날 거라던 전쟁은 무려 10년간 계속되었고, 결국 미국은 인적, 물적으로 큰 피해를 입은 채 패전의 수모를 겪으며 철수해야 했다. 베트남은 1975년 공산정권에 의해 통일되어 공산화되어 지금에 이르고 있다. 베트남전은 이렇듯 자신의 정치적 성과를 내기 위한 조급함과 성급함이 큰 희생을 부른 재앙이었다.

아브라함의 조급함이 부른 결과가 이스마엘과 그의 후손이다. 하나님께 복의 약속을 받은 아브라함은 믿음으로 하란을 떠났고 10년

쯤 잘 믿었다. 이쯤 됐으면 후사를 주실 줄 알았는데 아직도 주시지 않으니 조급해졌다. 뭔가 내가 나서야 할 것 같았다.

나는 급하지만 하나님은 전혀 안 급하실 때가 있다. 그때가 위기다. '급하다'의 기준은 무엇인가? '나'다. 하나님의 때는 그때가 옳은 것이고, 내가 조급한 것이다. 조급해진 아브라함은 하나님의 때를 기다리지 못하고 인간적인 방법을 쓴다. 그것이 낳은 괴물이 이스마엘이다.

이스마엘로 가정불화가 일어나고 자신과 가족이 고통받고 자손들이 지금까지 고통받는다. 인간적인 방법, 조급함이 엄청난 부작용을 낳았다. 믿음으로 오래 참고 빚어져서 얻은 인내의 열매는 이삭이다. 성급하면 이스마엘, 인내하면 이삭을 누리게 된다. 이삭이 진짜다. 이스마엘은 정답처럼 보이고 정답 비슷하게 생겼어도 정답이 아니다.

조급함을 멈춰라. 그것은 인생에서도 영적 전쟁에서도 필패의 길이며 이스마엘이라는 또 다른 고통의 시작이다. 그러니 조급함을 버리고 인내함으로 기다려 하나님이 진짜 주시려는 정답, 축복을 꼭 받아 누려라.

조급함과 원망은 마귀의 성품이다

광야는 기다리는 장소다. 하나님의 때, 하나님의 방법으로 하나님이 역사하실 때까지 오래 참아야 한다. 사울이 아무리 지긋지긋하고 두렵고, 창이 아무리 내 앞으로 날아들어도 기다릴 줄 알아야 한다.

성급하게 아기스를 쫓아가면 안 된다. 눈앞에 보이는 인간적인 선택을 하면 안 된다. 성급하고, 조급하게, 인간적 수를 써서는 안 된다. 그런 곳에서는 하나님의 수가 쓰이지 않는다. 인간의 역사가 이루어지는 곳에 하나님의 역사는 절대 이루어지지 않는다.

> 너는 이것을 알라 말세에 고통하는 때가 이르러 … 조급하며 … 딤후 3:1,4

말세는 인내의 열매가 사라지는 시대다. 말세의 특징에 조급함이 있다. 조급하여 기다릴 줄 모르고 인내하지 못하니 열매가 없다. 결국 하나님의 역사를 맛보지 못하는 시대가 된다. 바로 말세다.

마귀는 조급하다. 그리고 자꾸 조급하도록 부추긴다. 내 시간과 내 좁아터진 소견과 허접한 인본주의적인 계산으로 낸 답이 하나님의 답에 맞춰지지 않으니 짜증 내고 원망하고 불평하는 것이다. 그것이 바로 조급함의 증거라는 것을 잊지 말라.

> 그러므로 형제들아 주께서 강림하시기까지 길이 참으라 보라 농부가 땅에서 나는 귀한 열매를 바라고 길이 참아 이른 비와 늦은 비를 기다리나니 너희도 길이 참고 마음을 굳건하게 하라 주의 강림이 가까우니라 약 5:7,8

오늘 파종하고 그날 저녁에 열매 얻기를 바라는 농부가 있겠는가. 농부가 귀한 열매를 바라고 길이 참아 이른 비와 늦은 비를 기다리듯 우리도 길이 참고 마음을 굳건하게 해야 한다. 주의 강림이 가까울수록, 마지막 때가 될수록 길이 참으라. 길이 참는 것이 믿음이다.

그런데 성경은 이 권면 후 곧이어 서로 원망하지 말라고 당부한다. 마지막 때 길이 참아야 인내의 열매와 축복과 섭리를 맛볼 수 있음을 말씀하고 곧바로 언급하는 이슈가 원망이다.

형제들아 서로 원망하지 말라 그리하여야 심판을 면하리라 보라 심판주가 문밖에 서 계시니라 약 5:9

내가 길이 참고 인내하는 자인지, 아니면 조급한 자인지를 알게 하는 테스트지가 있는데 그것이 바로 감사와 원망이다. 오래 참고 하나님의 뜻을 기다릴 줄 아는 사람은 감사한다. 반대로 성급하고 조급한 사람들은 불평하고 원망한다.

요즘 원망이 많은가? 이것은 그저 상황이나 내 성향의 문제가 아니다. 많은 사람이 내 원망과 불평의 상황을 문제로 치부하거나 내 성향의 개인적 문제로 치부하는데, 아니다. 영적인 문제다. 신앙의 문제다. 원망과 불평은 조급함과 성급함의 열매들이다.

믿음이 있어야 인내할 수 있다

지난여름, 폭염 속 어느 점심시간이었다. 한 무리의 회사원이 식당에서 나와 건너편 커피숍으로 향하고 있었다. 그런데 횡단보도의 신호등이 빨간불로 바뀌자 그들은 일제히 멈춰 서서 그 땡볕에도 말없이 기다렸다.

그들은 어떻게 신호등 앞에서 기다릴 수 있었을까? 그들의 인내심이 대단해서일까? 누가 감시하고 있었기 때문일까? 아니다. 기다리고 있으면 저 빨간불이 어김없이 초록불로 바뀐다는 믿음이 있기 때문이다. 신호등이 고장 났다고 생각되면 기다릴까? 안 기다린다. 그런데 정상적으로 작동됨을 믿으니까 기다린 것이다.

신호등에 대한 신뢰도 그들을 인내하게 하는데, 우리는 하나님을 신뢰하는가? 내 광야의 이 빨간 고통의 불이 하나님의 섭리와 은혜의 초록불로 바뀔 줄 믿는가? 그런 사람들만이 기다릴 수 있다. 그래서 인내는 성격의 문제가 아니라 신뢰와 믿음의 문제다. 그리고 인내로써 열매를, 축복을, 승리를 얻는 이것이 바로 믿음의 법칙이다.

> 이르시되 내가 반드시 너에게 복 주고 복 주며 너를 번성하게 하고 번성하게 하리라 하셨더니 그가 이같이 오래 참아 약속을 받았느니라 히 6:14,15

이 신뢰가 필요하다. 빨리 벗어나고 싶고 피하고 싶은 순간, 그 간절함이 혹시 조급함으로 바뀌고 있지 않은지 점검하라. 인내를 상실하고, 문제에 대한 몰두와 필사적 노력이 원망과 불평이 되지 않게 경계하라.

급한가? 늦었다고 생각하는가? 누구의 기준인가? 그 또한 무지한 인간의 기준이요 불신앙의 기준임을 인정하고 하나님의 때를 다시 한 번 기다리자. 광야의 목적은 하나님의 섭리, 능력을 누릴 인내를 함양하기 위함이다. 고난과 환난은 인내를 위해 주신 것인데 이때 조급하다? 무조건 진다. 잊지 말라. 고난에 인내 없이 조급하면 반드시 실패한다.

> 다만 이뿐 아니라 우리가 환난 중에도 즐거워하나니 이는 환난은 인내를, 인내는 연단을, 연단은 소망을 이루는 줄 앎이로다 롬 5:3,4

조급함을 버려라. 혹시 다윗처럼 하나님의 때가 아닌데도 사울을 두려워하는 절박함과 간절함 때문에 사람에게 기대고 성급하게 사람을 찾아보았다면 일단 한번 망할 준비를 하고, 다시 일어나 회복할 준비를 꿈꾸자. 지금 미친 척하고, 세상 앞에 굴복하는 처참한 모습일지라도 돌이키고 하나님께 나아가면 다시 한번 소망을 주실 것이니.

헤밍웨이의 소설 〈해는 또다시 떠오른다〉(The Sun Also Rises)에는 "모든 인생은 제대로 쓰이기만 한다면 모두 하나의 소설 감이다"라는 글귀가 나온다. 우리 모두 하나님의 멋진 작품이다. 내 소견으로 하나님의 시나리오에 손대고 각색해 제대로 쓰이지를 않는다는 것이 문제일 뿐.

하나님의 작품에 나의 조급함으로 함부로 손대지 말자. 내 기준이 아닌 하나님의 기준으로 생각하고, 내 때가 아닌 하나님의 때를 기다리고, 내 소견이 아닌 하나님의 계획을 신뢰하자. 그 인내야말로 우리 신앙인들에게 믿음의 승리 비결이며 최고의 '신자병법'이다!

10

♦ ♦ ♦

넘어질 것인가
넘어설 것인가

삼상 22:1-5 그러므로 다윗이 그곳을 떠나 아둘람 굴로 도망하매 그의 형제와 아버지의 온 집이 듣고 그리로 내려가서 그에게 이르렀고 환난 당한 모든 자와 빚진 모든 자와 마음이 원통한 자가 다 그에게로 모였고 그는 그들의 우두머리가 되었는데 그와 함께 한 자가 사백 명가량이었더라 다윗이 거기서 모압 미스베로 가서 모압 왕에게 이르되 하나님이 나를 위하여 어떻게 하실지를 내가 알기까지 나의 부모가 나와서 당신들과 함께 있게 하기를 청하나이다 하고 부모를 인도하여 모압 왕 앞에 나아갔더니 그들은 다윗이 요새에 있을 동안에 모압 왕과 함께 있었더라 선지자 갓이 다윗에게 이르되 너는 이 요새에 있지 말고 떠나 유다 땅으로 들어가라 다윗이 떠나 헤렛 수풀에 이르니라

요새에서 내보내시는 하나님

인생의 한계를 만난 적이 있는가? 살아가다가, 혹은 신앙생활을 하다가 더는 한 걸음도 내디딜 수 없는 버거움을 느낀 적이 있는가? 이 장에서는 그런 한계를 만났을 때에 관해 이야기해보려 한다.

다윗은 죄를 저지르고 도망치는 게 아니었다. 오히려 주군인 사울왕에게 충성을 다 바쳐 그의 모든 명령과 분부를 다 이루어낸 자다. 마땅히 명성과 칭찬이 돌아오고 계속 승진해야 할 것 같은데 말도 안 되는 사울의 시기와 질투로 도망쳐 광야 생활을 해야 했다.

도망자의 삶은 참으로 고단하고 처참하다. 이 고난이 언제 끝날지를 알면 좋은데 그렇지도 않다. 군대 제대나 감옥 출소처럼 날이 정해져 있다면 그래도 참을 만하겠는데, 언제 끝날지 모르니 그 막막함은 다윗을 더욱 지치게 했을 것이다.

가족들과 떨어져 살며 언제 만날지 기한도 없는 것은 어쩌면 그에게 가장 힘들고 어려운 일이었을지도 모른다. 나는 12년째 외부집회 사역을 하고 있어서 가족과 함께하는 시간이 많지 않은데 10년이 지나니 조금 헛헛하고 우울해지고 힘들 때도 있다. 그런 다윗에게 실로 오랜만에 평안과 안정의 순간이 찾아왔다. "그의 형제와 아버지의 온 집"이 그에게 내려온 것이다. 가족을 만났으니 얼마나 기뻤을까?

게다가 "환난 당한 모든 자와 빚진 모든 자와 마음이 원통한 자가

다 그에게로 모였고 그는 그들의 우두머리가 되었는데 그와 함께한 자가 사백 명가량이었더라"(2절)라고 했다.

이들이 정의와 어떤 신념의 가치로 모인 건 아니다. 환난 당하고 빚 지고 마음이 원통한 자는 정상적인 공동체 안에서 살기 어려운 자들이라 할 수 있다. 그렇다 해도 원시적인 시스템의 족장 사회에서 400명가량의 사병은 쉽게 손댈 수 없는 군사력이자 큰 권력이다.

도망자로 정처 없이 떠돌다 부모 형제를 만나고 부하도 많이 생기니 너무 든든하다. 다윗은 모압으로 가서 부모님과 함께 거기 머무르길 원한다고 망명까지 청한다. 사울이 아무리 힘이 세다 해도 유다 안에서만 왕이니 그 힘이 못 미치는 다른 나라로 간 것이다.

모압 왕이 받아주어 가족과 일행과 함께 안정적인 삶을 누리게 된 다윗은 아마도 '내가 무고하게 당한 오해와 아픔을 하나님께서 다 아시고 씻어주시는구나. 내가 감사하고 하나님 곁을 떠나지 않았더니 이런 날도 주시네' 하며 너무 감사했을 것이다.

그런 그에게 갓 선지자가 찾아온다. 심방 오신 목사님이 "이제 불행 끝, 행복 시작! 하나님께 충성한 다윗은 이 애매한 고난 끝날 것이고, 엄청난 축복을 받을 것입니다. 수년 내에 이 가정에 축복을 부어주시옵소서" 이런 설교를 하시면 좋을 텐데 갓 선지자가 뜻밖의 말을 한다.

"너는 이 요새에 있지 말고 떠나 유다 땅으로 들어가라"(5절).

다윗이 유다 땅으로 가는 길을 몰라서 모압에 와 있는가. 유다에 가면 광기 어린 사울이 다시 쫓아올 것이 분명한데 어떻게 들어가겠는가. 하나님은 다윗이 조금 쉬며 안정을 누리는 것조차 허락지 않으시는 것인가?

점입가경으로

헤렛 수풀로

그런데 다윗의 반응을 보라.

선지자 갓이 다윗에게 이르되 너는 이 요새에 있지 말고 떠나 유다 땅으로 들어가라 다윗이
떠나 헤렛 수풀에 이르니라 삼상 22:5

"요새"로 대변되는 안정, 평안을 다 떠나버리고 다시 고생, 아픔, 충돌, 정적이 기다리는 땅으로 가서 다시 그 사역과 사명을 맡으라는 거친 명령에 다윗이 즉각 순종하여 헤렛 수풀, 즉 유다 땅으로 들어갔다.

아마 우리가 이 말씀의 주인공이었다면 성경은 지금보다 훨씬 더 두꺼워져 있을 것이다. "왜 저한테만 이렇게 냉정하신데요?"라며 다른 교회를 20곳 정도 돌아다닌 이야기가 성경 열몇 장에 걸쳐 기록되었을 것이기 때문이다. 하지만 놀랍게도 다윗은 이 5절 한 절 안에 말씀의 선포와 순종을 이룬다.

버거운 명령에 순종할 때 우리는 내심 좋은 일이 생기기를 기대하고, 그 기대감에 순종하기도 한다. 안정을 깨고 다시 유다로 들어가는 어려운 명령에 순종할 때 어쩌면 다윗에게도 기대하는 마음이 있지 않았을까?

'어려운 말씀에 순종했으니 유다로 돌아가면 좋은 일이 있겠지. 나를 추종하는 세력이 5만 명이 모여 있을 수도 있어. 유다 땅에 대변혁이 일거나, 아니면 사울이 즉사해서 내가 즉위하게 되나?'

그런데 성경을 한 장만 넘겨 사무엘상 23장 1절로 가 보자.

그일라의 전투 앞으로

사람들이 다윗에게 전하여 이르되 보소서 블레셋 사람이 그일라를 쳐서 그 타작 마당을 탈취하더이다 하니 이에 다윗이 여호와께 묻자와 이르되 내가 가서 이 블레셋 사람들을 치리이까 여호와께서 다윗에게 이르시되 가서 블레셋 사람들을 치고 그일라를 구원하라 하시니 삼상 23:1,2

상황의 변화와 반전을 기대했건만 기다리는 것은 그일라 사람들을 위해 블레셋을 치라는 명령이었다. 억울하게 핍박당하다가 겨우 한숨 돌리는 다윗을 몰아내시더니 또 전투의 사역을 맡기신다. 우리 하나님은 다윗이 편하고 행복하게 지내는 꼴을 못 보시는 것 같다.

도망자 다윗에게 억울하고 환난 당하고 빚진 자들이 400명가량 몰려들었다. 그들은 다윗 아니면 갈 곳이 없는 사람들이었다. 그런 자들이 안전을 누릴까 싶어 다윗에게 몰려들었고 든든한 조직이 되었으며, 자연스럽게 다윗은 우두머리가 되었다.

그런데 선지자가 찾아와 요새의 안락함을 버리고 유다 땅으로 들어가라고 한다. 사울의 정권 아래 살 수 없어 도망친 자들이 다시 유다로 들어간다니 얼마나 반대가 심했겠는가. 그러나 딱히 대안이 없어 다윗을 따라 억지로 유다로 들어와 사울의 군대를 피해 숨어 있는데 그일라를 위해 싸우자고 한다.

내 코가 석 자다. 쥐 죽은 듯 조용히 숨어 있어야 할 판국에 전쟁이라니? 다윗이야 마음이 있고 기도하는 사람이라 그렇다 쳐도, 수준이 되지 않고 이해 못 하는 사람들에게는 도전이고 모험이고 두려움이고 위기다.

이들이 다 순종할까? 도망치고 전쟁에 참여하기 싫은 사람들도 있지 않을까? 이해도 안 되고 죽을 것같이 두려운 상황에 당연히 이탈자도 나올 수 있을 것이다. 역시나 "우리가 유다에 있기도 두렵거든 하물며 그일라에 가서 블레셋 사람들의 군대를 치는 일이리이까"(삼상 23:3)라며 반발이 일어난다.

그래도 다윗은 하나님께 기도하고 고집스럽게 그일라를 구하려 싸움에 나선다. 독선적이라며 엄청난 비판과 비난을 받았을지도 모른다. 원시적 전쟁 형태에서는 일단 만나서 부딪쳐서 싸워야 했으므로 이겼다 한들 완벽한 승리란 없다. 분명 희생이 따랐을 것이다.

하나님 명령을 듣지 않고 가만히만 있었어도 400명과 안락하게 살수 있었을 텐데 말씀에 순종하고 헌신하느라 그의 인생이 뭔가 소멸되어가고 침체되고 손해 보는 느낌이다.

그일라의 배신

게다가 이렇게 어렵게 순종하고 희생자를 내며 싸워 구해준 그일라 사람들마저 분위기가 이상하다.

그일라 사람들은 지금 사울 왕의 지배를 받는 백성이다. 다윗이 그들을 괴롭히는 블레셋으로부터 지켜준 것은 고맙지만 사울 왕의 정적인 다윗과 함께 있는 것을 왕이 알면 엄청난 보복이 임할 것이 두려웠을 것이다. 다윗이 보니 그일라 사람들의 눈치가 이상해 하나님께 기도드린다.

다윗이 이르되 그일라 사람들이 나와 내 사람들을 사울의 손에 넘기겠나이까 하니 여호와께서 이르시되 그들이 너를 넘기리라 하신지라 삼상 23:12

살려주고 구해줬더니 오히려 자신을 고발해서 죽이려고 한다. 다윗 자신에게도 큰 배신감이겠지만 더 큰 문제가 있다. 부하들이 반대하는 데도 희생을 불사하며 치른 전쟁인데 목숨 걸고 구해준 그일라 사람들에게 배반당한다면 리더로서의 권위와 정치력에 얼마나 큰 손상을 입겠는가.

이에 실망해서 다윗을 등지고 떠나는 사람들도 있었을 것으로 충분히 추론해볼 수 있다. 그렇다면 그를 따르는 400명은 이제 몇 명쯤 되어 있어야 옳은가? 300명? 150명? 100명? 50명?

400명의 한계를 박살내면

다윗은 자기 코가 석 자인데도 하나님 말씀에 순종하여 그일라를 도와서 블레셋을 쳤다. 부하들의 반발과 희생도 무릅썼다. 그런데 기껏 도와준 그일라마저 그를 배신하려 한다.

하나님 말씀과 순종에 엄청난 저항과 반대가 있다. 그래서 하나님의 뜻대로 살아가면 나는 소멸하고 망할 것처럼 보인다. 손해 보는 것 같다. 영향력과 재물과 힘을 다 빼앗기는 것만 같다. 저렇게 헌신하고 섬길 바에는 다른 데 투자하는 게 훨씬 나아 보인다.

내 목회 20년 가운데 가장 많이 듣는 소리가 "저러다 망하지. 저러다 문 닫지. 저러다 쓰러지지"였다. 저렇게 하면 누가 봐도 망할 것 같고 손해 볼 것 같고 쪽박 찰 것 같았다.

인간적인 계산으로는 다윗의 400명이 150명, 100명, 50명으로 몰락하고 쇠하는 것이 당연해 보인다. 나도 교회 문을 닫아야 했을 것이다. 그런데 어떻게 되었는가? 놀랍게도 400명이 줄고 소멸되기는커녕 오히려 더 많은 600명이 되었다.

다윗과 그의 사람 육백 명 가량이 일어나 그일라를 떠나서 갈 수 있는 곳으로 갔더니 다윗이 그일라에서 피한 것을 어떤 사람이 사울에게 말하매 사울이 가기를 그치니라 삼상 23:13

하나님께 온전히 순종하여 나아가면, 죽어라 죽어라 하시듯 몰아치는 그 한계까지 나아가면 결국 한계를 뛰어넘는 은혜가 있다. 인간의 관계로 얻을 수 있는 400명이라는 한계를 깨고 600명이 되고 1,000명이 되고 만 명이 되는 놀라운 역사가 일어난다.

한계를 넘어설 기회, 한계를 넘으려는 의지

풀리지 않고 꼬여가는 삶의 문제들과 계속되는 고난은 우리를 지치게 한다. 더 이상 한 걸음도 더 내디딜 수 없고, 숨이 턱 밑까지 차오르고, 이것이 내가 할 수 있는 최선인 것 같아 다 내려놓고 싶을 때, 포기하고 싶을 때, 그 순간을 한계라 부른다.

숨이 턱 밑까지 차오를 정도로 삶을 몰아가시는 하나님이 섭섭하고 원망스러울 때가 있다. 하지만 주님이 죽어라 몰아치시고 아프게 하시고 버겁게 일 시키시고 훈련하실 때 기억해야 할 것이 있다.

하나님은 다윗을 사랑하시는가, 미워하시는가? 하나님은 아브라함을 사랑하시는가, 미워하시는가? 하나님은 요셉을 사랑하시는가, 미워하시는가? 사랑하신다. 이들의 공통점은 무엇인가? 그들은 모두 가슴을 칠 정도로 원망스러운 하나님을 만났던 사람들이다.

하나님은 왜 이들의 삶을 극한의 한계까지 몰아가셨고, 사랑하는 우리에게도 죽어라 죽어라 하시며 한계까지 몰아가는 냉정함을 보이실까? 사실 한계를 만났다는 것은 뛰어넘고 극복할 기회를 얻었다는 다른 표현이기도 하다. 한계란 일단 거기까지 나아와야 넘어설 수 있고, 그 너머를 볼 수 있는 것 아닌가.

한계를 뛰어넘자고 하면 다들 좋다고 하면서도 한계에 부딪혔다고 절망한다. 말도 안 되는 어불성설이다. 우리는 한계를 돌파하여 한계 너머의 축복과 삶을 누리길 꿈꾸면서도 한계를 만나는 것을 두려워하고 싫어하는 이상한 행태를 보인다. 어떻게 한계를 만나지도 않고 뛰어넘겠는가?

하나님은 다윗처럼 특별히 아끼고 사랑하고 존귀하게 사용할 인생들은 한계를 피하게 하시는 게 아니라 반대로 한계에 부딪히게 하신다. 숨이 막히도록 한계까지 몰아가시고, 그가 한계를 뛰어넘어 더 깊은 수준, 더 높은 차원의 삶을 누리게 하신다.

승리하는 인생, 위대한 인생을 꿈꾼다면 한계에 부딪힐 때, 다 포기하고 싶을 정도로 버겁고, 하나님이 죽어라 죽어라 내 인생을 몰아가실 때, 그때 반응을 잘해야 한다. 그때 우리의 반응이 믿음이며, 축복과 승리, 위대한 인생으로의 출발점이 된다는 것을 알아야 한다.

한계를 만나 뛰어넘으려면 먼저 그 한계를 뛰어넘으려는 열망과 도전하려는 의지가 있어야 한다. 정치학에서는 대통령이 되려면 스펙, 배경, 정치적 기반도 필요하지만 가장 중요한 것은 권력 의지라고 말한다. 누가 봐도 대통령감이고, 모든 환경이 마련돼 있고, 지지기반이 형성돼 있어도 그 자신이 권력 의지가 없다면 그 사람은 절대 대통령이 되지 못한다.

학위도 그렇지 않은가? 어려운 환경에서도 자기가 공부하고 싶어 하는 사람은 해내고 만다. 그러나 공부할 의지가 없는 사람은 아무리 지원해주고 좋은 환경을 마련해줘도 학위를 딸 수 없다. 뭐든 확고한 의지가 없으면 죽었다 깨어나도 안 된다.

　한계를 뛰어넘어 차원이 다른 세상을 만나고 수준 높은 인생을 살기 원한다면 자기 안에 영적 열망과 의지가 있어야 한다. 그래야 한계를 대하는 모습이 달라진다. 한계를 만났을 때 반응을 잘해야 한다. 포기하고 안주하고 말짱 도루묵이 될지, 거기서 한계를 뛰어 넘어설지는 이 의지가 담긴 반응 여부에 달렸다.

400인의 우두머리에 만족하지 말라

　세계적인 경영학자이자 경영 컨설턴트인 짐 콜린스의 책《좋은 기업을 넘어 위대한 기업으로》(Good to Great)에서 내 심장에 오롯이 새긴 구절이 있다.

　"좋은 것은 위대한 것의 적이다(Good is the enemy of the Great)!"

　위대함(Great)을 가로막고 당신의 발목을 잡는 것은 놀랍게도 나쁜 것(Bad), 최악의 것(Worst)이 아니다. 오히려 그럭저럭 괜찮은, 안정되고 편안한 삶이야말로 위대한 삶으로 나아가지 못하게 가로막는 최고의 적이다.

　역사적으로 혁명과 개혁의 주체는 더 내려갈 곳 없는 절망스러운 밑바닥 계층이었지, 먹고살 만한 기득권자들이 아니었다. 편안하고 그럭저럭 살 만한 그때, 하나님이 우리에게 주시고자 하는 진정한 축복의 세계로 가는 것이 가장 어렵다.

　그 안전함과 안정이 위대한 인생으로 나아가는 순종과 도전을 가로막는다. 평안함을 경계하라. 안정과 편안을 두려워하라. 그것이 나를 위대함에서 평범함으로 끌어내릴 수 있다.

자녀가 복되고 위대한 삶의 기회들을 포기하고 현재의 삶에 만족하며 대충 먹고살겠다고 할 때 어느 부모가 그것을 허락하고 응원하겠는가?

머리 아프게 공부하느니 학교를 자퇴하고 편의점에서 아르바이트하며 마음 편히 살겠다, 나이 먹고는 산에 들어가 살다가 〈나는 자연인이다〉에 출연하고, 나라에서 주는 생계급여 받아 살면 된다는 말을 지지해줄 부모가 어디 있는가?

진짜 부모라면 거기서 만족하는 것을 때려서라도 말리고, 혼내지 않겠는가? 하나님도 마찬가지다. 우리가 최선의 삶, 최고의 축복을 마다하고 그럭저럭 괜찮은 삶을 택하는 것을 원하지 않으신다.

400명의 부하를 이끌고 떠도는 우두머리 족장. 당시 시대적 상황으로 볼 때 다윗에게 몰려들어 공동체를 이룬 400명의 사조직은 꽤 강력하고 안전한 배경이고 보장이다. 충분히 만족하며 그럭저럭 안정적으로 평안을 누리고 살고 싶은 'Good'의 삶이다.

이스마엘이 아브라함의 해답이 될 수 없고 바닷물이 갈증을 해결할 수 없듯이, 일시적 안정과 평안을 보장하는 듯해도 모압의 요새는 다윗의 해답이 아니었다.

그래서 하나님은 'Good'의 삶을 용납하지 않으신다. 다윗에게 계획하신 'Great'의 인생이 아니기 때문이다. 다윗은 이스라엘 민족의 왕이될 사람이기에 그가 이스라엘의 왕좌에 앉을 때까지 끌어가시고, 왕으로 훈련하며 한계로 몰아가셨다.

우리는 발목에 물이 찰랑거리는 안전한 개울가에도 만족하지만, 하나님께서 망망대해로 항해를 떠나도록 명하실 때는 그것을 받아들일 용기가 있어야 한다. 시냇가에서 놀기를 마치고 믿음으로 항해에 나서야 한다. 왜 400인의 우두머리에 만족하려 하는가?

죽어라 죽어라 하듯이 나를 편안함과 안정의 자리에서 모험과 도전, 힘겨운 영적 싸움의 자리로 몰아가시는 하나님을 신뢰하고, 그 마음 불편한 일을 대행하는 당신의 갓 선지자를 사랑하라.

한계를 깨뜨리고 더 넓은 세계로

사도행전 2장에서 초대 교회는 하루에 3,000명씩 몰려들어 부흥하고, 성도들은 서로 나누며 천국과 같은 삶을 산다. 그러나 하나님은 그 안정되고 행복한 교회 공동체에 사울을 위시한 엄청난 고난과 핍박을 보내어 그들을 한계로 몰아가시고 뿔뿔이 흩어지게 하신다.

박해로 교회는 끝장난 것 같았다. 우리 교회가 엄청난 시대적 박해를 받아 교회 문을 닫고 성도들이 다 흩어졌다고 생각해보라. 그 처참한 광경을 상상만 해도 눈물 난다. 그런데 그로 인해 흩어진 사람들이 돌아다니며 복음을 전했더니 그 성에 큰 기쁨이 있었다.

그 흩어진 사람들이 두루 다니며 복음의 말씀을 전할새 … 그 성에 큰 기쁨이 있더라

행 8:4,8

한계가 무너지고 열방을 향한 하나님의 구원 역사가 시작되었다. 교회가 한계와 위기를 만난 것 같았지만 이 박해로 인해 예루살렘, 초대 교회 안에만 머물러 있던 복음과 초대 교회 안에만 일어났던 성령의 역사가 온 열방으로 확산되기 시작했다. 이 확산이 건강함이다. 머물러 있으면 변질되고 오염된다.

그러므로 우리는 하나님의 뜻을 제대로 알아야 한다. '왜 잘 살고 있는 나를 굳이 끌어다가 힘든 훈련을 시키십니까'는 내 기준이다. 편의점 아르바이트하고 PC방 가서 게임하며 행복하게 산다는 것은 허접한 나의 기준이다.

하나님은 우리를 향하여 놀라운 계획을 갖고 계신다. 그것이 이루어져가는 삶에서는 무수한 성장통을 만나야 한다. 하나님의 계획과 역사는 너무 커서 우리가 계속 부딪치고 충돌하기 때문이다.

나는 우리 교회에 오시는 분들에게 한계를 맛보게 될 거라는 이야기를 해드린다. 계속 한계에 부딪혀야 한다. 좁아터진 믿음의 그릇이 깨지고 늘어나 더 커져야 한다. 한계를 몇 번 깨뜨렸느냐가 내 인생의 스케일이고, 내 자녀가 누릴 복의 크기다.

우리는 안정과 편안함의 개울가를 좋아한다. 그러나 신앙의 한계를 만난 적이 없는 것은 순탄함이 아니라 위험한 것이다. 한계를 만나지 않고 평안한 삶만 유지했다는 것은 자랑이 아니라 부끄러움이다. 하나님의 섭리와 인도하심 가운데가 아니라 'Good'의 자리, 모압에 머문다는 증거일 수 있기 때문이다.

한계와 돌파가 없는 삶은 불행하고 위험하다. "나는 더 큰 축복은 원하지도 않고 이 정도 은혜면 만족합니다"라는 생각을 버려라. 그것은 겸손이 아니라 범죄이며, 내 영혼을 오히려 위험과 타락으로 빠뜨리는 것임을 기억하고, 하나님께서 원하시는 대로 더 성장하고 꿈꾸는 건강한 신앙인이 되길 바란다.

한 번만 이겨내면 그다음은 쉽다

영국 옥스퍼드대학 의대생인 로저 배니스터는 금메달이 유력한 아마추어 육상선수로 1952년 헬싱키 올림픽에 참가했으나 시합 당일 컨디션 난조로 4위에 그치고 만다. 짧은 육상선수의 수명으로는 다음 올림픽을 기대할 수 없었던 그는 더 가치 있는 일에 도전하기로 한다. 1마일(약 1,609미터) 달리기 기록의 4분대 벽을 깨는 일이었다.

당시 사람들은 이 4분대 벽을 신이 설정한 인간의 한계로 믿었다. 6번이나 4분 3초의 기록을 세웠던 호주의 존 랜디 선수는 "그것은 벽돌 장벽이다. 다시는 도전하지 않겠다"라며 진저리를 쳤다.

인간이 4분 이내로 주파한다면 폐와 심장이 파열되고 근육은 찢어진다는 게 당시 의학적 통념이었다. 의대생인 로저 배니스터가 이것을 모를 리 없었으나 그는 이 한계에 도전하기로 하고 자신의 의학적 지식을 활용하여 훈련에 도입했다.

1954년 5월 6일, 마침내 그는 모두가 불가능으로 여긴 마(魔)의 4분대 벽을 깨고 3분 59초 4로 세계 신기록을 달성했다. 그런데 놀라운 일이 그다음에 벌어졌다. 그 한 달 안에 10명이 4분의 벽을 돌파하더니 1년 후에는 37명, 2년 후에는 300명으로 늘어났다.

심지어 4분 돌파는 불가능하니 다시는 도전하지 않겠다던 존 랜디도 45일 뒤인 6월 21일, 4분대의 벽을 가뿐히 뛰어넘었다. 1마일 4분의 벽은 육체적 한계와 벽이 아닌, 부정적·비관적 사고에서 자란 마음의 장벽이고 한계였던 셈이다.

내가 뚫어내면 그다음은 쉬워진다. 그러나 뚫지 못한 한계는 거대한 장벽이 되어 내 자녀와 성도들을 짓눌러 꼼짝 못 하게 한다. 한계를 스스로 정하면 뛰어넘지 못하고, 그러면 내 뒤의 사람들도 거대한 한계의 장벽에 가로막혀 그 너머의 세계를 못 본다. 그러나 한계의 벽을 깨뜨려주면 그들도 그 꿈을 꾼다.

목회와 사역을 하다 보면, 힘겹고 버거울 때가 있고 진짜 하기 싫은 것도 있다. 나도 멈추고 싶고 인간적으로 편해지고 싶다. 그럴 때면 우리 성도들과 다음세대들을 바라보며 '저들 때문에라도 해야지'라고 생각한다. 내가 한계로 인정하고 멈추면 거기서 그들도 멈춰 싸워야 하기 때문이다.

성도는 목사를 넘어갈 수 없다. 목사가 나아간 만큼만 그 세계를 안다. 그러므로 목사가 미치도록 전진해줘야 한다. 그래서 내 자녀와 성도들이 그 너머를 보고 시작할 수 있도록, 멈추고 싶은 유혹을 이기고 도전하며 20년 동안 하루도 멈추지 않고 달려왔다.

그것이 내가 죽는 날까지의 사명이기에 나는 그 책임감을 안고 힘들 때도 내 자녀와 다음세대를 위해, 교회와 맡겨진 성도들을 위해, 후배 목사들을 위해 그 한계를 돌파하려고 몸부림치며 더 전진한다.

우리가 달려오며 깨뜨린 수많은 한계의 벽돌들이 누군가에게도 한계다. 내가 그 한계의 벽을 깨뜨려주면 뒤따라오는 많은 사람이 이전에 꿈꾸지 못했던 세계로 나아가는 복된 주인공이 된다.

내가 전진하고 이겨낸 만큼 뒤를 따르는 이들에게 디딤돌이 되어 부흥과 위대함의 통로를 열어줄 수 있음을 잊지 말자. 한 번만 그 한계를 깨뜨리면 그다음부터는 아무것도 아님을 기억하고 한 번만 그 버거움을 이겨내자.

"죽어라! 죽어라!" 나를 한계로 몰아치시는 상황과 형편의 큰 소리에 절망하며 하나님을 원망했는데, 오늘 이 말씀의 확성기로 하나님 아버지의 진짜 속내를 들어보니 그것은 "죽어라 죽어라"가 아니었다.

"사랑한다, 내 아들아! 사랑한다, 내 딸아! 내가 너를 너무 사랑해서 그래"라는, 하나님의 거룩하고 애절한 절규였다. 애틋한 사랑의 속삭임이었다.

삶의 한계, 신앙과 사역의 한계를 만나 서럽고 원망스럽고 지쳤던 당신에게 묻는다. "이대로 넘어질 것인가? 아니면 지금껏 짓눌려 있던 마음의 장벽, 한계의 벽을 허물고 멋지게 넘어설 것인가?" 이제 당신의 선택이다.

11

•••

창문을 깨지 말고
거울을 보라

삼상 30:1-6 다윗과 그의 사람들이 사흘 만에 시글락에 이른 때에 아말렉 사람들이 이미 네겝과 시글락을 침노하였는데 그들이 시글락을 쳐서 불사르고 거기에 있는 젊거나 늙은 여인들은 한 사람도 죽이지 아니하고 다 사로잡아 끌고 자기 길을 갔더라 다윗과 그의 사람들이 성읍에 이르러 본즉 성읍이 불탔고 자기들의 아내와 자녀들이 사로잡혔는지라 다윗과 그와 함께한 백성이 울 기력이 없도록 소리를 높여 울었더라 (다윗의 두 아내 이스르엘 여인 아히노암과 갈멜 사람 나발의 아내였던 아비가일도 사로잡혔더라) 백성들이 자녀들 때문에 마음이 슬퍼서 다윗을 돌로 치자 하니 다윗이 크게 다급하였으나 그의 하나님 여호와를 힘입고 용기를 얻었더라

믿음은 시선의 싸움이다

다윗이 부하들과 함께 전쟁에 나가려 했다가 3일 만에 돌아와 보니 그 새 그들의 주거지인 시글락에 아말렉 사람들이 쳐들어와 마을을 불사르고 그들의 가족을 다 잡아갔다. 얼마나 황망하고 낙심되고 슬펐을지 상상이 가는가? 4절 말씀에 다윗과 그와 함께한 백성들이 이 절망적인 상황 앞에서 울 기력이 없을 정도로 울었다고 나온다.

어떤 실패와 아픔 때문에, 시련과 상실 때문에, 고독과 무거움 때문에, 막힘과 꼬임 때문에 소리 높여 울다가 나중에는 울 힘도 없는 상황이다. 우리도 인생 가운데 이런 시글락과 같은 절망의 때를 만나곤 한다. 어디서부터 이 문제를 해결해야 할지 모르겠다.

다윗은 지금 이 문제를 어떻게 타개하고 풀어나가야 할지 머리가 깨질 것같이 복잡하고 막막했을 것이다. 도망자의 고달픈 신세도 힘들지만, 이 광야의 시절 중 다윗이 맞닥뜨린 가장 절망스럽고 끔찍한 위기의 순간이 바로 이때가 아니었을까 싶다.

살다 보면 우리에게도 다윗의 시글락과 같은 날이 찾아온다. '시글락'은 분노와 슬픔, 실패와 절망으로 울 기력이 없을 만큼 통곡하는 처참한 시간이다. 우리 인생도 신앙도 시글락을 피해갈 수는 없다. 지금 당신의 삶이 그런가? 그럴 때 당신은 어떻게 반응하는가?

개척 후 20년 동안 기록한 일기와 기도 수첩을 보니 내게도 끊임없이 시글락이 찾아왔다. 시글락이 없어서 평탄하게 온 게 아니라 그 시글락을 잘 버텨내고 극복해서 여기에 이른 것이다.

시글락이 없어서 잘되고 형통하고 성공하는 것이 아니다. 우리 믿음의 승리 비결은 '반응'에 있다. 시글락은 누구에게나 있는데 여기 어떻게 반응하고 처리하느냐에 따라 인생이 완전히 달라진다.

세상에는 수많은 승리의 비결과 담론이 있다. 수많은 성공학 책이 성공을 보장해준다고 광고하지만 한낱 속임수에 불과하다. 인생에서 만난 시글락에서 우리에게 진정으로 필요한 것은 세상의 인본주의적 성공이 아닌 하나님의 진짜 승리의 비결이다.

초상집 같았던 다윗의 시글락은 결국 잔칫집 같은 기적의 현장으로 역전되었다. 이 장과 다음 장에서 '시글락'을 통해 하나님이 가르쳐주시는 믿음의 승리의 법칙을 전하려 한다. 두 장에 걸쳐 '거울'과 '안경'을 통해 정말 하고 싶은 이야기는 '시선'의 중요성이다.

이러한 상황을 만났을 때 중요한 것은 시선이다. 결국 믿음은 시선 싸움이다. 눈앞만 보느냐 멀리 보느냐, 인간적인 눈으로 내 상황을 해석하느냐 하나님의 시선으로 내 삶을 해석하느냐다.

속담에 호랑이에게 물려가도 정신만 차리면 산다고 한다. 정말 그런가? 죽는다. 들개한테만 물려가도 죽는다. 세상은 정신만 똑바로 차리면 산다고 하지만 신앙의 승리 비결은 눈을 똑바로 뜨는 것이다.

신앙은 대부분 시선의 싸움이다! 아무리 낙심과 절망의 시간을 만나고, 분노와 슬픔의 날을 맞더라도 시선만 제대로 두면 우리는 반드시 승리하고 회복되며, 이 시글락을 잔칫집으로 바꿀 수 있다.

시글락을 창문 아닌 거울로 삼아라

가장 먼저 할 일은 시글락을 거울삼아 나 자신을 들여다보고 성찰하는 것이다. 하나님의 기준과 말씀에 비추어 회개할 것은 없는지, 하나님이 내게 뭘 원하시는지 살피는 데서 회복은 시작된다.

세상은 누군가에게 책임을 추궁하고 돌을 던지려 한다. 하지만 하나님은 남에게 책임을 전가하려고 시시비비를 가리는 것을 원치 않으시고, 실패와 슬픔과 분노의 시간을 거울삼아 자신을 들여다보고 가정과 교회를 들여다보기를 원하신다.

가정이나 신앙 공동체가 실패와 절망의 시간을 경험할 때 그들이 자주 하는 말들이 그 공동체의 미래를 보여준다. "내 그럴 줄 알았다", "내가 그러지 말랬잖아", "이게 다 너 때문이야", "너 때문에 이 꼴이 뭐야?" 이런 소리가 많이 들린다면 그 공동체는 소망이 없다. 시시비비, 책임 전가, 분노, 혈기는 실패하는 사람들의 반응이다.

설상가상으로 다윗에게 더 절망적인 것은 백성들의 반응 아니었겠는가? 이 난관을 어떻게 해결할까 고민하는 리더를 힘써 돕고 마음을 하나로 모아도 될까 말까 한 시점에 그들은 이 모든 책임을 다윗에게 돌리며 살기 어린 눈으로 돌을 들고 덤벼들었다.

> 백성들이 자녀들 때문에 마음이 슬퍼서 다윗을 돌로 치자 하니 다윗이 크게 다급하였으나
> … 삼상 30:6

앞서 보았듯이, 다윗을 따르는 이들 백성은 "환난 당한 모든 자와 빚진 모든 자와 마음이 원통한 자"(삼상 22:2)로, 세상 기준으로는 신용불량자, 전과자, 지명수배자들이었다. 사울이 통치하는 정상적 사회

제도 안에서는 살길이 없어 도망쳐 나온 그들을 다윗이 거두어 보호하고, 승리도 거두며 안식하고 살게 해주었다.

그런데 불타는 시글락 앞에서 그들의 반응을 보라. 지금까지 누려왔던 은혜는 온데간데없다. 이렇게 어려운 일, 손해가 생기자 그간의 고마움은 다 잊고 다윗을 죽이려 하는 악한 죄성이 드러난다.

한 신학자는 인류 역사상 가장 수치스러운 첫 죄는 '책임 전가'라고 말했다. 아담이 선악과를 먹고 한 일은 참 찌질하게도 하나님을 원망하고 자기 아내에게 책임을 돌린 것이다. 이 죄의 습성이 계속해서 인류에게 전해졌다.

출애굽한 백성들은 홍해가 갈라져 열리고, 반석에서 물이 나고, 하늘에서 만나와 메추라기가 공급되고, 옷과 신발이 해어지지 않고, 광야의 추위와 더위, 불뱀과 전갈로부터 보호받았음에도 40년 내내 그것을 당연하게 여기고, 조금만 목마르고 조금만 길을 돌아가고 조금만 위기가 오면 돌을 들어 모세와 아론을 쳐 죽이려고 했다.

그 죄성이 이어져, 우리는 시글락을 만나면 본능적으로 분노를 표출하며 돌 던질 대상을 찾는다. 애나 어른이나, 믿는 자나 믿지 않는 자나, 아주 당연한 듯이 돌 던질 창문을 찾아 두리번거린다.

그러나 이 절망의 시글락은 창문이 아니라 거울의 시간이다. 창문으로는 다른 사람만 보이고 거울로는 나를 보게 된다. 남에게 책임을 돌릴 것이 아니라, 왜 이런 일이 나에게 벌어졌고 내가 돌이킬 것과 해야 할 일은 무엇인지, 나를 들여다봐야 한다.

돌을 든 자 VS 하나님 앞에 서는 자

이때 다윗이 "너희들이 어떻게 나한테 이럴 수 있어!"라고 분노하며 칼을 들고 그들과 싸웠다면 어떻게 됐을까? 그 공동체는 자멸했을 것이다. 그런데 그는 백성들과 극적인 대비를 이룬다.

> 백성들이 자녀들 때문에 마음이 슬퍼서 다윗을 돌로 치자 하니 다윗이 크게 다급하였으나
> 그의 하나님 여호와를 힘입고 용기를 얻었더라 삼상 30:6

사람들은 항상 돌을 들고 창문을 들여다본다. 누구 잘못이고 원인이 뭔지, 내 분노를 누구에게 쏟아낼지, 내 감정의 쓰레기통을 찾는다. 문제는 나 자신인데, 남의 창문에 감정과 분노를 쏟으려 한다.

이런 문제 해결 방식은 절대 승리하고 성공할 수 없다. 분노해 돌을 들고, 거울 대신 창(窓)만 보는 자는 실패할 사람의 상징이다. 얼마나 처절하고 급박하냐의 문제가 아니다. 지금 분노와 혈기, 슬픔과 감정의 돌을 들고 있다면 100퍼센트 필패하는 길에 들어선 것이다.

믿음의 사람들은 시글락을 창문이 아닌 거울삼아 자신을 돌아보고, 내 부족함을 성찰하고, 회개하고, 회복을 위해 내가 먼저 결단하고 돌이키려 노력한다.

다윗이 그랬다. 크게 다급했으나 그럼에도 분노의 칼을 뽑지 않고 하나님 앞에 정결히 서서 자기 자신의 신앙을 들여다보는 회개를 하고 회복하기 시작했다. 이것이 그가 승리한 이유다. 시글락의 역전을 이룬 것은 이 시선의 싸움에서 승리했기 때문이다.

성경은 거룩한 하나님의 백성들이라면 범죄한 일이 드러났을 때 분노와 혈기가 아닌 온유한 심령으로 그런 자들을 바로 잡아주되 거기서

끝나는 것이 아니라 너도 시험을 받을까 두려워하며 그 일을 거울삼아
너 자신을 살펴보라고 말씀한다.

형제들아 사람이 만일 무슨 범죄한 일이 드러나거든 신령한 너희는 온유한 심령으로 그러
한 자를 바로잡고 너 자신을 살펴보아 너도 시험을 받을까 두려워하라 갈 6:1

예수님도 비판하지 말라고 단호히 명령하시며 "어찌하여 형제의 눈
속에 있는 티는 보고 네 눈 속에 있는 들보는 깨닫지 못하느냐"(마 7:3)
라고 하셨다. 정말이지 우리는 남의 눈에 있는 작은 티끌은 너무도 잘
보고 지적하면서 자신의 큰 잘못은 보지 못한다. 그래서 '내로남불'(내
가 하면 로맨스, 남이 하면 불륜이라는 뜻)이다.

자기 들보는 잘 안 보이므로, 남의 티끌을 지적하고 비난할 때 조심
하고 그 분노와 혈기가 부끄러운 줄 알아야 한다. 내가 분노한 이후
몇 배 이상의 수치를 다른 사람들은 다 보고 있기 때문이다.

나도 별반 다를 것 없이 실패와 아픔과 잘못을 저지를 수 있는 사람
인 것을 깨달아야 한다. 시글락은 이렇게 사용해야 한다. 세상에서 바
꿀 수 있는 건 나 자신밖에 없다. 나 자신을 돌아보아 나도 별반 다를
것이 없는 죄인임을 발견하고 하나님 앞에 더 정결하게 빚어지는 것이
성장과 승리의 비결이다.

다윗의 자성

다윗은 시글락 앞에서 무엇을 보았기에 분노하지 않았던 것일까?
분노하지 않을 만큼 그 상황이 이해되고, 헤아려지고, 참을 만해서였

을까? 나는 아니라고 생각한다. 그는 자기를 보았다.

시글락이라는 고난이 유익인 것은, 형통하고 잘 나가고 풍요로울 때는 잘 몰랐던 내가 실상 어떤 사람인지 이때 알게 되기 때문이다. 흙탕물을 유리병에 담아 가만히 두면 흙이 가라앉아 꽤 맑아 보이지만, 그 물을 휘저으면 다시 흙탕물이 된다. 시글락과 같은 고난은 괜찮은 줄 알았던 인생을 그렇게 휘저어 그가 어떤 사람인지 밝힌다.

다윗이 부하들을 봤다면 분노하고 칼을 들었겠지만 그는 자기를 보기 시작했다. 시글락에 이런 사달이 난 것은 남자들이 자리를 비웠기 때문이다. 아말렉 도적 떼가 무혈 입성하여 다 데려갈 동안 다윗은 군사들을 다 데리고 어디에 갔다 온 것인가?

사명의 자리를 비웠다

블레셋 사람들은 그들의 모든 군대를 아벡에 모았고 이스라엘 사람들은 이스르엘에 있는 샘 곁에 진 쳤더라 삼상 29:1

블레셋과 이스라엘이 전쟁을 앞뒀다. 당연히 다윗은 이스라엘 편에서 싸워야 할 것 같은데 안타깝게도 그는 블레셋 편에 서기 위해 가드 왕 아기스에게 나아갔었다. 어째서인가? 또 버릇이 도진 거다.

사울 때문에 아무리 두렵고 억울해도 하나님이 그분의 때에 그분의 방법으로 역사하실 때까지 다윗이 있어야 할 곳은 유다였다. 성경에 나오는 유다, 가나안, 이스라엘 등의 지명은 단순한 공간적, 지리적 개념이 아니라 영적, 신앙적 영역이다.

다윗에게 유다는 하나님이 택하시고 사랑하시는 자들이 머물러야 할 영적인 자리, 신앙의 자리, 순종의 자리, 사명의 자리를 뜻하기에 어떤 일이 있어도 버리거나 벗어나선 안 되는데 다윗은 툭하면 "사울이 나를 죽이려 하는데 어떡합니까?"라는 상황의 급박함, 처지의 곤란함, 형편의 열악함을 핑계로 그곳을 벗어났다.

그가 지금 빌붙어 안전을 보장받으려 하는 사람은 이스라엘에 가장 적대 국가인 블레셋의 가드 왕 아기스다. 하나님만이 나의 반석이요 목자라고 고백해야 할 다윗이 아기스를 인생의 답이요 반석이라고 생각했다. 아기스 밑에서 보호받으며 잠시 잠깐의 편안과 안정감을 누리고자 했다. 어떤 문제에만 걸리면 고질적으로 하는 잘못된 선택이 있는가? 그것이 나의 '가드 왕 아기스'다.

하나님의 나라를 거슬러 블레셋 편에 서려 했다

다윗은 자신이 붙어살던 가드 왕 아기스, 즉 블레셋 편에 서서 이스라엘, 즉 하나님의 나라와 싸우려 한다. 이스라엘의 왕이 될 사람이 적군 진영에 서서 하나님의 백성과 싸우려 한 것이다.

사람이 이렇다. 하나님의 나라, 하나님의 목적, 하나님의 말씀보다 내가 더 의지하는 쪽에 내 마음을 두고 따르려 한다. 이것이 우리가 믿음의 상징처럼 여기는 다윗의 모습이었고, 우리도 별반 다르지 않기에 우리 믿음의 현주소다.

죄가 반복되면 익숙해지고 이렇게 살아도 된다고 생각하게 되며 어느새 삶의 기준이 된다. 그러다 보니 하나님나라와 뜻, 하나님 백성과 충돌하면 스스럼없이 거스르게까지 되는 것이다.

다윗이 부하들을 데리고 블레셋의 편이 되려고 나아갈 때 그를 사랑하시는 하나님은 그를 포기하지 않으시고 그분의 품에 품으시기 위해 눈물겨운 작전을 펼치신다. 먼저는 사람을 사용하신다. 다윗이 아기스와 함께 나아가니 블레셋 방백들이 극렬하게 반대한다.

> 그는 우리와 함께 싸움에 내려가지 못하리니 그가 전장에서 우리의 대적이 될까 하나이다 그가 무엇으로 그 주와 다시 화합하리이까 이 사람들의 머리로 하지 아니하겠나이까 그들이 춤추며 노래하여 이르되 사울이 죽인 자는 천천이요 다윗은 만만이로다 하던 그 다윗이 아니니이까 삼상 29:4,5

다윗이 지금 당장은 자기 주인 사울과 관계가 틀어져서 여기 와 있지만 갑자기 전장에서 배신하여 자기들의 목을 칠 수도 있는데 어떻게 같이 나갈 수 있겠냐는 것이다.

아기스는 그동안 다윗에게서 허물을 보지 못했으나 방백들이 다들 반대하니 그를 돌려보내기로 하고 "나는 너를 믿지만 수령들이 저렇게 반대하니 어쩔 수 없다. 너는 이제 눈에 띄지 말고 돌아가라"라고 말한다. 그러자 다윗이 대답한다.

> 다윗이 아기스에게 이르되 내가 무엇을 하였나이까 내가 당신 앞에 오늘까지 있는 동안에 당신이 종에게서 무엇을 보셨기에 내가 가서 내 주 왕의 원수와 싸우지 못하게 하시나이까 하니 삼상 29:8

지금 다윗은 누구를 왕이라 부르며, 자신을 그의 종이라 고백하는가? 또한 누구를 원수라 칭하고 있는가? 가드 왕 아기스를 왕이라 부르며 하나님의 나라와 그 백성들을 원수라 칭하고 있다.

지금 이 고백은 엊그제 신앙생활을 시작한 초신자나 극악무도한 껍

데기 신앙인의 고백이 아니다. 말도 안 되는 모습이고, 말도 안 되는 선택 같지만, 우리가 그토록 사랑하고 본받길 원하는 다윗의 입술에서 나오는 선언이다.

시글락은 하나님의 전략이자 특단의 조치

처음에는 찔리면서도 이건 아닌데 이건 아닌데 하면서 한두 번 죄를 허용하고 반복하며 눈감아 주다 보면, 그것이 아무렇지 않게 행해지고 나중에는 자신이 미처 깨닫지 못하는 사이에 이전에는 상상할 수도 없었던 참혹한 상태로 전락해 버리고 만다.

죄는 마치 길이 만들어지는 것과 같다. 처음에는 낯설고, 풀과 가지가 걸려 저항이 많지만, 계속 걷다 보면 풀은 밟히고 길은 다져진다. 그래서 반복적으로 그 길을 계속 걷다 보면 점점 길이 나서 아무런 저항 없이 걸을 수 있게 된다.

그 죄는 또한 대물림되어, 그 아버지가 걸었던 길을 그 자식이 걷는다. 한 섬에서 빚 얻어서 사는 사람의 자녀들 이야기를 들었는데, 부모의 그런 모습을 보고 자란 자녀들은 지나가는 어른들에게 아주 자연스럽게 "아저씨, 나 돈 좀 빌려주세요"라고 말한단다.

죄의 길은 하루아침에 만들어지지 않는다. 오랜 시간에 걸쳐 만들어진 죄의 습관, 생활양식이 죄에 무감각하고 익숙해지게 해서 별 저항 없이 죄를 짓게 만든다. 그래서 죄악이 일상이 되고 반복되면서 끊을 수 없는 강한 고리가 되어 이제 특단의 조치가 없으면 그 죄에서 떠날 수도, 그 죄의 반복과 중독을 끊을 수도 없게 된다.

말도 안 되게 전쟁에서 열외가 되어 하나님의 백성과 싸우지 않게 되었으니 너무나도 감사해야 할 상황이지만, 지금 영성이 무너진 다윗으로서는 분노했을 것이다. 자신을 의심하는 방백들에게 화가 나고, 상황과 형편이 그렇다 한들 자신에게 싸울 기회도 주지 않고 돌려보내는 아기스 왕이 서운했을 것이다.

은혜가 고갈되고, 죄에 익숙해진 그는 자신을 버리지 않고 품 안에 두시려는 하나님의 애끓는 전략을 눈치채지 못하고 분노하며 시글락으로 돌아왔을 것이다. 그런데 와 보니 처참한 상황이 펼쳐져 있다.

안 그래도 화가 난 데다 삶의 터전이 쑥대밭이 되고 가족이 다 끌려가서 피가 거꾸로 솟는 판인데 백성들마저 덤벼든다. 우리 같으면 칼을 뽑았겠는가, 안 뽑았겠는가? 그때, 다윗이 '내가 지금 뭐 하고 있는 거지?' 하고 잠깐 정신을 차린다.

진짜 문제의 근원은 바로 자신의 실수이며 영적 실패였음을 깨달았다. 일전에 가드 왕 아기스에게 생명을 의탁하고자 갔다가 미친 척하여 겨우 생명을 부지하고 도망친 자신이었다(삼상 21장). 그리고 나서도 다시 모압 왕에게 망명을 요청하며 안전을 보장받고자 했다가 갓 선지자의 책망을 듣고 유다로 돌아오지 않았던가(삼상 22장).

그런데 또 사울에게 쫓기고 그일라 거민이 자신을 밀고할 것 같아 마음이 급해지자 또다시 그는 다른 선택지인 가드 왕 아기스에게 가서 삶의 답을 구하고 안정을 보장받으려 했다.

사람이 잘못된 선택을 할 때 하나님은 직설적으로 거절당하게 하심으로 나를 지켜주려 하시고, 안 되면 갓과 같은 선지자를 통해 말씀으로 책망하여 돌이키게 하고, 그래도 안 되면 눈물겨운 특단 조치를 시행하신다. 그것이 바로 시글락의 참담함이다. 그렇게 해서라도 깨닫게 하신다.

시글락은 나를 발견하는 시간

한 남자가 고속도로를 달리고 있는데 라디오에서 고속도로에 역주행하는 차가 한 대 있으니 조심하라는 뉴스가 나왔다. 그러자 그가 고개를 갸우뚱하며 말하기를, "한 대라고? 수백 대는 되겠다!"

그 사람이 역주행의 장본인이었다. 수백 대가 빵빵거리고 오듯 자꾸 저항과 충돌이 있고, 같은 아픔과 결과가 답습되면 '내가 역주행 중인가? 내가 잘못 가고 있나?' 생각해봐야 하는데 이런 사람은 그저 "오늘따라 이상한 사람들 많네! 어쩌면 저러고들 살지?" 한다. 같은 문제가 발생해도 자신은 무조건 옳고 아무 문제가 없으며 주변 사람들이 잘못했다고 생각한다.

자기 판단과 경험, 감정이 맞는다고 전제를 깔고 세상을 바꾸려 하니 사람들은 그를 신뢰하지 않고, 결국 기대를 거두고 떠나간다. 그래서 그는 어디에서도 뿌리를 내리지 못하고 깊은 경지에 이르지도, 인정과 성공을 누리지도 못한다.

이 '역주행 운전자'가 나중에 전체 상황을 알게 된다면 얼마나 부끄러울까. 그런데 우리도 이런 날을 맞이하게 된다. 모든 것이 다 드러나 온전하게 알게 되는 때가 온다. 바로 심판의 때다.

우리가 하나님 앞에 갈 때는 모든 것이 드러나는데 그러면 우리 삶 가운데 이런 부끄러운 모습이 얼마나 많겠는가. '그때 내가 혈기 낼 것이 아닌데', '그때 내가 분노할 것이 아닌데', '그때 내가 돌을 들 것이 아닌데', '실은 내가 미안했던 상황인데', '내가 부끄러웠던 상황인데' 하는 일이 얼마나 많겠는가.

오늘 우리 안에 찾아온 시글락은 그것을 발견하는 시간이다. 그 시간을 거울삼아, 누구를 정죄하고 비판하며 혈기의 돌을 던질까가 아니라 이 시대의 정쟁 속에서, 이 시대의 갈등 속에서, 이 시대의 피비린내 나는 진영논리 속에서 오늘도 내 자신을 고쳐보고 살펴보고 돌이켜 볼 수 있는 용기 있는 믿음의 성숙함이 있으면 좋겠다.

오늘의 시글락, 불편하고 찔리고 아프다. 하지만 이것은 복불복으로 재수 없게 찾아온 불행이 아니다. 나와 헤어질 결심이 아니라 나를 살리실 결심이다. 택하신 사람이 신앙을 배반하고 변질되고 타락하는 것을 원치 않으시고 그것을 막기 위해 하나님이 내리신 특단의 조치다. 나를 포기하지 않으시고 하나님 품 안에 두시려는 그분의 눈물겨운 전략이다.

다윗이 무엇이 서운하며 누구를 탓하며 누구에게 분노하겠는가? 시글락을 거울삼아 나의 악함과 약함, 믿음의 변질, 바닥을 친 자기의 영성을 발견하면 된다. 사명의 자리를 떠나고, 아기스를 따르듯 눈앞에 보이는 현실적인 이익과 인간적인 생각과 감정을 주인 삼고, 남에게 책임을 전가하며 분노와 혈기로 돌을 드는 나!

그 자각과 각성이 회개로 이어질 때 하나님과의 관계가 회복되고, 초상집 같던 나의 문제가 해결되어 잔칫집이 되는 역전이 일어나며, 더 큰 축복으로 이어질 것이다.

12

⋯

있는 곳이 아니라
보는 곳이 나를 결정한다

삼상 30:1-6 다윗과 그의 사람들이 사흘 만에 시글락에 이른 때에 아말렉 사람들이 이미 네겝과 시글락을 침노하였는데 그들이 시글락을 쳐서 불사르고 거기에 있는 젊거나 늙은 여인들은 한 사람도 죽이지 아니하고 다 사로잡아 끌고 자기 길을 갔더라 다윗과 그의 사람들이 성읍에 이르러 본즉 성읍이 불탔고 자기들의 아내와 자녀들이 사로잡혔는지라 다윗과 그와 함께 한 백성이 울 기력이 없도록 소리를 높여 울었더라 (다윗의 두 아내 이스르엘 여인 아히노암과 갈멜 사람 나발의 아내였던 아비가일도 사로잡혔더라) 백성들이 자녀들 때문에 마음이 슬퍼서 다윗을 돌로 치자 하니 다윗이 크게 다급하였으나 그의 하나님 여호와를 힘입고 용기를 얻었더라

시글락을 안경 삼아라

시글락 같은 절망의 처참한 현장에서 우리의 시선이 중요하다. 앞 장에서는 시글락을 창문이 아닌 거울로 삼으라고 했다. 남에게 책임 전가하지 말고 자신의 영적 상태를 자각하고 회개해야 한다.

두 번째로, 시글락을 안경, 돋보기로 삼아 내가 놓치고 살아갔던 하나님을 바라보고 찾고 구하는 시간으로 만들어야 한다.

진즉 광야에서 죽었을 인생들을 건져줬더니 그 공은 다 잊고 원망하고 비난하는 사람들과 형편을 바라보면 다윗이 얼마나 분노하고 절망했겠는가. 하지만 그때 다윗의 선택은 사람도, 상황도 아니었다.

> 백성들이 자녀들 때문에 마음이 슬퍼서 다윗을 돌로 치자 하니 다윗이 크게 다급하였으나 그의 하나님 여호와를 힘입고 용기를 얻었더라 삼상 30:6

앞부분은 우리와 똑같다. 크게 다급했다. 죽을 것 같고 염려와 근심이 가득하다. 그러나 그다음 선택이 다윗을 역전승의 주인공으로 만들었다. 그는 "그의 하나님 여호와"를 힘입고 용기를 얻었다. 나에게 돌들고 달려드는 백성도, 처절하고 낙심되는 상황도 바라보지 않고, 하나님을 바라보고 그분께 힘입고 용기를 얻었다.

다윗이 돌아왔다. 엄마 품에서, 세상의 부귀영화가 아니라 오직 엄마만 찾는 아기처럼 오직 여호와 하나님밖에 몰랐던 다윗이었다. 어느 순간, 고된 광야 생활에 쫓기고 지쳐 하나님을 잊고 살았다. 사람과 세상에 생명을 구걸하며 구질구질하게 살았다.

그러다가 시글락이 오자 '아, 맞다! 하나님이 날 참 사랑하시지. 하나님이 내 인생의 주인이셨지' 깨달았다. 시글락이 다윗의 시선을 다시 하나님께 돌린 것이다. 이제 그가 비로소 다시 하나님께 눈을 들고 하나님의 말씀에 귀 기울이고 기도하기 시작한다.

> 다윗이 여호와께 묻자와 이르되 내가 이 군대를 추격하면 따라잡겠나이까 하니 여호와께서 그에게 대답하시되 그를 쫓아가라 네가 반드시 따라잡고 도로 찾으리라 삼상 30:8

이제 다윗이 돌아왔다. 이제 그의 결정의 근거는 기도 응답, 즉 하나님의 말씀이고, 그의 소망의 단서는 하나님 그분이시다. 가능성이 커지고 형편이 나아지고 관계가 풀리고 사람들의 인정과 칭찬을 받아서가 아니었다. 상황과 처지는 달라지지 않았으나 그는 하나님의 말씀을 기대하고 기도하기 시작했다.

이것이 바로 다윗이고, 그의 능력의 원천이고 힘이었다. 신앙의 정체성이었다. 이것이 또한 한국 교회의 전통이었다. 우리도 교회도 바로 이 모습을 회복해야 한다. 믿음의 사람이라면 하나님으로 인해 담대하고 당당해져야 한다.

지금 말씀을 듣지 않고, 기도를 놓치고 있다면 당신의 시글락을 통해 하나님을 다시 바라보며 기도하고 말씀에 귀 기울여라. 그러라고 주신 시글락이다.

시글락으로 인한 영적 각성

다윗은 가드 왕 아기스를 "내 주 왕"(삼상 29:8)이라 부르고 하나님의 나라와 군대를 원수라 칭하며 끔찍한 영적 변절자의 모습을 보였다. 시글락이 없었다면 자기가 무슨 잘못을 했는지도 모르고 망할 뻔했는데 그 고난 때문에 영적으로 각성하여 "맞아, 하나님밖에 없지" 하며 하나님을 바라보기 시작했다. 그래서 시글락이 축복이다.

평탄하고 형통할 때, 건강하고 부요할 때 하나님께 더 감사하고 그분을 바라봐야 하는데 그때 오히려 하나님을 놓치고 살아가는 우리다. 그 관계와 물질과 건강을 주신 하나님께 감사하기는커녕 그 축복 가지고 즐기고 놀러 다니느라 하나님을 잊고 살아갈 때가 많다.

요즘 CCM은 세상의 어떤 노래와 견주어도 뒤지지 않을 만큼 세련되고 다채로워졌다. 그래도 나는 아날로그적인 감성 때문인지 아직도 옛날 찬양이 좋고, 단순한 가사 속 범접할 수 없는 영성의 깊이가 좋다. 〈사람을 보며 세상을 볼 때〉라는 찬양도 그중 하나다.

"사람을 보며 세상을 볼 때 만족함이 없었네. 나의 하나님 그분을 뵐 때 나는 만족하겠네"라는 가사에 100퍼센트 공감한다. 사람을 보고 세상에 기대면 만족함이 없다. 언 발에 오줌 누듯, 잠시는 나아지는 것 같아도 결국 더 큰 곤란함과 고통을 야기한다. 세상은 완벽한 답이 될 수 없다. 정치, 관계, 사람은 우리에게 답이 될 수 없다.

내가 어렵고 힘들고 곤란해지면 사람들은 다 떠난다. 교회도 사실 예외는 아니다. 그러나 하나님은 절대로 그렇지 않으시며, 내가 초라할 때 오히려 붙잡아주신다. 우리가 세상의 풍요와 쾌락에 취해 하나님을 바라보지 못하고 외면하고 살아갈 뿐이다.

그런 우리에게 시글락처럼 아프고 막막할 때, 깨지고 박살 날 때는 오히려 다시 하나님을 바라보고 그분께 돌아올 기회다. 주님을 잊고 살다가 지치고 넘어지고 병들고 망하고 밑바닥으로 곤두박질하여 아무도 없어 외로울 때 비로소 늘 내 곁에 계신 주님이 보이고 그분의 음성이 들려 그분의 손을 붙잡게 되기 때문이다.

당신 인생의 시글락에서는 무엇이 이야기되고, 집중되고, 회자되고 있는가? 당신의 가정에서 어떤 이름을 가장 먼저 부르는가? 위기가 없을 수는 없다. 그러나 인생에 절망과 실패의 당황스러운 시글락이 올 때마다 다시 내면 깊은 곳에서 하나님을 찾아야 한다.

한국 교회가 시글락을 만났다. 교회는 신뢰를 잃었고, 반기독교의 거센 저항과 충돌의 바람이 시대 가운데 불어오고 있다. 3년간의 코로나 팬데믹 기간에 더욱 심화되었으며, 이 시대의 풍조와 조류는 계속 반기독교적으로 흐를 수밖에 없다.

우리가 더 좋은 시스템과 프로그램으로 교회를 살릴 것이 아니라 다시 하나님께로 돌아와야 한다. 하나님께 집중하고 하나님께 더 엎드려 기도하고, 말씀에 귀 기울여야 한다. 세상에 우리의 마음을 쏟고 사람에게 길을 찾아서는 안 된다.

하나님만이 답이시다

세상은 우리가 뭔가 붙들고 싶어 할 때 달콤한 것을 앞에 깔아놓고 내 마음을 빼앗으려 한다. 대세, 실효, 가능성, 확률, 사람, 관계, 물질, 권력 이런 것들을 의지하며 살아가기를 바란다. 하지만 많이 잃기 전에 빨리 깨달아야 한다. 사람이 답이 아니다. 세상이 답이 아니다. 하나님이 답이시다.

내가 '있는' 곳이 아니라 내가 '바라보는' 곳이 나를 결정한다. 내가 있는 곳이 중요한 것은 그곳에서 내가 노출되고 바라볼 가능성이 현저히 커지기 때문이지 그 장소 자체가 나를 바꾸진 않는다.

미국에 간다고 저절로 영어를 잘하는 것이 아니다. 미국에 살아도 맨날 한국 드라마만 보고, 한인 마트 다니며 한국 사람만 만나다 영어 한마디 못 하는 사람이 부지기수다.

반지하 단칸방에서 행인들의 구둣발만 보면 소망이 없지만, 이곳에서 일하실 하나님을 바라보며 나를 통해 이루실 위대한 하나님의 역사를 꿈꾸는 자는 요셉처럼 그 미래가 위대하고 존귀해질 것이다.

좋은 곳에 있어도 하나님을 바라보지 못하면 망하지만, 처참한 시글락 속에 내 인생이 있어도 그곳에서 하나님을 바라본다면 반드시 승리할 줄 믿는다. 그것이 믿음의 승리 법칙이요, 내가 이 책 전체를 통해 정말 이야기하고 싶은 주제다.

성경은 우리가 사태의 심각성이나 가능성의 희박함 때문에 망하는 것이 아니라 무엇을 보느냐에 따라 흥망성쇠가 갈리게 된다는 것을 보여준다.

오직 주만 바라보나이다

유다의 여호사밧 왕은 그래도 선한 왕 중의 한 명이었다. 그가 한 나라도 아니고 모압, 암몬, 마온이라는 세 나라 연합군을 상대로 싸워야 하는 절체절명의 위기를 맞았다. 유다의 힘으로는 감당할 수 없고, 망할 것이 뻔한 상황이었다.

그때 여호사밧의 능력 있는 기도 하나가 인생을 역전시키고, 초상집과 같았던 상황을 완전히 뒤집어 잔칫집이 되게 한다. 기도의 양이 문제가 아니라 능력의 기도와 믿음의 선포 하나가 역전의 발판이 되었다. 이 기도가 당신의 입술에서도 터져 나올 수 있기를 바란다.

> 우리 하나님이여 그들을 징벌하지 아니하시나이까 우리를 치러 오는 이 큰 무리를 우리가 대적할 능력이 없고 어떻게 할 줄도 알지 못하옵고 오직 주만 바라보나이다 하고
>
> 대하 20:12

내 능력으로는 처리하고 감당할 수 없으며 어디서부터 어떻게 수습하고 해결해야 할지 감도 잡히지 않는 암담한 문제를 맞닥뜨릴 때, 분주히 사람들을 찾으며 문어 다리처럼 여기저기 손 내밀지 말라. 그런 세상 방식이 아니라 오직 주만 바라보는 것이 능력이며, 기적 같은 역전의 시발점이다.

여호와께서 행하시는 구원을 보라!

출애굽의 기쁨도 잠시, 모세와 이스라엘 백성은 위기를 만났다. 뒤에는 무시무시한 애굽의 철병거가 쫓아오며 숨통을 조이는데 앞은 시퍼런 홍해가 가로막고 있다.

앞으로도 나아갈 수 없고 뒤로도 돌아갈 수 없는 진퇴양난 상황에 백성들은 "심히 두려워하여 여호와께 부르짖"었다(출 14:10). 이때 부르짖은 것은 기도가 아니다. 하나님께 분노하며 원망했다는 의미다. 다윗의 백성들, 즉 망하고 실패하는 자들과 똑같은 반응이다.

그들은 모세에게도 "애굽에 매장지가 없어서 당신이 우리를 이끌어내어 이 광야에서 죽게 하느냐"(출 14:11)라며 원망하고, 애굽 사람을 섬기는 것이 광야에서 죽는 것보다 낫겠다고 불평했다.

그런데 이런다고 문제가 해결되는가? 해결되기는커녕 문제를 더 악화시키고, 자신의 처지를 더욱 곤란하게 만드는 어리석은 반응이 바로 이런 원망, 후회, 불평, 책임 전가다. 원망에서 해결 방법이 나오는 것이 아니다. 모세의 이 선포에서 문제 해결이 시작된다.

> 모세가 백성에게 이르되 너희는 두려워하지 말고 가만히 서서 여호와께서 오늘 너희를 위하여 행하시는 구원을 보라 너희가 오늘 본 애굽 사람을 영원히 다시 보지 아니하리라
> 출 14:13

보라는 것이다. 하나님의 구원하심, 그분의 일하심과 역사하심을 보고 하나님이 나와 동행하심을 보라는 것이다. 문제를 보지 말라. 홍해도 철병거도 보지 말라. 절망적인 상황과 급박한 처지를 보지 말고 하나님을 보라는 것이다.

나는 경상도로 내려온 지 20년이 됐어도 아직 경상도 말이 입에 잘 붙지 않는데 흥미로운 경상도 말을 하나 알고 있다. 한 음절로 아주 다채로운 의미를 나타내는 '쫌!'(좀)이다. 높낮이와 길고 짧음에 따라 요구, 부탁, 짜증, 협박 등 많은 의미를 표현한다.

맨날 사람 바라보며 문어 다리 걸치듯 여기저기 분주하고 계산하고 인본주의적으로 일하다가 주일날 하루 와서 보험 들듯 하나님께 발 하나 걸치고 구하는 우리, 나대고 원망하고 불평하는 우리에게 하나님께서 경상도 말로 하신다면 "쫌!" 딱 이 한마디 하실 것 같다. 쫌! 두려워하지 말고 가만히 있으라고, 쫌! 하나님의 일하심과 역사하심을 보라고….

백문일답, 예수 그리스도

광야 내내 툭하면 불평하고 원망하던 이스라엘 백성이 민수기 21장에서 광야 길을 우회하게 되자 영적 고질병이 도졌다. 마음이 상해 다시 하나님과 모세를 원망한다.

> 어찌하여 우리를 애굽에서 인도해 내어 이 광야에서 죽게 하는가 이곳에는 먹을 것도 없고 물도 없도다 우리 마음이 이 하찮은 음식을 싫어하노라 민 21:5

이곳에는 마실 것도 먹을 것도 없고, 차라리 애굽이 낫다는 그들의 레퍼토리는 변하지도 않는다. 그러다 선을 넘었다. "우리 마음이 이 하찮은 음식을 싫어하노라"라며 하나님이 주신 만나를 폄훼했다.

불평과 원망, 하나님이 주신 말씀을 하찮게 여기고 싸구려 취급하는 것 때문에 하나님께서 불뱀을 보내셨고, 영적 불뱀의 독이 퍼져나가 수많은 이스라엘 백성이 죽어갔다.

급박한 상황이다. 빨리 이 문제를 해결하고 회복해야 할 모세의 마음이 얼마나 다급하고 힘들겠는가. 그때 하나님이 주신 기가 막힌 솔루션은 놋뱀을 만들어 장대 위에 다는 것이었다.

> 여호와께서 모세에게 이르시되 불뱀을 만들어 장대 위에 매달아라 물린 자마다 그것을 보면 살리라 모세가 놋뱀을 만들어 장대 위에 다니 뱀에게 물린 자가 놋뱀을 쳐다본즉 모두 살더라 민 21:8,9

정말 말도 안 되는, 기가 막히는 반전의 기회를 열어주셨다. 장대 높이 달린 놋뱀은 십자가에 달린 예수님을 상징한다. 뱀에 물린 모든 자가 놋뱀을 쳐다보니 살았듯 십자가에 달린 예수님을 바라보면 산다. 예수님이 길이고 생명이고 답이시다.

원망은 망하는 길이요 분노는 패하는 길이다. 하나님은 우리를 살리기 위해 놋뱀인 예수 그리스도를 바라볼 기회와 통로를 열어주신다. 수많은 문제가 있을지라도 십자가에 달린 주 예수 그리스도를 바라보면 산다. 백 가지 문제가 있어도 답은 오직 예수 그리스도시다.

그런데 어디서 답을 찾고 있는가? 우리는 인간적인 방법을 찾고, 속히 결과가 나올 방법을 기대한다. 목사에게 찾아와서도 그런 것을 제시해주길 바란다. "불뱀에 물렸으면 일단 깨끗한 물로 씻고, 입이 청결한 자가 독을 빨아낸 다음 물린 환부는 심장보다 높게 하여 꽁꽁 싸매 독이 퍼지지 않게 하고, 주위를 둘러보면 아기 손과 같은 다섯 잎사귀 달린 약초가 있을 테니 그것을 뜯어 곱게 빻아 환부에 붙이면 나을 것입니다" 이런 식으로 뭔가 어렵게 말하고 인간적인 방법을 알려주면 귀담아듣지만, "예수님이 길이고 답입니다. 예수님 바라봐야 해요. 예수님 찾으세요!"라고 하면 콧방귀도 안 뀌고, 성의가 없다고 생각하며 삐지는 것이 이 시대다.

그러나 시대가 어떻게 돌아가건 예수님이 답이다. 정말 위급한 상황을 만났는가? 내가 그분들에게 외쳐줄 말은 "예수님만이 답입니다!" 밖에 없다. 내 목회의 목적, 내 인생의 목적이 무엇인가를 곰곰이 생각해보니 결국 예수님이 답이신 것을 내 인생 걸고 증명해보고 하늘나라 가는 것이라는 생각이 들었다.

"예수가 길이네. 진짜 예수가 생명이네. 정말 예수가 답이네!"

"아, 인간은 답이 아니구나. 돈 몇 푼이 답이 아니구나. 관계가 답이 아니구나. 처우 개선이 답이 아니구나. 예수님이 답이다."

이것 한번 보여주고 가려 한다. 이것이 내가 이 책을 쓰는 목적이고, 내 인생 걸고 증명하고 외치고 싶은 것이다.

눈을 열어서 보게 하옵소서

엘리사 선지자가 위기를 당한다. 아람 왕이 엘리사를 잡으려고 그가 있는 도단으로 군대를 보내 밤사이 성읍을 에워싼다. 아침에 일어나 이 위기를 발견한 사환은 절망하여 탄식한다.

"아아, 내 주여 우리가 어찌하리이까"(왕하 6:15).

어디에도 길이 없이 완벽히 포위를 당한 사면초가의 위기. 낙심할 만한 상황이다. 그들의 시글락이다. 그러나 엘리사의 반응을 보라.

"두려워하지 말라 우리와 함께한 자가 그들과 함께한 자보다 많으니라"(왕하 6:16).

두 사람의 위기와 고난이 다를 리 없다. 같은 문제 앞에서 엘리사의 사환은 죽을 것처럼 절망하고 낙심하지만 엘리사는 당당하다 못해 덤덤하다. 무슨 차이인가? 처지와 형편 아닌 시선의 차이다.

그들을 둘러싼 문제가 급박하고 적군의 숫자가 많다 해도 그들을 도우려고 하나님이 보내주신 천군천사가 더 많았다. 그것을 사환은 보지 못했으나 엘리사는 보았기에 당당했다.

상황, 가능성, 확률이 더 높아서 당당한 것이 아닌데 많은 사람이 '저 사람은 나보다 처지가 좋으니까 저렇게 믿음생활 잘해', '나보다 형편이 좋으니 저렇게 견뎌'라며 처지와 형편, 가능성과 확률의 차이라고 생각, 아니 오해한다. 그것 때문에 내 인생이 결판나고, 오늘 나의 행동과 반응과 결정이 나온다고 착각한다.

보라! 똑같은 처지인데도 다르다. 무엇을 보느냐의 차이다. 상황을 보면 절망이지만, 하나님의 도우심과 일하심을 보면 당당하다. 엘리사는 "포위망을 느슨하게 해주시고, 보급로를 차단해주시고, 빨리 우리 이스라엘 군사들이 지원병을 보내게 해주세요" 이런 인간적인 기도를 하지 않았다. 그의 기도는 아주 담백하고 단순했다.

"여호와여 원하건대 그의 눈을 열어서 보게 하옵소서"(왕하 6:17).

하나님이 그 기도를 듣고 사환의 눈을 여시니 불말과 불병거가 산에 가득하여 엘리사를 두른 것이 비로소 보였다. 결국 눈이다. 영의 눈이 열리면 승리하지만 그 눈이 닫히면 우왕좌왕하다 패망한다.

우리는 문제를 본능적으로 잘 본다. 눈이 이미 세상에 길들여져서 문제의 심각성, 처지의 곤란함, 가능성의 희박함 같은 것은 잘 보고, 이런 것에만 관심이 많다. "우리 부도 날 것 같아. / 얼마가 터졌는데?", "나 암이래. / 몇 긴데?" 이런 식이다. 그러니 골리앗의 키만 재고, 홍해 깊이만 재고, 적군 숫자 세기 바쁘다.

아람 군대가 몇만 명이 몰려 와 성을 에워쌀지라도 눈을 열어 하나님을 바라보고, 그분이 당신을 도우려 보내신 하늘의 군대와 불병거가 훨씬 많다는 것을 보게 되는 순간 싸움은 끝나버린다.

상황의 위급함, 처지의 열악함이 아니라 내 시선이 문제다. 내가 속한 곳이 아니라 내가 바라보는 곳이 내 삶과 미래를 결정한다. 시글락의 절망을 안경 삼아 사면초가의 위기 속에서도 하나님의 위대하심과 도우심을 바라보는 자만이 담대하고 당당하게 승리하는 자리로 나갈 수 있다.

주여, 나는 오직 주만 바라보겠나이다

나는 이런 가요 가사만 들어도 그런 우리 하나님이 생각난다.

"넌 대체 누굴 보고 있는 거야 내가 지금 여기 눈앞에 서 있는데"

"그댄 먼 곳만 보네요 내가 바로 여기 있는데 / 조금만 고개를 돌려도 날 볼 수 있을 텐데"

시글락은 그 참담함과 급박함만큼이나 하나님께서 우리를 간절하고 애타게 부르시는 것이다. 시글락의 처참함과 절망적 상황이 문제가 아니라, 실패와 절망의 시간에 나의 시선이 어디를 향하고 있는지가 너무 중요하다.

아무리 세상의 군대와 문제가, 두려움과 절망이 나를 동서남북 사방팔방으로 에워싸고 포위해도 절대 막을 수 없는 것이 있다. 바로 하늘이다. 하늘은 언제나 열려 있다. 사면초가의 위기에서 눈을 들어 나를 도우시는 하나님을 바라보아야 한다. 잊지 말자. 내가 있는 곳이 아니라 내가 보는 곳이 나의 인생을 결정짓는다.

나의 실패와 막힘, 상실과 깨어짐, 질병과 가난, 고독과 억울함 이 모든 것이 나를 죽이고 망하게 하는 것이 아니라 다시 하나님을 주목하고 그분께 시선을 돌리는 아름답고 값진 기회가 될 수 있다.

그러니 그것을 소망하자. 절망과 두려움, 낙심으로 어두워진 눈을 열어 나를 에워싼 문제보다 나를 도우시려고 하나님이 파병하신 하늘의 불말과 불병거가 훨씬 더 많음을 보게 해달라고 기도하자. 땅의 문제가 아니라 하늘의 하나님만 바라보겠다고 고백하자.

"주여!

이 시글락과 같은 처참한 절망의 순간에도, 홍해 같은 진퇴양난의 위기에도, 포위당한 도단 성 같은 사면초가의 처지에도 내가 주님을 바라보며 내 시선을 주께 드리길 원합니다.

내 인생과 내 자녀들의 미래를 결정짓는 것은 상황과 처지가 아닙니다. 내가 속한 곳이 아니라 내가 바라보는 것이 내 미래이고 소망입니다. 내가 바라보는 것이 내 삶을 결정합니다.

주여!

시글락으로부터, 포위당한 도단 성으로부터 저를 건져내고 구원해 주시옵소서. 내 능력으로는 어찌할 수 없으며 이 문제를 어떻게 풀어낼지 알지 못하오니 저는 이제부터 오직 주만 바라보겠나이다.

이제 모든 인간적인 노력과 감정, 번잡한 인본주의 계산과 정치질을 내려놓고 내 눈을 들어 오직 주님만 바라보겠나이다.

내 시선을 문제에 두지 않고, 이 모든 상황을 내려놓고 내 눈을 들어 인생의 길이요 답이 되시는 소망의 하나님을 바라보겠나이다!"

고개를 돌려서 나의 등 뒤에서 늘 나와 함께 계시고 따뜻한 소망과 위로의 손을 내미시는 우리 하나님을 꼭 만나고 그 손을 붙들라. 그럴 때 역전은 시작된다. 회복이 시작된다. 역전의 승리를 주시고 회복시키실 하나님을 신뢰하고 감사하며 찬양과 경배를 올려드리자.

안정된 왕궁에서
살아가는 법

13

•••

쟁취가 아니라 은혜다

삼하 5:1-5, 10 이스라엘 모든 지파가 헤브론에 이르러 다윗에게 나아와 이르되 보소서 우리는 왕의 한 골육이니이다 전에 곧 사울이 우리의 왕이 되었을 때에도 이스라엘을 거느려 출입하게 하신 분은 왕이시었고 여호와께서도 왕에게 말씀하시기를 네가 내 백성 이스라엘의 목자가 되며 네가 이스라엘의 주권자가 되리라 하셨나이다 하니라 이에 이스라엘 모든 장로가 헤브론에 이르러 왕에게 나아오매 다윗 왕이 헤브론에서 여호와 앞에 그들과 언약을 맺으매 그들이 다윗에게 기름을 부어 이스라엘 왕으로 삼으니라 다윗이 나이가 삼십 세에 왕위에 올라 사십 년 동안 다스렸으되 헤브론에서 칠 년 육 개월 동안 유다를 다스렸고 예루살렘에서 삼십삼 년 동안 온 이스라엘과 유다를 다스렸더라 … 만군의 하나님 여호와께서 함께 계시니 다윗이 점점 강성하여 가니라

하나님 편에 서면 무조건 승리한다

드디어 광야의 시절이 끝나고 다윗은 이스라엘 왕이 되어 헤브론에서 7년 반, 예루살렘에서 33년, 총 40년간 이스라엘을 통치했다. 하나님께 인정받아 기름 부음을 받았고 백성들에게도 그 권위를 인정받아 우리가 알다시피 축복받은 왕의 삶을 살았다. 그런데 성경은 다윗의 승리와 성공의 복을 받은 비결을 한 구절로 강조한다.

> 만군의 하나님 여호와께서 함께 계시니 다윗이 점점 강성하여 가니라 **삼하 5:10**

한마디로, 하나님께서 다윗의 편이 되어주셨다는 것이다. 만군의 여호와 하나님께서 다윗과 함께 계시고 동행하시며 편이 되어 지켜주시니 다윗은 당연히 강성해지고 축복의 삶을 살 수밖에 없었다.

다윗이 받은 축복과 승리의 인생이 부럽게 느껴진다면 하나님께서 그와 함께하셨다는 것 또한 부러워해야 한다. 우리 가정, 사업장, 나와 내 자녀의 인생에 하나님께서 함께 계시면 다윗의 삶에 허락하신 축복이 그곳들에도 또한 동일할 것이다.

이 책을 통해 '신자병법', 믿음의 사람들이 승리하는 비결, 신앙적인 성공 법칙을 배우기를 소망한다. 다윗의 승리, 그가 강성했던 비결과 경쟁력을 성경에서 찾아봤을 때, 그의 가장 큰 경쟁력은 바로 하나님을 등에 업고 싸우는 것이었다. 하나님을 등에 업고 싸우는데 어떻게 승리하지 않을 수 있겠는가!

앞서 계속 보았듯이, 다윗의 삶은 상황적으로나 그의 형편과 처지로 보나 당연히 질 수밖에 없는 싸움을 마주하고 있었다. 누가 봐도 다윗은 골리앗에 대항해서 이길 가능성이 희박했다.

골리앗이 칼과 단창 등의 무기와 체격, 전술과 그간 승리했던 경험 등 막강한 경쟁력을 갖추고 있었다면 다윗의 경쟁력은 단 하나, 바로 하나님이셨다. 그 막강한 하나님을 등에 업고 싸웠기에 하나님의 도움을 얻어 승리하고 강성해지는 게 당연했다.

"나는 만군의 여호와의 이름으로 네게 나아간다"라는 선언은 만군의 하나님이 무기이고 경쟁력이라는 자신감이자 하나님에 대한 믿음의 고백이었다. 우리 또한 "나의 경쟁력은 하나님"이라고 믿음으로 당당하게 고백하는 인생이 되어야 한다.

나 자신을 보면 부족하고 뒤처지고, 남보다 열악한 환경에 있을지라도 하나님께서 나와 함께하시면 승리와 성공은 보장돼 있으며, 그러면 갈수록 강성해지고 승리할 수밖에 없다.

또한 "전쟁은 여호와께 속한 것"이라는 그의 고백처럼, 전쟁의 승패는 하나님께 달려 있다. 칼과 창이 몇 개이고 그것이 얼마나 날카롭고 병거가 얼마나 많은지는 중요하지 않다.

승리의 은혜는 내 힘으로 노력하고 투쟁해서 얻는 것이 아니라 하나님의 선물로 주어지는 것이다. 그러므로 하나님 편이 되고 하나님을 등에 업고 사는 것이 믿음으로 승리하는 법칙이다.

하나님은 그분을 의지하는 자와 함께하신다

다윗이 치열하게 싸우고 미치도록 열심히 사는 것처럼 보이지만 그가 쟁취한 게 아니라 하나님의 은혜였다. 내가 노력해서 얻는 게 아니라 하나님이 나를 향해 사랑과 긍휼을 베푸시는 은혜와 선물이 승리와 축복이라는 인식이 우리에게 필요하다.

우리가 사람의 헛된 노력을 기울이고, 승리의 가능성을 높이는 물질의 유익이 조금만 있어도 타협하고 하나님과 신앙적 가치를 배신하는 것은 그 유혹이 얼마나 달콤하냐에 달린 것이 아니다.

내 안에 진정한 믿음과 신앙의 가치관이 새겨져 있다면 타협할 수 없다. 승리가 하나님께 달려 있다는 것을 믿으면 유혹에 걸려 넘어지지 않고 교만해지지 않는다. 모든 것이 하나님께 달려 있는데 어떻게 하나님을 우습게 보고 등을 돌리고 버릴 수 있겠는가?

다윗이 애쓰고 노력하고 무엇보다 하나님 뜻에 잘 반응하여 결정한 것도 있지만, 그가 하나님을 힘입음으로 하나님이 함께 계시고 그를 존귀하게 높여주기로 작정하셨기 때문에 승리할 수 있었던 것이다.

하나님의 역사는 우리가 무언가를 해서 된 것이 아니라, 우리가 하지 않아도 저절로 '되어지는' 것이다. 하나님이 우리의 마음을 합당하게 보시고 함께해 주시면 다윗의 삶처럼 우리의 삶 또한 점점 강성해질 것이다. 이것이 다윗을 통해 알 수 있는 인생의 성공과 승리, 그리고 축복의 비결이다.

유다의 히스기야 왕은 영적 기네스북이 있다면 하나님을 의지하는 것으로 1등에 오를 사람이다. 열왕기하 18장 5절에서 "히스기야가 이스라엘 하나님 여호와를 의지하였는데 그의 전후 유다 여러 왕 중에 그러한 자가 없었"다고 했다. 하나님을 의지하는 데는 히스기야를 이길 자가 없었다는 것이다.

곧 그가 여호와께 연합하여 그에게서 떠나지 아니하고 여호와께서 모세에게 명령하신 계명
을 지켰더라 여호와께서 그와 함께하시매 그가 어디로 가든지 형통하였더라 … 왕하 18:6,7

히스기야의 삶도 구조와 결말이 다윗과 같다. 다윗이 만군의 하나님
과 함께하니 점점 강성해졌듯 히스기야도 하나님만 의지하고 떠나지
않으니까 하나님이 그와 함께하셔서 어디서든지 형통하게 되었다. 이
를 통해 승리의 비결을 또 한 번 확인할 수 있다.

우리는 세상의 칼과 단창, 세상의 정보, 인간관계, 물질의 유익, 세
상의 도구, 그리고 가능성, 확률, 분석, 통계로 이루어진 그래프 따위
에 마음을 쏟지 말고 다윗처럼 여호와 하나님을 가장 큰 경쟁력이라고
고백하며 하나님을 의지하고 등에 업어야 한다. 우리가 하나님을 무기
삼고 살아갈 때, 하나님께서 우리를 떠나지 않고 강성하게 하시며, 어
디로 가든 형통하게 하신다.

수만 가지 수를 이기는 오직 하나의 수

결론은 하나님이 승리하신다는 것이다. 그래서 우리는 이기는 쪽에
줄을 서서 우리의 인생을 걸어야 한다. 이기는 편에 서는 것이야말로
확실한 승리의 비결이자 지혜다. 승리를 보장받고, 승리를 예약해 놓고
싸우는 셈이기 때문이다.

사람의 마음에는 많은 계획이 있어도 오직 여호와의 뜻만이 완전히 서리라 잠 19:21

사람의 마음에는 수많은 생각과 계획이 있음을 하나님은 잘 알고 계신다. 세상에 수많은 이야기가 있고 계획이 있고 스케줄이 난무하고 여러 의견이 분분해도 결국 그분의 뜻만이 온전히 설 것이다.

그러므로 우리는 하나님의 뜻이 세워지고 이루어질 곳에 있어야 한다. 하나님 편에 서면 하나님이 계신 쪽이 이긴다. 지금 잘될 것같이 보인다고 결국 망할 감정, 관계, 확률, 가능성, 통계와 분석에 투자하지 말아야 한다. 하나님의 뜻이 아니면 실패하기 때문이다.

故 정주영 현대그룹 회장에게는 '만수'(萬數, 1만 가지의 수)라는 별명이 있었다. 남들은 생각지도 못할 정도로 기발한 방법을 많이 생각해 내서 얻게 된 별명이다. 그만큼 그는 인생과 경영 가운데 맞닥뜨린 어려운 문제들을 풀어내는 수가 무궁무진했다.

그런 정 회장에게 인정받고 살아남아 오랜 세월 동고동락한 거의 유일무이한 존재가 이명박 전 대통령이다. 그가 까탈스럽고 대단한 정주영 회장 밑에서 인정받고 버티며 살아남은 것을 보고 사람들은 이명박 사장도 족히 9천 수는 되는 것 같다고 말했다.

그런데 정작 이명박 전 대통령은 이런 말을 들을 때면 항상 손사래를 쳤다고 한다. 9천 수로는 만수를 감당하지 못하고 절대 인정받지 못한다는 것이다. 그러면서 자신이 만수인 故 정주영 회장을 감당하고 그에게 인정받을 수 있었던 것은 9천 수가 아니라 '단수'(單數, 1가지의 수)였기 때문이라고 말했다.

만수인 정 회장의 마음에 합당한 사람이 되기 위해 단수, 즉 한 가지 수로만 살았다는 것이다. 그래서 정 회장이 하라면 하고, 돌파하라고 하면 돌파하고, 해결하라고 하면 해결하면서 만수인 그를 감당하고 만족시켰다. 그 단순함이, 오직 한 사람을 향한 단수의 순종이 그의 성공과 승리의 비결이었다. 만수를 이길 수 있는 것은 9천 수가 아니라 어쩌면 그 하나의 단수일지도 모른다.

하나님께 인정받고 하나님 마음에 합당한 자가 되려면 우리에게도 단수가 필요하다. 인간적인 계획과 일정과 체계가 아니라 하나님의 말씀에만 순종하고 그 한 분만으로 만족하며 사는 단수가 이 시대를 살아가는 우리에게 승리의 비결이며 세상의 만수를 이길 가장 강력한 수가 될 것이다.

하나님의 영이 떠나시면 아무것도 아닌 인생

다윗의 승리 이야기에 빠질 수 없는 인물이 바로 사울이다. 다윗은 시간이 지날수록 점점 강성해지는데 반대로 사울은 점점 쇠약해지고 망하게 되면서 절망적인 인생을 살았다.

> 사무엘이 기름 뿔병을 가져다가 그의 형제 중에서 그에게 부었더니 이 날 이후로 다윗이 여호와의 영에게 크게 감동되니라 사무엘이 떠나서 라마로 가니라 여호와의 영이 사울에게서 떠나고 여호와께서 부리시는 악령이 그를 번뇌하게 한지라 삼상 16:13,14

이 두 구절에서 사울과 다윗이 극명하게 대조된다. 13절에서 다윗이 하나님의 영에 감동된다. 하나님께서 다윗에게 임하시고 그의 인생에 개입하신 것이다. 그런데 다음 절에서는 지금까지 하나님께 쓰임 받아 승승장구하며 살았던 사울에게서 하나님의 영이 떠난다.

사울은 처음 왕으로 세워졌을 때보다 세상의 기준으로는 승리할 이유와 조건이 더 좋아졌다. 전쟁에 나가서 승리하며 경험도 쌓고 사람들에게 인정받으면서 왕의 권위와 정통성이 세워졌다. 자기 휘하에 부하도 생기고 군사력과 조직력도 강화됐다. 어디를 보아도 사울이 승리할 가능성은 전보다 더 커졌다.

사울의 인생에서 칼과 단창이 더 많아지고 승리할 가능성과 확률이 더 높아졌지만 딱 하나가 없었다. 하나님이다. 다른 것은 다 좋아지고 잘나갈 일만 남았는데 하나님이 떠나가시니 한순간에 다 무너져버렸다. 왕관을 쓰고 있어도 계속해서 힘없이 말라가다가 결국 처참한 죽음을 맞이하는 비극의 주인공이 되었다.

사울과 비슷한 인물이 삼손이다. 하나님의 영이 임하자 삼손에게도 강력한 능력이 임했다. 그는 하나님의 영이 갑자기 임하매 칼과 창도 아니고 나귀 턱뼈 하나로 천 명을 죽였다(삿 15장). 아무리 싸움을 잘하는 사람이라도 그건 불가능할 것이다.

삼손의 기록을 읽어보면 이 세상에 그를 상대할 수 있는 사람은 없다고 느껴질 만큼 능력이 대단해 보인다. 그런 능력의 종 삼손이 안타깝게도 곧 몰락하고 만다.

들릴라에게 힘의 근원을 고백하고 머리털이 밀린 후 블레셋 사람들이 들이닥치자 삼손은 전과 같이 나가려고 한다. 혼자서 천 명이나 무찔러봤기 때문에 몇 명쯤은 우스웠을 것이다. 그러나 그는 가장 중요한 것을 놓치고 있었다. 하나님께서 이미 그를 떠나신 것이다.

이전의 싸움을 통해 승리의 가능성은 훨씬 더 커졌겠지만 하나님이 자신을 떠나신 줄을 알지 못하면서 삼손은 비참한 비극을 맞는다. 대단한 능력으로 세상에 이름을 떨쳤던 그가 눈을 뽑히고 짐승처럼 맷돌을 갈며 조롱을 받게 되었다.

하나님이 떠나신 인생은 아무것도 아니다. 가정도, 교회도, 일터도 그렇다. 그러니 이들의 인생을 반면교사 삼고 조심하자. 환경이 좋아지고 물질적으로 풍요로워지고 시스템과 인력이 좋아져서 내 주변에 사람이 가득할 때 특히 더 조심하자. 하나님 편에 서는 것이 가장 강력한 승리의 비결이며 최상의 수다. 하나님 편에 서라.

하나님과 한편이 되어라

상황이 긴박하고 어려울 때, 맞닥뜨린 문제와 상황에 비해 나 자신이 너무 연약하고 형편이 초라할 때 우리는 근심하고 절망한다. 인생 가운데 그렇게 근심하고 절망할 이유가 많다.

그런데 그 근심과 절망이 죄라는 것을 아는가? 그것은 불신앙의 모습이기 때문이다. 내가 약한 거지 하나님이 약하신가? 내가 초라하다고 하나님까지 초라하신 게 아니다.

우리는 종종 하나님이 나를 위해 일하지 않으신다고 불평한다. 내가 이렇게 다급한데 하나님이 느긋한 것은 나를 사랑하지 않고 내 삶에 관심이 없어서라고 생각한다.

아니다. 하나님은 우리를 정말 사랑하신다. 다만 그분은 너무 크고 능력 있고 위대하시기에 우리의 열악함과 곤란함, 위급함이 그분에게는 전혀 문제가 되지 않을 뿐이다. 우리의 문제가 아무리 심각하고 처절해도 하나님이 우리 편이 되어주시면 여리고 성이 무너지고 홍해가 갈라진 것처럼 문제는 단번에 끝난다.

세계적인 축구 스타 리오넬 메시가 미국의 인터 마이애미 팀으로 이적했다. 이 팀은 11전 3무 8패로 그동안 11개의 경기를 치르면서 단 한 번도 승리한 적 없는, 미국프로축구 만년 꼴찌팀이었다. 그런데 메시가 합류하자 갑자기 확 달라지더니 연전연승을 거듭한 끝에 리그컵 우승까지 차지하는 이변을 연출했다.

약한 줄 알았지만 강한 자 한 사람이 편이 되어주니까 놀라운 일이 벌어지는 것을 보라. 그렇다 한들 메시를 하나님에 비하겠는가? 하나님은 만군의 여호와시다. 온 우주와 천하 만물의 주인이신 하나님께서 내 편이 되어주시는데 무엇이 두렵겠는가?

내가 어릴 적에는 키가 작고 약해서 동네 아이들이 모여서 함께 놀 때면 늘 깍두기였다. 이쪽 편에 갔다가 저쪽 편으로 갔다가 하며 뒤에서 뻘쭘하게 서 있곤 했다.

그때 교회에 공부도 잘하고 덩치가 크고 운동도 잘하는, 나보다 4, 5살 많은 형이 한 명 있었는데 그 형은 아이들이 편 먹을 동안 가만히 지켜보다가 내가 어느 편으로 가든 항상 그 편으로 와주었다. 그러면 우리 편은 무조건 이겼다. 형이 항상 내 편이 되어주었기 때문에, 내가 어디로 가든 상관없이 늘 우리 편이 이겼다.

세상은 작고 초라한 깍두기 같은 자들을 가차 없이 버린다. 이쪽으로 보내고 저쪽으로 보내며 자기한테 오지 못하게 한다. 그런데 그 형은 마치 하나님 같았다. 나의 약함과 초라함을 보고 내 편이 되어주었다. 그래서 난 늘 이기는 편에 있었고, 나중에 내가 잘되면 나처럼 힘없고 연약한 사람들 편에 서겠다고 다짐했다.

내가 약하고, 상황이 절박하고, 형편이 열악해도 절망하지 말라. 세상에 내 편이 하나도 없는 것 같아 고독하고 처량할 때 눈물 흘릴 필요 없다. 약한 건 나일 뿐 내가 믿는 하나님은 절대로 약한 분이 아니다. 그 하나님이 나를 절대 떠나지 않고 유일하게 편이 되어주신다. 그 믿음으로 나아가기를 바란다. 다윗과 함께하신 하나님이 지금 우리와 함께 계시면 우리 인생은 점점 강성할 것이다.

D.L.무디는 "하나님께서 우리를 떠나실 때는 우리가 너무 약할 때가 아니라 너무 강해졌을 때"라고 말했다. 내가 약한 것이 아니라 하나님 없이도 충분히 잘 살 수 있는 것을 경계해야 한다.

사람의 끝은 하나님의 시작

형제들아 너희를 부르심을 보라 육체를 따라 지혜로운 자가 많지 아니하며 능한 자가 많지 아니하며 문벌 좋은 자가 많지 아니하도다 그러나 하나님께서 세상의 미련한 것들을 택하사 지혜 있는 자들을 부끄럽게 하려 하시고 세상의 약한 것들을 택하사 강한 것들을 부끄럽게 하려 하시며 하나님께서 세상의 천한 것들과 멸시 받는 것들과 없는 것들을 택하사 있는 것들을 폐하려 하시나니 이는 아무 육체도 하나님 앞에서 자랑하지 못하게 하려 하심이라

고전 1:26-29

내가 약하다고 절망하고 있는가? 내 처지가 곤란하다고 지금 낙심하고 있는가? 그건 하나님이 어떤 분이신지 잘 몰라서 그런 것이다. 하나님은 약한 자들을 사용하는 걸 기뻐하시는 분이다.

하나님께서 쓰시는 자 가운데 지혜로운 자, 능한 자가 많지 않고 오히려 약하고 미련한 자들이 선택받는 이유는 이것이 바로 하나님의 통치 방식이기 때문이다.

하나님은 우리의 눈에 그럴듯한 사람을 사용하시는 게 아니라 오히려 약한 자를 통해 강한 자를 이기게 하시고, 미련한 자를 통해 지혜로운 자를 부끄럽게 하시며, 멸시받고 천한 자들을 존귀하게 높이신다.

하나님이 그런 분이시기에 우리에겐 소망이 있다.

하나님은 약한 자들을 위로하고 기뻐하시니 우리는 절대 두려워하고 낙심하며 절망할 필요가 없다. 내가 약한 것이지, 우리가 믿는 하나님이 약하신 것이 절대 아니다.

> 또 형제들아 너희를 권면하노니 게으른 자들을 권계하며 마음이 약한 자들을 격려하고 힘이 없는 자들을 붙들어주며 모든 사람에게 오래 참으라 살전 5:14

또한 하나님은 약한 자를 격려하고 힘없는 자들을 붙들어주기를 기뻐하시는 분이다. 복음서에서 예수님이 불쌍히 여기시면 반드시 놀라운 기적이 뒤따랐다.

눈먼 자가 눈을 뜨고 귀신이 떠나가고 병든 자와 약한 자가 고침을 받았다(마 9:27-36). 예수님이 다리 저는 사람, 말 못 하는 사람, 맹인과 같은 수많은 병자와(마 14:14) 귀신 들린 자를 고치셨다(마 15:28). 오병이어의 기적이 펼쳐진 것도 예수님이 무리를 불쌍히 여기셨기 때문이었다.

그러므로 약함 때문에 낙심하고, 고난을 만났다고 절망하고 포기하지 말라. 오히려 하나님이 내 편이 되어주시고 내 삶의 문제에 개입하시는 큰 통로와 기회로 바라보아야 한다. 하나님께 나를 불쌍히 여겨 도와달라고 매달릴 기회로 삼아라.

우리가 문제와 약함을 내어놓고 도움을 요청하면 그분은 반드시 도와주신다. 나의 연약함은 오히려 하나님의 강함이 개입하는 시작이 된다. 사람의 끝은 하나님 역사의 시작이다.

우리가 절박한 상황에 놓이고 곤란한 처지를 겪을 때 하나님께서 사랑이 없어서 도와주지 않으시는 게 아니다. 크고 위대하신 우리 주님께는 우리의 연약함과 곤란함이 전혀 문제 되지 않으며, 우리가 보기에 위급하고 곤란한 일도 아무것도 아니다. 그러니 능력의 한계를 실감하고 한계에 부딪혔을 때는 하나님이 직접 나서서 싸우실 수 있도록 그분 편에 서라. 그것이 바로 지혜이고 승리하는 비결이다.

말의 힘줄을 끊는 믿음

왕이 된 후 다윗은 계속 승리하고 강성해진다. 사무엘하 8장은 엄청난 승리의 기록이다. 그런데 계속해서 승리하고 정복하며 나아가던 다윗은 오직 하나님만 의지하기 위해 말 뒷발의 힘줄을 다 끊는다.

> … 다윗이 그 외의 병거의 말은 다 발의 힘줄을 끊었더니 … 삼하 8:4

일찍이 여호수아가 하솔 왕 야빈을 비롯한 가나안 연합군과 싸우려 할 때 하나님은 여호수아에게 "내가 그들을 이스라엘 앞에 넘겨주어 몰살시키리니 너는 그들의 말 뒷발의 힘줄을 끊고 그들의 병거를 불사르라"(수 11:6)라고 하셨다.

하나님이 적을 넘겨주겠다고 약속하셔서 승리가 보장된 여호수아가 할 일은 병거를 불태우고 말 뒷발의 힘줄을 끊는 것이었다.

> 여호수아가 여호와께서 자기에게 명령하신 대로 행하여 그들의 말 뒷발의 힘줄을 끊고 그들의 병거를 불로 살랐더라 수 11:9

이상하지 않은가? 당시에 말과 병거는 지금의 탱크나 핵무기같이 가장 강력한 전투 수단인데 힘줄이 끊긴 말은 군사력으로서 효용이 없어지니 말이다.

더 강성해져서 가나안을 정복하려면 말과 병거가 필요할 텐데 하나님은 그것들을 무용지물로 만드신다. 내가 싸우겠다는 것이다. 내가 하겠다는 것이다. 무기가 아니라 하나님을 의지하라는 것이다. 하나님을 믿는 믿음이다. 하나님이 일으키시고, 이기고 부흥하게 하시며, 존귀하게 하신다는 사실을 믿어야 한다. 그런 자만이 자기가 의지하는 병거를 불태우고 말 뒷발의 힘줄을 끊는 순종을 할 수 있다.

나는 어릴 때부터 계획적이고 완벽하게 준비하며 끊임없이 노력하는 성격이었다. 병거와 말을 타고 달리듯, 대학교 1학년 때는 연도별로 촘촘하게 계획을 세우고 사업을 시작했고 나름 성과를 얻었다.

그런데 그 계획대로 다 풀려가지 않았다. 유학 시절에 하나님을 인격적으로 만나면서 그 질주를 멈추게 된 것이다. 그 후로 주의 종이 되어 지금까지 하나님의 일을 감당하며 그분의 능력과 역사를 경험하며 오고 있다. 그러다 보니까 내 성향과 기질은 그대로지만 성격이 완전히 바뀌었다.

지금은 목회하면서 계획하지 않는다. 내년의 목회 계획을 세우지 않고 하나님이 주시는 대로 한다. 예산을 수립하고 계획하는 것도 하나 없다. 그런데 성령께서 주시는 감동대로 하니까 한 번도 모자란 적이 없었고, 결산해보면 항상 늘어나는 걸 경험했다.

과거에는 한 걸음을 움직여도 그토록 철두철미하게 계획했던 사람이 20년 동안 목회하면서 경험하고 고백하고 싶은 건 하나님의 계획이 가장 완벽하다는 것이다. 하나님의 계획을 따라가는 게 가장 완벽한 승리의 비결이다.

그래서 이제는 하나님이 오늘 나에게 요구하시는 것에만 성실하고 순종한다. 내일 일을 계획하거나 먼저 예상하고 예측하면서 기민하게 대처하고 반응하려 하지 않는다. 그날 해야 할 일만 미치도록 열심히 하고 내일의 근심은 미리 하지 않고 내일에 맡긴다.

내가 말을 달리는 대신 하나님의 역사 속에 물 흐르듯 내 삶을 내어 맡기니까 하나님께서 나와 함께 계셔서 점점 강성해졌다는 게 지난 20년 목회의 결론이고 내 인생의 고백이다.

승리와 축복, 나와 하나님의 관계에 있다

다윗이 하나님만 의지하며 싸우니까 하나님은 그가 어디로 가든지 승리하고 강성하게 하셨다. 승리와 축복은 노력하여 쟁취하는 게 아니라 은혜의 결과이며 하나님의 선물이다.

다윗도 여호수아도 일견 그들이 열심히 싸워서 뭔가를 쟁취한 것같이 보이지만 승리와 강성함, 명성은 그들의 노력과 전략의 결과물이 아니라 하나님으로부터 온 것이다.

하나님 백성의 승리와 축복은 하나님과의 관계에 달려있다. 그러므로 오직 하나님 한 분만 붙들고 그분과 함께하는 인생을 사모하라. 사울과 삼손처럼 하나님이 떠나가신 자가 되지 말고 다윗과 여호수아처럼 하나님과 건강한 관계를 맺고 있어야 한다. 아무리 열악하고 곤란한 처지에 있어도 하나님을 제대로 붙들고 그 편에 있으면 아무런 문제가 되지 않는다.

그러나 하나님과의 관계에 틈이 생기고 균열이 일어나면 내게 말과 병거가 아무리 많아도, 세상에서 승리하고 성공할 가능성과 조건이 충분하더라도 망할 수밖에 없다. 가장 중요한 하나님이 계시지 않기 때문이다. 나와 하나님의 관계가 중요하다.

재벌 총수의 아내가 돈 걱정하며 살아가겠는가? 전기 요금, 버스 요금 올랐다고 에어컨을 켤까 말까, 버스를 탈까 걸어갈까 고민하겠는가? 남편과의 관계만 신경 쓸 것이다. 그 관계만 유지되면 어떤 근심도 걱정도 무의미하기 때문이다.

우리는 하나님을 믿는다고 하면서 지극히 세속적인 걱정과 근심에 머물러 있다. 이번 달 월세와 이자를 낼 수 있을까, 직원들에게 월급을 줄 수 있을까, 자녀가 대학에 들어갈 수 있을까, 직장에서 승진할 수 있을까…. 이러한 생존적이고 육체적인 근심에 붙들려서 하나님과 상관없는 자들처럼 생각하고 고민하며 살 때가 많다.

하나님의 위대하신 존재와 능력을 진짜로 믿는다면 하나님이 가장 두려워야 할 텐데 우리는 당장 눈앞에 보이는 것들과 세상의 평판을 더 중요하게 생각하곤 한다. 성경은 이와 같은 고민을 믿지 않는 자, 이방인들이 구하는 근심이라고 말씀한다.

> 그러므로 염려하여 이르기를 무엇을 먹을까 무엇을 마실까 무엇을 입을까 하지 말라 이는 다 이방인들이 구하는 것이라 너희 하늘 아버지께서 이 모든 것이 너희에게 있어야 할 줄을 아시느니라 마 6:31,32

그러나 가장 중요한 것은 하나님과의 관계라는 것을 잊지 말아야 한다. 하나님과의 교제와 관계가 우리의 가장 큰 관심사와 고민거리가 되어야 한다. 하나님이 우리를 떠나지만 않으시면 아무리 우리가 나약하고 곤란하고 무지하고 열악해도 하나님께서 우리를 붙들어주시고 강성하게 해주실 것이기 때문이다.

매주 열심히 설교를 준비하며 최선을 다하지만 항상 두렵고 떨린다. 단순히 정보를 읽고 전달하는 강의라면 상관없다. 그러나 하나님의 말씀을 전하는 설교는 하나님이 임하시고 일하셔야 하므로 그분이 나와 함께하시기를 간절히 소망하고 열망한다. 성령의 임재를 두려움으로 간청하고 은혜를 구하는 것은 20년간 목회를 이어오며 조금도 변하지 않고 지켜왔던 마음이다.

하나님이 떠나가시는 게 전혀 두렵지 않고 삶 속에 은혜가 없어도 기도하지 않는다면 당신은 하나님을 믿지 않는 것이다. 돈 몇 푼에 안절부절못하고 있다면 돈을 믿는 것이다. 인생의 가장 큰 두려움은 하나님이 떠나가시는 것이 되어야 한다. 하나님이 떠나갈까 봐 안절부절못하고 마음 아프고 힘들어하는 것이 하나님 손에 붙들려서 하나님 편이 되어 살아가는 사람들의 모습이다.

오늘 하나님이 내게 주시는 말씀에 성실하게 순종하라

내가 또 너희가 수고하지 아니한 땅과 너희가 건설하지 아니한 성읍들을 너희에게 주었더니 너희가 그 가운데에 거주하며 너희는 또 너희가 심지 아니한 포도원과 감람원의 열매를 먹는다 하셨느니라 그러므로 이제는 여호와를 경외하며 온전함과 진실함으로 그를 섬기라 너희의 조상들이 강 저쪽과 애굽에서 섬기던 신들을 치워 버리고 여호와만 섬기라

수 24:13,14

이 말씀을 읽으면 눈물이 많이 난다. 교회를 개척할 때 하나님께서 내게 주신 말씀이다. 전쟁에 나가서 내가 싸운 것 같지만 하나님의 은혜였다. 내가 심지도 않은 과실을 먹고 내 손으로 짓지 않은 성을 갖고 내가 파지도 않은 우물물을 먹으며 기뻐할 수 있었던 것은 노력과 쟁취가 아니라 하나님의 선물이었다. 하나님께서 사랑과 긍휼로 나와 함께해주셨기 때문에 내가 존재할 수 있었다.

오늘 하나님 편에 선다면 무조건 승리한다. 나의 약함과 초라함 때문에 절망하지 말라. 내 약함은 하나님 역사의 시작일 수 있기 때문이다. 하나님은 나의 약함과 초라함 때문에 나를 버리시는 분이 아니다. 오히려 약함 때문에 나를 붙들어주시고 나를 떠나지 않으시고 나를 선택하여 존귀하게 높이시며 사용하실 것이다.

그러므로 겸손히 하나님을 의지하라. 하나님의 긍휼을 얻고 기적을 맛본 자들의 공통점은 교만을 버리고 그분께 낮은 자의 모습으로 나아온 것이었다. 우리의 모든 승리와 성공과 소망은 그분께 있다.

얼마 전, 살면서 성격은 변해도 기질과 성품은 어쩔 수 없이 내 안에 남아 있는 걸 보게 됐다. 자식을 유학 보내게 되자 생각이 많아졌다. 최대한 불확실성을 제거하고 안전하게 보내주고 싶은 마음에 옛날 버릇이 나와서 얼마나 기민하게 준비하고 계획했는지 모른다.

그런데 여호수아서를 묵상하면서 정신이 번쩍 들었다. 그래서 아이가 떠나는 날, 새벽까지 집회하고 집에 와서 공항 가기 전에 함께 무릎 꿇고 기도드렸다. "하나님, 저의 인간적이고 하찮은 계획과 바람과 소망을 다 내려놓겠습니다. 이 아들 가운데 마음껏 역사해주세요. 그저 아들과 함께해주세요"라고.

아브라함은 하나님께서 그의 편이 되어주셔서 어디로 가든지 복을 받았다. 축복을 너무 많이 받아서 조카 롯과 함께 사는 게 불가능해져 헤어질 때도 그는 롯에게 먼저 선택권을 준다. 하나님이 나와 함께하시니 나는 어디로 가든 상관없다는 것이다.

롯은 성공할 가능성이 큰 조건과 배경을 선택했다. 그러나 그가 택한 소돔과 고모라는 물이 풍족하고 좋은 환경이지만 딱 하나, 하나님이 안 계신 땅이었다. 결국 그곳은 망하게 된다.

우리는 선택의 기로에서 어느 편을 선택할 것인가? 소돔과 고모라, 말과 병거인가, 아니면 하나님 한 분인가? 하나님은 오늘 이 질문을 던지신다. 이것이 진리이고 승리의 비결이기 때문이다.

여호수아의 결론이 오직 나와 내 집은 여호와 하나님만 섬기겠다는 고백과 결단이었듯 나도 그렇게 살아갈 것이며 우리 모두 나와 내 집과 교회가 오직 하나님만을 섬기겠다고 고백하길 소망한다.

14

•••

아깝게 지지 말고
어렵게라도 이겨라

삼하 6:8-12 여호와께서 웃사를 치시므로 다윗이 분하여 그 곳을 베레스웃사라 부르니 그 이름이 오늘까지 이르니라 다윗이 그 날에 여호와를 두려워하여 이르되 여호와의 궤가 어찌 내게로 오리요 하고 다윗이 여호와의 궤를 옮겨 다 윗 성 자기에게로 메어 가기를 즐겨하지 아니하고 가드 사람 오벧에돔의 집으로 메어 간지라 여호와의 궤가 가드 사람 오벧에돔의 집에 석 달을 있었는데 여호와께서 오벧에돔과 그의 온 집에 복을 주시니라 어떤 사람이 다윗 왕에게 아뢰어 이르되 여호와께서 하나님의 궤로 말미암아 오벧에돔의 집과 그의 모 든 소유에 복을 주셨다 한지라 다윗이 가서 하나님의 궤를 기쁨으로 메고 오 벧에돔의 집에서 다윗 성으로 올라갈새

석패를 신승으로 돌리는 작은 차이

하나님의 임재와 언약을 상징하는 법궤가 사무엘상 4장에서 블레셋에 빼앗겼다가 벤세메스로 돌아온 후 기럇여아림에 있는 아비나답의 집으로 옮겨져(삼상 7장) 오늘 사무엘하 6장까지 무려 70년의 세월을 백성들의 무관심 속에 방치되어 있었다.

그것을 마땅하지 않다 여긴 다윗은 지극히 선하고 순수한 동기로 법궤를 나라의 수도이자 영적 심장부인 예루살렘으로 옮겨오려 한다. 그리고 자기 나름대로는 최선을 다해 3만 명의 무리를 모으고 법궤를 새 수레에 싣고 각종 악기로 여호와를 찬양하며 행진한다.

그런데 나곤의 타작마당에 이르렀을 때 사달이 났다. 갑자기 소가 날뛰어 수레가 덜컹거리며 귀한 하나님의 법궤가 떨어지려 했다. 수레를 몰던 웃사가 손을 내밀어 붙잡았는데 그러자 진노하신 하나님이 웃사를 치셔서 그가 즉사하고 만다. 난리가 났을 것이다.

선한 동기로 하나님을 위해 열심히 최선을 다할 때 다가온 낭패에 다윗은 "분하여"(8절) 그곳을 '베레스웃사'(웃사를 치셨다는 뜻)라 부른다. '내가 하나님을 위해 일하려 했는데 어떻게 이런 일이 벌어질 수 있는가' 하여 분개했다. 이 분노는 두려움이 되어 그는 법궤 옮겨오기를 포기하고 가드 사람 오벧에돔의 집으로 메어 가게 한다.

그런데 석 달 후, 다윗은 자신에게 분노와 두려움이던 법궤가 오벧에돔의 집에 있는 동안 축복과 형통의 통로가 되어 그 집에 큰 복이 임했다는 것을 알게 된다. 그는 회개하고 가서 전심으로 하나님을 찬양하고 예배하며 다시 궤를 옮겨 온다.

초상집과 같던 다윗의 일생에 다시 회복과 부흥과 축복이 시작되는 장면이다. 사무엘하 6장 1절부터 15절까지 정말 온탕과 냉탕, 아니 지옥과 천국을 오가는 다윗의 모습을 본다.

신승(辛勝)은 힘겹게 겨우 이겼다, 간신히 승리했다는 것이고, 석패(惜敗)는 아깝게 지고 애석하게 실패했다는 뜻이다. 우리 인생에서 100:0과 같은 완전한 승패는 드물다. 이긴 사람은 아슬아슬하게 겨우 이기고, 지는 사람도 놀고먹다가 완패를 당하기보다는 작은 차이로 아주 아쉽고 애석하게 지는 경우가 많다.

나는 가장 짜증 나고 듣기 싫은 말이 '졌잘싸'(졌지만 잘 싸웠다)다. 그래봤자 패한 것이다. 역사는 돌이킬 수 없다. 잘 싸우고 이기는 자가 돼야지 최선을 다하고 열심히 싸웠는데 지는 인생이 되면 되겠는가? 신승과 석패의 갈림길에서 맨날 아쉽게 지고 애석하게 패하는 자리가 아니라 어렵게라도 반드시 이기는 자리에 있어야 할 것이다.

다윗은 오랫동안 방치되어 있던 하나님의 궤를 예루살렘으로 옮겨 오려다 실패를 경험했다. 그러나 얼마 후 자신의 실수를 깨닫고 이를 고쳐 무사히 궤를 옮겨 올 수 있었다.

이 실패의 원인은 크고 대단한 게 아니었다. 다윗은 그 작은 하나를 고쳐서 석패를 신승으로 돌렸다. 승패를 가른 그 작은 차이는 무엇이며 그것을 어떻게 극복했을까?

다윗이 실패한 작은 이유들

우리 인생의 모습도 이러하다. 어떤 사람에게는 엄청난 축복과 은혜가 잔칫집처럼 임하기도 하고, 어떤 사람에게는 작은 실수 하나가 아쉬운 패배로 이어져 초상집같이 가라앉게 만들기도 한다.

우리 인생이 달라지는 것은 엄청난 데 있지 않다. 작은 것 하나로 신승과 석패가 갈린다. 단 하루 차이로 평생 분루를 삼킬 수도 있다. 단 1점 차이로 메달 색깔이 바뀌고 단 3표 차이로 선거의 당락이 갈린다. 5초, 10초가 내 인생을 뒤바꿀 수 있다.

내 좌우명은 "후회할 10초를 만들지 말자"다. 10초가 내 인생 전반을 결정짓기도 하기 때문이다. 당신의 인생을 한 번 돌이켜보라. 되돌릴 수만 있다면 되돌리고 싶은 10초가 있는가? 내 인생을 뒤바꿔 놓을 수 있는 선택과 결정, 많은 것을 잃게 한 것은 없는가?

아담과 하와에게 선악과에 손댄 것 하나는 별것 아니었을지 몰라도, 그 선악과 하나가 오늘까지도 온 인류에게 죄와 저주를 퍼뜨리는 시작점이 되었다.

이렇듯 작은 선택과 결정, 실수 하나가 나와 내 가정, 내 후손들의 삶에까지 영향을 끼칠 수 있음을 기억하여 그런 실수를 범하지 않도록 주의하자. 놓치고 있는 실수는 없는지 점검하고, 답이라고 확신했던 것도 말씀으로 비춰보며 다시 한번 꼼꼼히 검산하자.

'베레스웃사'라는 비극의 단초는 다윗에게 있었다. 경사스럽고 행복하기만 했던 그날, 잔칫집 같은 아름다운 추억이 될 수 있었던 그 시간을 초상집 아수라장으로 만든 사건의 원인은 무엇인가? 다윗이 놓쳤던 작은 실수를 알아보자.

규례를 지키지 않았다

진영을 떠날 때에 아론과 그의 아들들이 성소와 성소의 모든 기구 덮는 일을 마치거든 고핫 자손이 와서 멜 것이니라 그러나 성물은 만지지 말라 그들이 죽으리라 회막 물건 중에서 이것들은 고핫 자손이 멜 것이며 민 4:15

다윗은 법궤를 수레에 옮기는 실수를 저질렀다. 민수기 4장 1-20절을 보면, 성소의 모든 기구가 그렇듯 하나님의 법궤는 고리에 채(장대)를 꿰어 고핫 자손의 어깨에 메어 나르고, 만지지 않는 것이 원칙이었다. 이것을 위반한 다윗의 실수 하나가 하나님과 아름다운 추억을 쌓고 복되었을 행진을 엉망이 되게 했고, 하나님이 진노하고 떠나가시는 실패의 자리로 만든 원인이 되었다.

오래 방치되었던 궤를 예루살렘으로 옮겨 오려고 한 다윗의 선한 동기와 마음은 정말 중요하고 좋은 것이었다. 그러면 하나님의 뜻과 말씀대로 해야 했다. 하나님께서 말씀하신 그대로 순종했어야 했다. 메라고 하시면 메고, 손대지 말라고 하시면 손대지 말았어야 했다.

웃사에게도 잘못이 있다. 언약궤에 관한 중요한 규정 중 하나는 '만지지 말라'라는 것이다. 만지면 죽으리라고 했다. 하나님은 웃사가 만진 것에 진노하셨다.

하나님의 궤가 굴러떨어지게 그냥 놔두라는 거냐고 물을지 모른다. 답은 모르겠다. 하지만 그게 옳을 수도 있다. 내 생각으로는 이해되지 않아도 하나님께서 가만히 있으라 하시면 순종해야 한다. 망하고 실패하는 것 같아도 하나님 말씀이라면 그렇게 두어야 한다. 하나님의 뜻이라면 교회라도, 무엇이라도 문을 닫게 두어야 할 수도 있다.

자기 열심이 하나님보다 앞섰다

다윗과 웃사 모두 하나님이 아니라 자신이 더 앞서 하나님의 거룩을 훼손한 것이다. 열심과 열정이 무조건 승리를 가져다주지 않고, 하나님의 기쁨이 될 수 없다.

내 열심과 의로움을 믿고 내 방식이 무조건 옳다고 생각하고 하나님을 앞지르는 인생들이 있다. 하나님의 뜻마저도 앞지르고 자기 뜻대로 감정대로 고집대로 일하려는 무질서함이 있다.

다윗은 자기 나름대로 최선을 다했다. 수레도 새 수레를 만들었다. 나름대로는 매우 애쓴 것이다. 하나님을 위하는 열심이 있었다. 그러나 자기 열정에 취해, 자기중심적으로 생각해서 '이렇게 하는 것이 좋을 것이다'라는 자기 판단이 들어가 버렸다. 이것은 하나님의 뜻이 아니라 자기중심적으로 해석하고 판단한 것으로, '하나님 중심의 믿음'이 아니라 '자기중심의 믿음'이 될 수 있는 위험한 일이다.

사울이 왜 망했는가? 이것 때문이다. 일하지 않아서, 전쟁에 나가지 않아서, 순종하지 않아서 망한 것이 아니다. 7일 정도 기다렸는데 전쟁에 제사 없이 나갈 수 없으니 나라도 제사를 드리자 하고 하나님의 영역에 손을 댔다.

또한 하나님께서 아말렉과의 전쟁 가운데 진멸하라 하셨으면 모두 진멸했어야 했는데 그 말씀대로 하지 않고 스스로가 판단하기에 더 합리적인 것, 하나님께 더 유익되고 영광이라는 자기 판단과 자기중심적 신앙으로 생각하고 행했다.

굉장히 위험하다. 이러려면 차라리 일하지 않는 것이 낫다. 그럴 때 반드시 맞닥뜨리는 결과는 석패다. 열심히 일하고 충성하고 헌신했는데 결국은 석패다. 정말 이상하게 아깝게 지기만 한다.

일은 열심히 잘하는데 가만히 있지를 못하는 사람들이 있다. 꼭 자기가 원하는 대로 해야 하고, 자기감정을 표출해야 하는 사람이 있다. 열심히 신앙생활하고, 열정적으로 일하는데 자기중심적으로 생각하고 하나님 마음보다 앞서는 자들이 있다면 빨리 정신 차리고 내 생각과 고집, 판단을 내려놓기를 바란다.

문제의 원인을 찾지 않고 피했다

궤를 예루살렘에 옮기는 일은 다윗의 신앙 여정에 큰 축복과 승리가 될 수 있었으나, 원칙을 어기고 불순종하는 작은 실수 때문에 실패와 어둠의 그림자가 드리웠다. 그러나 그가 돌이켜 그 명령에 순종하여 궤를 어깨에 메고 왕국으로 들일 때 축제와 부흥이 시작되고 큰 기쁨이 임했다.

그런데 그 돌이키기 전에 다윗의 실수가 한 가지 더 있다. 그는 도망칠 것이 아니라 문제의 핵심을 직시하고 판단했어야 했다. 하다가 말고 하나님의 일을 저버렸기에 지금 당장은 실패다.

석패 인생에서 신승으로 우리를 이끌 전환점, 승리의 발판은 바로 문제의 원인과 본질을 제대로 파악하는 것이다. 실패와 패배의 원인, 문제의 진짜 본질이 무엇인지를 빨리 깨닫고 파악한 사람은 한시라도 빨리 거기서 돌이켜 승리의 길로 옮겨 갈 수 있기 때문이다.

웃사의 죽음으로 당혹스럽고 두려웠겠지만, 다윗은 분노하며 법궤를 포기하고 떠날 것이 아니라 무엇이 문제였는지 원인을 살피고 알아봐야 했다. 그냥 눈앞의 현실에만 반응하여 분노하고 하나님을 두려워할 것이 아니라, 수치스럽더라도 실패를 직면하여 문제의 본질을 찾아야 한다.

바둑 기사들은 한 번 두고 난 바둑의 판국을 비평하기 위해 그 대국에서 두었던 대로 처음부터 다시 놓아보는 '복기'(復棋)라는 것을 한다. 이창호 9단은 "승리한 대국의 복기는 '이기는 습관'을 만들어주고 패배한 대국의 복기는 '이기는 준비'를 만들어준다"라고 말했다.

당신이 겪었던 안타까운 실패들을 복기해보았는가? 지금 겪고 있는 문제의 본질이 무엇인지 아는가? 그것을 깨달아야 한다. 그래야 같은 실수를 반복하지 않으며, 그 실패 현장을 신승으로 회복하여 이기는 자리로 만들 수 있다.

왜 같은 문제가 반복되는지 이유를 알지 못하면 대를 이어 석패의 인생이 된다. 팽팽 놀고 일을 안 해서 복을 못 받으면 괜찮은데 꼭 열심히 일하고 헌신하고 잘 싸워놓고 지면 너무 안타까운 일이다. 더는 당신의 인생이 안타깝게 석패하지 않기를 바란다. 문제의 원인을 잘 파악하여 회복하는 인생, 반전의 주인공이 되길 바란다.

마음의 거룩함이 먼저다

참된 거룩은 행위 안에 있는 것이 아니다. 마음의 거룩함이 선행되어야 한다. 내 마음에 거룩함과 순결함이 없고, 절대적인 순종이 없으면 항상 자기가 앞서게 되고, 그래서 베레스웃사의 자리가 나의 자리가 될 수 있다.

사무엘상 4장에서 이스라엘 장로들은 전장에 하나님의 언약궤를 가지고 나가면 승리한다고 생각했다. 법궤를 이용하고자 했던 불충함이 있었다. 사실 법궤 자체가 축복이 아니었다. 그 법궤를 대하는 우리의 마음의 진정과 순결, 거룩이 복이다. 그런데 그들은 법궤를 이용하고 싶었다. 하나님의 능력만 취하고 싶었던 것이다.

당연히 블레셋 사람들에게 법궤를 빼앗기고 그 궤가 다곤 신전에 전리품으로 놓이는 끔찍한 일이 일어났다. 그러나 하나님께서 징계하셔서 다곤 신상을 거꾸러뜨리고 블레셋 성읍을 독한 종기로 치시니 그들이 벌벌 떨다가 법궤를 벧세메스로 보냈는데 돌아온 법궤를 들여다보다가 수많은 벧세메스 사람들이 죽었다.

법궤가 그런 아픈 추억이면서 두려운 존재로서 기럇여아림에 있는 아비나답의 집에서 70년을 있었는데 베레스웃사의 사건까지 일어나니 다윗은 법궤가 저주의 상징처럼 보여 더욱 두려웠을 것이다.

그 난리 후에 오벧에돔의 집으로 법궤를 메어 갔는데 그 집과 그의 모든 소유에 하나님의 복이 내렸다. 법궤는 승리를 좌우하는 축복의 도구가 아니다. 행위가 거룩해 보여도 내 마음에 거룩이 없으면 사무엘상 4, 5장처럼 치욕스러운 패배의 도구와 통로가 될 수 있으나, 오벧에돔처럼 마음의 정결함과 순결함, 거룩함이 있으면 그 두려운 법궤가 축복과 은혜의 통로가 된다.

그것을 본 다윗은 법궤가 있고 없음이 축복과 저주를 나누는 게 아니라는 것을 알게 되었다. '아 하나님의 법궤가 문제가 아니라 말씀을 대하는 내 태도가 문제였구나.' 거룩한 행실과 행위의 모습으로 보여지는 것도 중요하지만 마음의 거룩함이 더 중요하다는 것을 깨닫자 다윗이 변하기 시작했다. 말씀에 순종해 규례를 지켰다.

여호와의 궤를 멘 사람들이 여섯 걸음을 가매 다윗이 소와 살진 송아지로 제사를 드리고 다윗이 여호와 앞에서 힘을 다하여 춤을 추는데 그 때에 다윗이 베 에봇을 입었더라 다윗과 온 이스라엘 족속이 즐거이 환호하며 나팔을 불고 여호와의 궤를 메어 오니라 삼하 6:13-15

이러니까 승리가 임한다. 정말 큰일 날 뻔했는데, 정말 질 것 같았는데 이긴다. 이런 인생이 돼야 한다. 우리는 결국 신승을 추구하는 인생일 수밖에 없다.

우리는 온전하지 못하고 아둔하고 미련해서 이런 실수를 계속 범할 수밖에 없지만 문제의 본질을 깨닫고 다시 마음의 거룩과 순결을 되찾아 하나님 앞에 겸손히 엎드려 회복하는 승리의 인생이 돼야 한다. 이것이 우리가 꿈꾸어야 할 바다. 하나님이 결국 손들어주실 기가 막힌 역전승의 주인공이 바로 나와 당신이 될 줄 믿는다.

온전한 순종

이스라엘 백성들이 매일 한 바퀴씩 성을 돌고 7일째 되는 날 일곱 바퀴를 돌자 여리고 성이 무너졌다. 성은 그들의 발걸음과 진동 때문에 무너진 것인가? 그들이 하나님 말씀에 순종했기 때문이었다.

순종이 대단한 것이다. 순종하지 않고 형식만 따라 한다면 다윗의 새 수레와 다를 것이 없다. 내 나름대로는 최선을 다한다. 그러나 결국에는 지고 은혜가 떠나간다.

가나의 혼인 잔치에서 물이 포도주로 변한 것이 합리적인가? 아마우리의 합리적인 생각이 앞섰다면 포도주라도 부어야 했을 것이다. 그러나 육신의 어머니 마리아가 한 말은 "너희에게 무슨 말씀을 하시든지 그대로 하라"(요 2:5)였다. 이것이 핵심이다. 시키는 그대로 해야 한다. 그런데 우리가 이것을 못 한다.

결국 보면 아무것도 아니다. 그냥 메면 되고, 그냥 부으면 되고, 그냥 돌면 되는 건데, 돌다가 꼭 누군가가 입을 벌리고 "이래선 안 되겠다, 우리는 너무 능동적이지 못했다" 이러면서 여섯 바퀴 반 돌다가 만다, 물도 채우다 만다. 이러니 문제다.

하나님은 어떤 부분적인 것이 아니라 전폭적이고 완벽한 순종을 원하신다. 내 감정, 판단, 고집, 교만의 결정물인 선택과 판단으로 밀어붙이지 말고 하나님 말씀에 그대로 순종해야 승리는 내 것이 된다. 그렇지 않으면 지금까지의 모든 수고와 헌신, 신앙 활동과 열정적 헌신들이 모두 허사로 돌아가고 축제의 현장은 지옥이 된다.

지옥이 별것인가? 하나님나라, 천국이 무엇인가? 하나님 통치가 임하는 곳이다. 그러므로 하나님의 통치가 임하지 않고 그분과의 관계가 단절되면 그곳이 지옥이다. 영원한 저주와 심판의 지옥도 있지만, 하나님이 더 이상 나의 왕이 아니고 내가 내 왕이 되면 하나님 영광이 떠나가고 내 삶 속에서도 지옥을 겪는다.

그것이 바벨탑이다. 나는 절대 선악과에 손대지 않을 것 같지만, 그게 바로 선악과다. 내가 주인 되고 왕이 되려는 무모한 모험, 그 행동이 다 불순종이고, 선악과요 바벨탑의 범죄다. 오늘도 우리는 수많은 바벨탑을 쌓아간다. 내 고집과 판단과 감정과 선택으로 이것이 옳다, 합리적이다 하며 이것을 드러내지 않고는 참지 못한다.

그러나 하나님 말씀이 무조건 옳다. 하나님 말씀이 무조건 승리의 길이다. 그래서 말씀 그대로의 순종이 중요하다. 사울의 실수는 자신의 판단대로 감정대로 행동한 것이다. 그러니 하나님이 떠나가셨고, 더 이상 하나님의 통치권에 미치지 않는 하나님이 버리신 지옥 같은 삶을 살다가 지옥 같은 인생의 결말을 맞이한다.

사울은 꽤 열심히 살았지만 안타깝게 진 인생이다. 세상 논리를 기반으로 자기 판단이 더 합리적일 거라고 믿으며 끝까지 자기중심적 사고로 살아가다가 석패하는 안타까운 인생이 되었다.

솔직히 말하면 다윗의 죄가 좀 더 악랄해 보이지 않는가? 더 심해 보인다. 어떻게 보면 사울에게 조금 더 동정이 가기도 한다. 그런데 하나님은 늘 다윗의 손을 들어주신다. 그는 이 작은 차이를 극복하고, 문제의 본질을 알아 그때마다 회복했기 때문이다.

하나님의 말씀을 진리로 믿을 때 일어나는 일

전 세계적으로 우수한 석유회사 스탠더드 오일(Standard Oil)은 미국에 본사가 있지만 이집트에서 기름을 퍼내고 있는데 여기에는 잘 알려지지 않은 비하인드 스토리가 있다. 이 미국 회사가 이집트에서 석유를 뽑게 된 이유가 성경 때문이었다.

이 회사의 중역 가운데 신실한 기독교인이 있었다. 그는 매일 하나님의 말씀을 읽었는데, 어느 날 출애굽기 2장의 모세 이야기를 읽는데 이 부분에서 한 단어가 머릿속에 번갯불처럼 지나갔다.

> 레위 가족 중 한 사람이 가서 레위 여자에게 장가 들어 그 여자가 임신하여 아들을 낳으니 그가 잘 생긴 것을 보고 석 달 동안 그를 숨겼으나 더 숨길 수 없게 되매 그를 위하여 갈대 상자를 가져다가 역청과 나무 진을 칠하고 아기를 거기 담아 나일 강 가 갈대 사이에 두고
>
> 출 2:1-3

'역청!' 역청은 석유에서 얻는 끈적끈적한 물질인데 방수재로 쓰인다. 그는 다시 성경을 읽으며 평범한 여인인 모세의 어머니가 역청을 쉽게 구하여 갈대 상자에 바를 수 있었다면 그곳에 석유가 날 것이라는 생

각에 이르렀다. 그래서 찰스 횟샤트라는 지질학자를 이집트로 보내 현지 조사를 하게 했고, 결국 그곳에서 거대 유전을 발견하여 회사는 큰 부와 명성을 거머쥐며 미국 최고의 대기업이 되었다.

어떻게 이러한 일이 가능했을까? 스탠더드 오일의 창업주는 우리가 잘 아는 신앙의 사람 록펠러인데, 또한 루이스 헨리 세브란스라는 초기 공동 창업자가 있었다. 매우 익숙한 이름이지 않은가? 바로 병원 건축기금의 기부로 세브란스 병원이 설립되게 한 사람이다.

공동 창업자였던 그들은 믿음의 신실한 사람들로, 성경을 하나님의 말씀이요 진리로 믿었기 때문에 이 모든 일이 가능했던 것이다.

하나님의 말씀은 무조건 옳다. 성경은 신뢰할 수 없는 세상의 전설, 신화가 아니다. 실재하는 진실이고 약속이다. 이것만큼은 꼭 기억하자. 하나님의 말씀에 내 생명과 내 인생이 걸렸으며 이 말씀에 내 자녀들의 운명이 걸렸다는 것을. 이 말씀을 무시하면 절대로 하나님의 은혜와 역사와 영광이 임하지 않는다.

존 비비어는 그의 책 《순종》(Under Cover)에서 사울의 석패를 안타까워한다. 사울은 참 열심히 살았지만 거의 다 순종해 놓고 마지막 한 부분을 실패하여 석패한 인생이라 보았다. 그러면서 결론처럼 단호히 건네는 말이 진리다.

"99.9퍼센트의 순종은 실은 순종이 아니다."

우리는 꽤 많이 순종했다고 안타까워한다. 거의 다 순종했다고 주장한다. 하지만 99퍼센트, 99.99퍼센트라 해도 실은 순종이 아니라는 말이다. 1퍼센트, 0.1퍼센트의 내 고집, 내 감정, 내 판단, 내 자아와 결정을 내려놓고 진정한 승리, 진정한 순종의 자리로 나아가야 한다. 피하지 말고, 또는 근거 없는 낙관주의로 일관하지 말고 지독할 정도로 현실을 직시하라.

긍정적이되 냉철한 현실 직시

미 해군의 제임스 스톡데일은 베트남 전쟁 당시 1965년부터 8년간 하노이 힐턴 전쟁포로수용소에 갇혔던 미군 중 최고위 신분의 전쟁포로였다. 그는 모진 고문으로 한쪽 다리를 절게 되었을 만큼 참혹했던 포로 생활을 견디고 살아남아 결국 석방되었고, 미 해군 사상 최초로 조종사 기장과 의회 명예훈장을 함께 단 3성 장군이 되었다.

많은 사람이 그가 어떻게 포로수용소 생활에서도 흔들리지 않고 리더십을 발휘하며 많은 미군 포로들과 함께 조국과 가정으로 돌아올 수 있었는지 궁금해한다.

그가 그 참혹한 현실을 이겨낼 수 있었던 것은 긍정적인 사고뿐만 아니라 현실에 대한 냉정한 직시와 판단을 할 줄 알았던 현실주의자 중의 현실주의자였기 때문이다. 그는 '긍정적이되 냉철하게 현실을 직시하는 눈'을 소유했다.

참담한 포로수용소 생활을 견뎌내지 못하고 가장 먼저 죽어간 자들은 아이러니하게도 대책 없는 긍정주의자, 근거 없는 낙관론자였다. '이번 성탄절까지는 이 지옥 같은 수용소에서 나갈 수 있을 거야'라고 믿었다가 그 시기가 지나면 다시 '부활절에는 나갈 수 있을 거야'라고 믿고, 이도 안 되면 다시 '추수감사절에는…' 하고 잔뜩 기대만 가졌던 긍정주의자들은 결국 상심하다가 제풀에 쓰러져 죽고 말았다는 것이다.

스톡데일 장군의 경험담을 토대로 만든 말이 '스톡데일 패러독스'(스톡데일의 역설)다. 이 말은 '낙관주의자처럼 보이는 현실주의자'를 일컫는 말로 유명하게 되었다.

잘될 것이라는 소망을 품는 것은 당연히 필요하지만 그것만으로는 안 된다. 낙관적이고 긍정적인 믿음과 소망을 잃지 않되 당장의 어려운 참혹한 현실, 그리고 희박한 가능성을 냉철히 인식하는 것, 그리고 그것을 인정하고 돌파하려는 현실주의자의 마음가짐이 무엇보다도 중요하다.

오늘 절망적인 상황과 실패 중에 있는가? 다윗처럼 열심히 일한 것 같은데 찾아온 베레스웃사에 분노하며 오히려 하나님의 일을 하기가 두려워져 포기하고 주저앉아 있는가?

그런 상황을 이겨낼 힘은 낙관적이고 긍정적인 믿음을 잃지 않으면서 동시에 눈앞에 닥친 현실 속에서 냉혹한 사실을 냉정하게 직시하는 현실주의 노선이다.

나는 우리가 "졌지만 잘 싸웠어", "정말 안타깝게 졌어. 괜찮아"라고 위로하며 실패를 받아들이는 대신, 어떻게든, 때로는 꾸역꾸역 너덜너덜해져서라도 아슬아슬하게라도 이기는 자리에 서길 바란다.

무조건 '시간이 지나면 잘될 거야', '언젠가는 다 회복할 거야'라는 근거 없는 자신감을 믿음이라 착각하지 말라. 왜 이런 실패가 자꾸 반복되는지, 왜 이런 안타까운 석패가 내 삶 속에 이어지는지 문제를 회피하지 말고 문제의 본질을 간파해서 다시 하나님께서 기회를 주실 때 회복할 뿐더러, 다시는 그 축복을 빼앗기지 말라.

15

◆◆◆

승리를 부르는
작은 차이

삼하 6:11-15 여호와의 궤가 가드 사람 오벧에돔의 집에 석 달을 있었는데 여호
와께서 오벧에돔과 그의 온 집에 복을 주시니라 어떤 사람이 다윗 왕에게 아
뢰어 이르되 여호와께서 하나님의 궤로 말미암아 오벧에돔의 집과 그의 모든
소유에 복을 주셨다 한지라 다윗이 가서 하나님의 궤를 기쁨으로 메고 오벧에
돔의 집에서 다윗 성으로 올라갈새 여호와의 궤를 멘 사람들이 여섯 걸음을
가매 다윗이 소와 살진 송아지로 제사를 드리고 다윗이 여호와 앞에서 힘을
다하여 춤을 추는데 그 때에 다윗이 베 에봇을 입었더라 다윗과 온 이스라엘
족속이 즐거이 환호하며 나팔을 불고 여호와의 궤를 메어오니라

힘겨운 승리가 주는 더 큰 감동

제16대 국회의원 선거에서 있었던 일이다. 한 후보가 다른 당 후보에게 단 3표 차이로 져서 국회의원 배지 대신 그의 성(姓)을 딴 '문세(3)표'라는 별명을 얻게 되었다.

너무나 아쉬웠던 그는 법원에 당선 무효 소송을 냈는데 재검표 결과 오히려 한 표가 더 줄어 2표 차이로 지게 되었다. 그 바람에 별명만 '문두(2)표'로 바뀌었을 뿐 당락을 뒤집을 수는 없었다.

지는 것은 어차피 속상하지만, 뒤집을 수 없는 몇천 표, 몇만 표 차이로 졌으면 아쉽지나 않을 텐데 단 몇 표 차로 아깝게 패배한 그의 마음은 얼마나 속상하고 억울할까. 또 반면에 그 몇 표 차로 간신히 승리한 상대 후보는 얼마나 기뻤을까.

제20대 대선에서도 1,2위 후보의 득표율은 48.56퍼센트와 47.83퍼센트였다. 단 0.7퍼센트의 차이로 당락이 갈린 것이다. 이들의 마음도 그랬을 것이다. 압승도 기쁘지만 아슬아슬하게 이긴 신승은 더욱 기쁘고 감동적이며, 완패도 속상하지만 아깝게 진 석패는 평생 아쉽고 '조금만 더 했더라면…'이라는 후회가 가슴에 깊이 남게 된다.

운동 경기를 봐도 그렇다. 나는 2002년도 월드컵에서 우리 팀의 한 경기 한 경기가 다 마음에 남고 감동적이었다. 그때는 너끈히 이긴 것이 아니라 정말 매 경기가 아슬아슬하게, 꾸역꾸역, 간신히 이겼다는 표현이 맞다. 그래도 이긴 것이다. 그리고 그 승리 하나 하나가 엄청난 감동으로 남았다. 신승에는 화끈한 압승보다 오히려 더 큰 희열과 감동이 있다.

우리 인생도 그렇다. 우리 인생에 완벽하고 압도적인 승리는 그렇게 많지 않다. 승리는 언제나 간발의 차이며, 깻잎 한 장 차이로 결판난다. 그 작은 차이가 승리의 개가와 환호를 부르게 하기도 하고, 땅을 치며 쓰디쓴 분루(憤淚)를 삼키게 한다.

앞 장에 이어 '베레스웃사'의 석패와 그것이 기쁨의 신승으로 회복된 과정을 살펴보고 있다. 앞 장까지는 아직 실패다. 법궤를 예루살렘 중심부로 모셔오고자 하는 선한 동기에서 출발한 다윗의 법궤 이송 작전은 완전히 실패로 돌아가고 절망적인 순간이 되었다.

그러나 이제 다윗은 춤추며 하나님의 영광과 은혜 가운데 있다. 무엇이 달라졌는가. 전에는 3만 명을 동원했는데 이번에는 6만 명을 동원한 게 아니다. 지난번보다 더 많은 악기로 더 큰 오케스트라를 구성한 것이 아니다. 법궤에 손대지 말고 수레 끌지 말고 무조건 어깨에 메라는 말씀에 순종하여 궤를 메고 옮긴 것뿐이다.

그 실패와 성공의 차이는 큰 데 있지 않고, 앞서 표현한 것과 같이 '작은 차이'에 있었다. 승리를 가르고, 승리를 가져다주는 그 작은 차이! '디테일의 힘'이라는 승리의 비결과 성공의 능력을 이 장을 통해 우리가 정말 깨닫고 소유했으면 좋겠다.

그래서 결국 신승이냐 석패냐의 갈림길에서 이제 석패의 눈물을 닦고 신승의 자리, 정말 힘겹게 이겼지만 그래도 이긴 자의 자리로 회복하는 다윗과 같은 반전의 드라마가 우리 삶에 일어나기를 바란다.

작은 것을 소홀히 여기지 말라

1962년 7월 22일 발사된 미국 최초의 행성 탐사선 매리너 1호(Marine1)는 경로에서 벗어나는 오류 발생으로, 발사 293초 만에 자체 파괴 명령에 의해 자가 폭파되었다.

사후 조사 결과, 연필로 종이에 쓴 수식을 컴퓨터 소스 코드로 옮길 때 프로그래머의 실수로 '하이픈'(-) 기호 하나 쓰지 않아서 시스템 오류가 발생했다는 사실이 밝혀졌다. 이 일로 무려 8천만 달러(1,000억 원정도)의 손실을 보았으며 우주 탐사도 지체되었다.

작은 기호 하나가 이렇게 큰 손실을 낳는 일이 인생에도 일어날 수 있다. 절망적인 시간의 단초는 작은 불순종의 하이픈 하나일 수 있다. 감정의 하이픈 하나, 고집과 교만의 하이픈 하나가 내 인생과 사역을 자체 폭발시키는 어마어마한 결과로 이어질 수 있다.

〈도로남〉이라는 한 가요는 "님이라는 글자에 점 하나만 찍으면 도로 남이 되"고, "돈이라는 글자에 받침 하나 바꾸면 돌이 되어버리는" 인생사를 짚어낸다. 말도 안 되는 것 같지만 이게 바로 인생사다.

순종과 내 임의(任意). 그 작은 선택과 결정, 행동 하나로 내 미래가 엄청나게 달라질 수도 있다. 인생은 점 하나, 받침 하나, 기호 한 줄 같은 작은 디테일에 무너질 수 있고, 그 이상으로 말씀에 대한 순종 그 한 조각에 결말이 완전히 바뀔 수 있다.

다윗은 궤를 수레에 싣든 어깨에 메든 옮기면 된다고 생각했다. 오히려 새 수레에 옮기는 것이 훨씬 더 정성 있게 보이고, 훨씬 더 합리적이고 하나님께 경외함을 표현한 것 같아 보인다. 그러나 하나님의 말씀대로 어깨에 멜 때 거기서 말씀의 능력이 작동됐다.

내 생각에 작아 보이고 좀 바꿔서 해보면 더 합리적이고 나을 것 같아 내 열심으로 행하는 일들이 있다. 그러나 다윗처럼, 내 생각과 판단을 내려놓고 하나님의 말씀을 어깨에 메는 거룩한 도전이 필요하다. 더 많은 인력을 동원하고 더 준수한 악대와 더 화려한 수레를 준비하는 것이 아니라, 작은 불순종을 찾아 그 불순종을 순종으로 바꿀 때 회복과 축복, 승리와 부흥이 거짓말처럼 임하게 된다.

오늘 혹시 하나님의 말씀을 내 임의대로 수레에 싣고 있지는 않은가? 그것을 내어드리고 어깨에 메는 거룩한 순종이 일어나길 바란다. 혹시 하나님의 영토와 영역에 내 손을 대고 있지는 않은가? 하나님의 말씀이 당신의 삶에서 통치하지 못하는 영역은 어디인가? 물질의 영역이든 관계의 영역이든, 내 삶의 작은 영역까지도 다 하나님의 영토로 내어드려 하나님나라를 살아가는 기쁨을 누리길 소망한다.

아이 성의 실패를 보라. 견고하고 큰 난공불락의 여리고 성도 무너뜨린 이스라엘 백성이 작고 초라한 아이 성 하나에 패하고 무너졌다. 하나님의 말씀을 어기고 순결하게 따르지 않을 때 벌어지는 참극의 모델이 바로 아이 성이다.

작은 기호 하나, 받침 하나와 같은 작은 실수와 불순종을 가볍게 여기지 말라. 내 뜻대로 내 임의로 행한 작은 불순종들을 점검하고 깨달아, 그것을 풀어내는 다윗과 같은 지혜와 역전이 우리에게도 일어나기를 바란다.

작은 것에서 시작되는 승리

또 비유를 들어 이르시되 천국은 마치 사람이 자기 밭에 갖다 심은 겨자씨 한 알 같으니 이는 모든 씨보다 작은 것이로되 자란 후에는 풀보다 커서 나무가 되매 공중의 새들이 와서 그 가지에 깃들이느니라 또 비유로 말씀하시되 천국은 마치 여자가 가루 서 말 속에 갖다 넣어 전부 부풀게 한 누룩과 같으니라 마 13:31-33

우리의 목적지인 천국을 가리켜 예수님은 작은 겨자씨 한 알 같고 얼마 되지 않는 누룩가루 같다고 하신다. 거기서 천국을 발견하는 것이다. 이 작은 겨자씨 한 알이 자라 큰 나무가 되어 많은 새의 안식처와 보금자리가 되고, 누룩 조금이 가루 서 말을 완전히 다 부풀게 한다. 그렇듯 천국은 아주 작은 것에서 시작된다는 것이다.

그러므로 작은 것을 결코 작게 보면 안 된다. 작은 것을 결코 작게 보지 않는 것이 바로 천국을 소망하는 자들의 마음가짐이며 신앙의 태도여야 한다. 작은 것을 작게 보지 않는 지혜가 필요하다.

하나님 말씀 가운데 절대 작지 않은 것들이 있다. 작아 보이지만 작지 않은 그 말씀을 크게 보고 경외할 줄 아는 것이 지혜다. 신앙은 결국 작은 것을 결코 작게 보지 않는 지혜이며, 작은 것에서 위대함을 발견하는 능력이다.

깊은 곳에 그물 한 번 던진 것이 2천 년 기독교 역사에 길이 남을 위대한 인물을 탄생시킬 만한 대단한 일은 아니다. 그러나 의미도 가치도 알지 못하는 작은 동기 하나가 우리 인생에 위대한 하나님의 역사적 권위를 부여할 때도 있다.

작은 실수가 가장 두려운 패인이 되기도 하듯, 작은 도전과 순종이 내 삶을 회복과 부흥으로 이끄는 통로가 될 수도 있다. 승리와 성공, 축복도 꼭 그에 걸맞게 비례하는 위대한 동기나 화려한 도전에서만 나오는 것이 아니라, 때로는 사소한 동기, 작은 순종, 작은 습관 하나에서 비롯되기도 한다.

우리 세상도 그렇다. 세상에서 큰 권위를 가진 것들이 아주 작은 동기와 초라한 도전에서 시작되기도 했다.

모든 쉐프와 음식점의 영예이자 요식업계의 최고 권위인 '미슐랭 가이드'는 1900년 프랑스의 미쉐린(Michelin, 프랑스어 발음이 '미슐랭'이다) 타이어 회사가 타이어를 구매한 고객들에게 프랑스 내의 맛집을 알려주고 지도를 제공하기 위해 만든 판촉용 작은 가이드 책자로 시작했다.

세계 최고의 기록을 모아놓은 출판물 '기네스북'은 1950년대 초 기네스 맥주 양조장의 이사인 휴 비버 경이 사격 파티에서 유럽에서 가장 빠른 새에 대해 논쟁하다가 이런 특이한 기록을 제대로 모아 신뢰할 만한 기록집을 만들 생각을 함으로써 나오게 됐다.

나는 고2 때부터 화장실을 들어갔다 나올 때마다 무조건 팔굽혀펴기를 5번 했다. 아주 사소한 습관이었지만 매일 했더니 차차 늘어서 이것이 10번, 50번이 되고 100번까지 늘었다. 군대에 가니 팔굽혀펴기는 벌도 아니었고, 운동할 시간이 없으면 일부러 걸려 얼차려로 팔굽혀펴기를 운동 삼아 할 정도였다.

그런데 《습관의 디테일》(Tiny Habits : The Small Changes That Change Everything)이라는 책에서 저자 BJ 포그가 나와 같은 방식으로 한 것을 보았다. 그는 '화장실에서 나올 때마다 팔굽혀펴기를 2개씩 하고, 그것을 잊지 않고 한 것에 매우 만족하면서 자신을 칭찬해줬더니 자기 인생이 완전히 바뀌었다'라고 이야기했다.

되는 사람들은 엄청난 것에서 승리의 비결을 찾지 않는다. 작은 것을 누가 오래, 끝까지 할 수 있느냐의 문제일 뿐이다. 작은 것에 집중하는 집중력과 2개든 5개든 끊임없이 할 수 있는 능력이 일상뿐 아니라 신앙에서도 영적 능력과 힘이 될 수 있을 줄 믿는다.

디테일에는 힘이 있다

자유의 여신상은 아메리칸드림의 상징이다. 그 작품의 높이만 해도 46미터지만 그 밑의 기단까지 포함하면 키가 93미터로 거의 100미터에 육박해 밑에서 보면 훨씬 더 압도적으로 크게 보인다.

이 여신상은 1886년, 미국의 독립기념 100주년을 기념해서 프랑스가 미국에 선물한 것이다. 프랑스의 조각가 프레데리크 오귀스트 바르톨디가 설계하고 구상부터 시공까지 모두 담당했다.

그는 여신상의 모든 부품을 조립식으로 만들었고, 프랑스 프리깃함 이세르(Isere) 호가 상자 200개에 포장한 이들 부품을 뉴욕까지 싣고 와 하적했으며, 이 부품들은 하적 후 현장에서 바로 조립되었다.

놀랍게도 자유의 여신상은 머리 꼭대기의 머릿결까지 너무 섬세하게 조각되어 그 디테일에 감탄하고 감동할 정도였다. 당시는 비행기도 없던 시절이 아닌가. 그 100미터짜리 동상의 높은 꼭대기, 정수리 부분을 누가 본다고 머릿결까지 섬세하게 조각할 수 있겠는가. 이것이 바로 디테일의 힘이요 감동이다.

명품은 엄청난 차이에서만 나오는 것이 아니다. 작은 디테일이 작품을 만들고 명품을 만든다. 진품과 가품 지갑이 일견 똑같이 생겼어도 지퍼 끝, 그 실오라기 하나와 같은 작은 차이 하나가 명품을 만들고 증명하는 작은 단서가 된다. 작은 디테일의 능력 하나가 제품과 작품을 가르고, 그 세심함 하나가 상품과 명품을 나눈다. 누가 보든 보지 않든 정성을 다하고 당신의 그 일이 명품이 되게 하라.

디테일이 문제이고 능력이다. 작은 디테일에 넘어지기도 하지만 그것이 성도의 능력이 되기도 한다. 대충 지나갔던 사소한 순간이 되돌리고 싶은 후회의 시점이 되어 평생 땅을 치게 할 수도 있고, 내 인생을 작품같이 빚는 역사가 일어나게 할 수도 있다.

그러니 문제가 생길 때 비관적, 감정적으로 대하여 도망치고 외면하려 하지 말라. 회개하고 돌이켜 작은 것 하나하나 회복해야 진정한 승리를 맛볼 수 있다. 그러기 위해 하나님께 나아가 친밀히 교제하는 가운데 삶의 디테일한 부분까지 그분이 만지고 고치시게 해야 한다.

내가 선물 받아 참 아껴 입는 정장이 있는데 어느 날부터인가 이 바지의 지퍼에 이상이 생겼다. 서 있을 때는 괜찮은데 앉기만 하면 벌어져서 민망해지는 것이다. 다려도 보고 이리저리 애써 보았지만 어떻게 해도 안 돼서 몇 년 동안 입지 못하고 있었다.

그러다 무슨 일로 명품 전문 수선집에 갔을 때 수선 장인 선생님에게 이 얘기를 했더니 대번 알아채셨다. 일반인의 눈에는 보이지 않는 어느 부분의 실밥 하나가 터져 있는 것이라 했다. 가져갔더니 간단하게 수선해주셔서 지금은 그 옷을 잘 입고 있다.

우리 인생도 그렇다. 꼬이거나 풀려있는 작은 실밥 같은 단서를 찾고 회복하면 모든 것이 풀린다. 그 단서를 금방 찾으면 좋겠지만 우리 눈에 보이지 않는다면 '나'라는 작품을 만드신 하나님께 가지고 나아가야 한다. 하나님께 의논드리고 말씀의 돋보기로 나를 살펴라.

감정의 종, 관계의 종, 물질의 종, 상황의 종 되었던 내가 다시 말씀의 종으로 돌아와 다시 하나님을 내 주인으로 모시고 섬길 때 명품 장인이신 주님이 고쳐주시고 온전케 하실 것이다.

이게 바로 충성이다

얼마 전 운동하면서 〈재벌집 막내아들〉이라는 드라마 1편을 보다가 하나님과 나의 관계에 대하여 많은 인사이트를 얻었다.

윤 팀장(송중기)은 오너 일가의 리스크를 관리하는 사람이다. 3년을 버티는 사람이 없는 자리를 회장의 신임을 얻고 5년 이상 일하고 있는 그에게 한 후배가 자신도 선배님처럼 되고 싶다며 팁을 알려달라고 한다. 이에 그는 "어떤 명령과 부탁도 거절하지 않고, 질문하지 않고, 내가 판단하지 않는다"라고 답했다.

나는 이 말에 '이게 바로 충성이다!'라는 생각이 들어 무릎을 탁 쳤다. 어떤 말씀에도 불순종하지 말 것, 질문하지 말 것, 내 임의대로 판단하여 결정하지 말 것. 충성은 그런 것이다.

그런데 윤 팀장을 시기하는 무리가 그의 낮은 스펙을 무시하며 "(대기업에 들어올 수 없는) 고졸 특채 출신이라면서요", "목숨 걸고 충성을 다하잖아", "충성이라도 해야죠. 다른 재주 없잖아요"라고 수군거릴 때, 이런 말이 이 세상에서는 서글픈 얘기지만, 나는 이것이 바로 내 얘기로 들리면서 오히려 감동이 되었다.

'내가 내세울 게 뭐 있어. 내가 드러내고 자랑할 게 뭐 있어. 충성이라도 해야지. 내가 하나님의 종이 되고 하나님의 말씀을 전하는 대언자로 사용될 때 내가 자랑하고 내세울 게 뭐 있어. 특채처럼 선택됐을 뿐 나는 하나님께 진짜 아무것도 아닌 쓰레기 같은 인생인데 충성밖에 더 있는가. 충성이라도 해야지. 나 이렇게 살아야겠다.'

충성은 맡기신, 명령하신 말씀 한마디의 토씨 하나라도 가볍게 여기지 않고 경외하며 순종하는 것이다. 그것을 삶 속에서 꾸준히 훈련하고 연습해야 승리할 수 있다.

이 정도쯤은, 이런 상황이라면, 이런 내 감정과 처지이니 어겨도 괜찮을 것 같은 작은 말씀이 있는가? 실은 결코 작지 않지만 작아 보이는 말씀이 다윗처럼 있는가?

말씀은 타협 없이 어떤 상황에도, 아니 그렇다 할지라도 지킬 때 내 삶에 작동된다. 강력한 믿음, 강력한 신앙의 사람들은 그런 상황에도, 그렇다 할지라도 겸손히 순종한 사람들이다.

그 순종치 못할 상황에서 순종하는 사람이 승리하고 역전하고, 석패가 아닌 신승의 환희와 감동을 오래도록 기억한 사람들은 바로 이 작은 일에 순종하고 행동하는 사람들이다.

오늘도 우리에게 주어진 작은 사명과 말씀과 예배가 있다. 어찌 보면 하루하루 반복되는 일상이고 별것 아닌 것처럼 보인다. 그러나 여기에 신실하고 충성된 사람이 승리한다. 그 말씀 한마디에 목숨 건 사람이 승리한다. 무심히 흘려보낸 그 하루, 그 명령이 내 삶을 어떻게 바꾸고 신승과 석패를 가를지 알 수 없다.

위대한 변화와 개혁은 결코 먼 곳에 있지 않다. 아주 작은 동기와 순수한 작은 자극 하나가 뭐 되겠냐 싶지만, 그것 하나가 우리 인생을 더 나아가게 하고 삶의 결말을 완전히 뒤바꿔 놓을 수 있다.

16

•••

인생의 승리는
예배의 승리로부터

삼하 6:14-16, 21-23 다윗이 여호와 앞에서 힘을 다하여 춤을 추는데 그 때에 다윗이 베 에봇을 입었더라 다윗과 온 이스라엘 족속이 즐거이 환호하며 나팔을 불고 여호와의 궤를 메어오니라 여호와의 궤가 다윗 성으로 들어올 때에 사울의 딸 미갈이 창으로 내다보다가 다윗 왕이 여호와 앞에서 뛰놀며 춤추는 것을 보고 심중에 그를 업신여기니라 … 다윗이 미갈에게 이르되 이는 여호와 앞에서 한 것이니라 그가 네 아버지와 그의 온 집을 버리시고 나를 택하사 나를 여호와의 백성 이스라엘의 주권자로 삼으셨으니 내가 여호와 앞에서 뛰놀리라 내가 이보다 더 낮아져서 스스로 천하게 보일지라도 네가 말한 바 계집종에게는 내가 높임을 받으리라 한지라 그러므로 사울의 딸 미갈이 죽는 날까지 그에게 자식이 없으니라

성도의 승리는 예배의 은혜에서 판가름 난다

"우리 삶의 모든 실패는 예배의 실패에서 비롯된다!"

A. W. 토저의 말이다. 반대로 말하면 우리 삶의 모든 승리는 예배의 승리에서 시작된다는 말이다. 그렇다. 우리 성도들이 승리하고 복을 받는 비결은 바로 예배에 있다. 예배의 승리가 곧 우리 인생의 승리로 이어진다. 예배를 실패하면서 어떻게 삶과 사역이 성공하겠는가.

매일 집회에서 말씀을 전하다 보니 동일한 말씀을 전해도 청중이 어떠한 자세와 마음가짐으로 받느냐에 따라 완전히 다른 말씀과 은혜의 현장이 되는 것을 매번 체험한다.

당신은 어떤 마음과 정신으로 예배에 나오는가? 얼마큼 이 시간을 두려워하며 소중히 생각하는가? 예배의 실패와 은혜의 실종을 두려워하는가? 말씀을 받는 태도나 마음가짐에서 겸손함과 순결함이 침체되고 떨어지는 것을 두려워할 줄 알아야 한다.

내게 지난 20년 동안 변하지 않는 원칙이 있다. 개척한 그때부터 지금까지 단 한 번도 배가 부른 채로 이 강대상을 밟아본 적이 없다는 것이다. 이 시간에 하나님의 말씀을 전함에 있어서 혹시라도 누가 되거나 망칠까 봐 너무 두렵고 떨려 밥이 들어가질 않기 때문이다.

'목사님이니까 그렇겠지'가 아니라 누구라도 그래야 한다. 우리 모두가 다 이렇게 두렵고 떨리는 마음으로 예배의 자리에 나와야 한다.

예배의 승리는 목숨처럼 중요하고 소중한 가치가 돼야 한다.

예수님은 "청함을 받은 자는 많되 택함을 입은 자는 적으니라"(마 22:14)라고 탄식하셨다. 잔치 자리에 초청받은 사람은 많은데 그에 합당하게 택함을 입은 자는 별로 없다는 것이다.

수많은 예배가 드려지고 그 자리에 나온 자들은 많은데 하나님께 택함을 입은 자는 몇인가. 정말 중요하다. 교회 건물의 크기나 모인 숫자가 아니라 주님이 찾으시는 진정한 예배자가 몇이며, 각 사람이 예배 가운데 진정으로 성공하고 승리했는가가 중요하다.

예배의 은혜는 성도의 호흡이다. 사람이 숨을 쉬지 않고는 살 수 없듯이 성도는 예배 없이, 은혜 없이는 살아갈 수 없다. 그래서 예배에 목숨 걸고 은혜받는 것에 목숨 걸어야 한다. 말씀의 은혜가 있는 곳, 예배의 은혜가 있는 곳에 목숨 걸고 어떤 대가라도 지불해야 한다.

세상 사람들은 그 사람의 상황과 형편을 가늠하며 성공을 점치지만 성도의 성공과 승리는 상황과 형편에 달려 있지 않고 하나님과의 관계, 즉 예배의 은혜, 예배의 승리에서 결판이 난다.

그래서 예배를 업신여기는 자들은 형편이 아무리 좋아도 미래에 소망이 없지만, 오늘 어려운 처지일지라도 예배에 승리하고 감격에 잠겨 있는 자에게는 오히려 미래가 있고 소망이 있다.

예배의 승리자가 되고 싶다면 예배가 무엇인지 알아야 한다. 내가 뛰는 종목의 룰도 모르면서 승리를 기대하는 것은 말도 안 되지 않는가. 예배의 룰을 알아야 한다. 예배의 본질과 정신, 자세 이 3가지로 살펴보자.

예배는 하나님 앞에 서는 것이다

예배의 정신은 첫 번째, 하나님 앞에서다. 사람이 아니라 하나님 앞에 서는 것이 예배다. 이 시대가 이것을 잊어버렸다. 예배는 코람데오, 하나님 앞에 서는 것이다. 하나님 앞에서, 하나님 중심이 돼야 한다. 이 본질을 망각하는 자는 결코 예배의 승리자가 될 수 없다.

사무엘하 6장에 나오는 다윗의 예배는 세상 사람들에게는 무시와 조롱을 당할지언정 승리한 예배다.

다윗이 여호와 앞에서 힘을 다하여… 삼하 6:14

…다윗 왕이 여호와 앞에서 뛰놀며 춤추는 것을 보고… 삼하 6:16

…내가 여호와 앞에서 뛰놀리라 삼하 6:21

다윗은 백성과 관료들 앞이 아니라 하나님 앞에서 춤추며 예배했다. 자신의 모든 행위와 예배가 하나님 앞에 있다는 것을 고백했다. 당신은 지금 누구 앞에 있는가? 어느 공간에 있든 우리는 하나님 앞에 있어야 하며 그 사실을 절대 잊어서는 안 된다.

나는 많은 교회를 다니고 연합성회를 인도하는데 찬양팀과 성가대, 연주자들의 모습에 불쾌함을 느낄 때가 많다. 이들은 예배의 은혜를 이끄는 선봉장이며 은혜의 큰 물줄기를 끌어올리는 마중물임에도, 순서가 끝나면 우르르 나가버리거나 딴짓하는 경우가 많다.

이건 하나님 앞에 서는 것이 아니라 사람 앞에 서는 공연단과 다를 바 없다. 이렇게 공연하듯 뽐내고 예배는 제대로 드리지 않는 자들에게서 하나님과 말씀에 대한 경외심을 전혀 볼 수 없으며, 하나님의 진노가 두렵지 않나 하는 생각이 든다.

하나님 앞에 제대로 서지 않고 경홀히 여길 바에는 차라리 하지 않는 게 맞다. 정신 차리자. 대통령 앞에서, 담당 교수나 인사권자 앞에서도 못 할 짓을 하나님 앞에서 해서야 되겠는가?

이제는 이 당연한 것을 설교해줘야, 말해줘야 하는 시대가 됐다. 성가대나 찬양단 등의 많은 사역은 하나님을 경배하는 목적 외에는 절대 자기 과시나 세를 알리는 목적으로 사용될 수 없으며 어떤 공연이나 친목 단체도 될 수 없다.

오늘날 실패하고 있는 예배의 현주소 중 하나는 예배가 너무 편의주의, 편리주의에 빠져서 사람에게 맞추고 있다는 것이다. 영상으로만 예배를 드리고, 영상 틀고 제 할 일 하고, 가족끼리 영상 들으며 놀러가는 것이 아무런 신앙의 가책도 되지 않는 시대가 되었다.

아침 일찍 1부 예배 드리고 바쁘게 제 할 일 하는 사람들, 놀러가는 사람들이 있다. 물론 그렇게라도 예배드리는 것이 나을 수 있지만 어쩔 수 없는 한 주나 한 번의 예배는 모르겠으나 이것을 당연히 예배라고 생각하는 것은 경계해야 한다. 예배는 하나님 앞에 서고, 우리가 하나님 중심으로 맞추는 것이다.

목사들도 마찬가지다. 언제부턴가 목회자들에게서 시대와 사람들의 눈치를 보며 말씀을 두리뭉실하게 조정하고, 하나님의 진노를 덮는 모습이 보인다. 이것은 이스라엘이 망할 때 거짓 선지자들이 평안과 회복을 외치는 것과도 같다.

한 목회자 부부 세미나에서 개척교회, 농어촌교회 목사님들과 사모님들을 많이 만났다. 어려운 환경에서도 애쓰는 모습을 보았고, 나 또한 그 길을 걸어왔기에 그 마음이 너무 이해되어 많은 격려와 응원을 전하고 싶은 심정이었다.

그런데 그중에 힘든 처지 때문에 자기연민에 빠진 분이 많이 보였다. 그래서 그분들에게 "하나님의 일을 맡은 자들에게 최악의 상황은 자기의와 자기연민에 빠지는 것"이라고 경계하고, "대단히 핍박받고 고난당한다고 생각하지 말고 정직하게 자신의 예배부터 점검하라"라고 말씀드렸다.

각자의 목회 자리에서 정말 시퍼렇게 살아계신 하나님을 믿고 두려워하며 그분의 말씀을 전하고 있는지, 아니면 예배를 대충 때워가며 사람 눈치 보고 사람들이 좋아할 것을 선택하며 구질구질하게 목회하고 있는지 생각해보라고 말씀드렸더니 절반이 눈물을 흘리셨다.

우리는 어느 순간 자기도 모르게 하나님 앞에 서는 것을 잃어버린다. 하나님 앞에서 그분 중심으로 살아가고 예배하고 목회하는 것을 잊고 있다면 예배의 실격자다. 스스로 점검하고, 가슴에 손을 얹고 피를 토하는 마음으로 회개해야 한다.

예배는 거룩한 일시 멈춤이다

예배의 정신 두 번째는 일시 멈춤이다. 분주한 삶 중의 거룩한 멈춤이다. 내 탐욕과 무절제와 욕망과 분주함을 멈춰 세우는 것이다. 그렇지 않으면 예배를 드릴 수 없다. 그래서 예배를 안식이라고 한다.

법궤가 예루살렘으로 들어오는 것은 국가적으로 대사건이었다. 모든 백성이 각자의 삶을 멈추고 예배의 자리로 나왔다.

다윗이 번제와 화목제 드리기를 마치고 만군의 여호와의 이름으로 백성에게 축복하고 모든 백성 곧 온 이스라엘 무리에게 남녀를 막론하고 떡 한 개와 고기 한 조각과 건포도 떡 한 덩이씩 나누어 주매 모든 백성이 각기 집으로 돌아가니라 **삼하 6:18,19**

백성들이 얼마나 바빴겠는가. 농번기일 수도 있고, 가축이 새끼를 낳을 수도 있고, 중요한 일의 결정을 앞뒀는지도 모르는데 모두 이 자리에 몰려왔으며 예배를 마치고 각기 집으로 돌아갔다. 국가가 일시 멈추었다. 모든 생활과 생업의 터전에 정적이 흘렀을 것이다.

이것이 예배 정신이다. 예배는 사업을 멈춰야 드릴 수 있다. 공부를 멈춰야 드릴 수 있다. 장사를 멈춰야 드릴 수 있다. 돈 버는 것을 멈춰야 드릴 수 있다. 예배는 내 즐거운 취미생활과 달콤한 데이트를 멈춰야 드릴 수 있다. 그 거룩한 일시 멈춤이 바로 축복이다.

인생은 잘 달려야만 승리하는 줄 안다. 세상은 더 빨리 달려야 성공한다고 자꾸 우리를 채찍질한다. 하지만 인생은 잘 달리는 것보다 잘 멈추는 것이 훨씬 더 중요하다.

자동차 운전을 잘하는 것은 엑셀만 밟는다고 되는 것이 아니다. 브레이크를 잘 밟아야 한다. 우리 인생의 드라이브도 엑셀보다 브레이크를 잘 밟을 줄 알아야 한다. 멈출 때 멈출 줄 알아야 한다.

그러나 우리는 스스로 멈출 줄을 모른다. 조금만 더 잘하면 될 것 같고, 하루만 더 열심히 하면 될 것 같아서 멈추지 못한다. 인간의 탐욕과 교만, 아집과 오만은 멈춰야 할 때 사인을 줘도 잘 멈춰지질 않는다. 이것이 패착이다. 평생 그렇게 쳇바퀴 돌다가 후회한다.

탐욕과 불신은 하나님을 신뢰하지 못하게 하고 불안을 야기하며 우리를 쉼 없이 지쳐 쓰러져 가는 자리로 끝까지 내몬다. 죽는 건지도 모르고, 실패와 패배의 길인 줄도 모르고 달리기만 하는 사람은 하수(下手)다. 고수는 멈추는 법을 알고 절제하고 쉴 줄 아는 사람이다.

예배에는 하나님이 우리 인생에 여차하면 멈추게 하시려는 브레이크 같은 기능이 있다. 하나님이 브레이크를 밟아주지 않으시면, 예배의 브레이크가 작동하지 않으면 우리는 절대 멈추지 못한다. 믿어야 멈춘다. 하나님을 신뢰해야 멈춘다.

이 브레이크는 삶의 실패와 사고를 막아주시는 것이지 잘 나가는 내 발목을 붙잡으려는 것이 아니다. 하나님이 우리를 사랑하셔서 쉬게 하신다. 멈추고 안식하게 하신다.

예배는 거룩한 멈춤 가운데 조용히 진행되는 성장이지, 절대 침체와 손해가 아니다. 예배는 무기력하게 죽어 있는 것이 아니라 멈춤으로 오히려 살아나는 생명이다.

예배는 낮아짐이다

예배의 정신과 본질 그 세 번째는 낮아짐, 겸손이다. 예배는 엎드려 경배하는 것이다. 가장 큰 분 앞에 나를 가장 낮추는 것이다. 그래서 믿지 않는 사람들, 하나님을 높고 광대하며 존귀하신 분으로 인정하지 않는 사람들에게 우리의 예배는 한없이 무능하고 무기력하고 없어 보인다. 미갈의 눈에 다윗의 예배는 왕으로서 너무 천박하고 품위 없고 격 떨어지는 짓거리였다.

다윗이 자기의 가족에게 축복하러 돌아오매 사울의 딸 미갈이 나와서 다윗을 맞으며 이르되 이스라엘 왕이 오늘 어떻게 영화로우신지 방탕한 자가 염치 없이 자기의 몸을 드러내는

것처럼 오늘 그의 신복의 계집종의 눈앞에서 몸을 드러내셨도다 하니 삼하 6:20

당시 유대인들은 하체와 속살 드러내는 것을 경멸하고 수치스럽게 여겼다. 존귀한 사람 앞에서 내가 뭔가 큰 유익을 얻을 때도 할까 말까 한 행동인데 다윗이 자기 몸을 드러내며 춤을 춘 것이다.

자기 부하의 계집종 앞에서 몸을 드러내는 채신머리없는 짓을 했다고 미갈이 조롱한다. 그 말이 맞을 수도 있다. 그런데 '사람 앞에서'라는 전제에서만 맞는 말이다. 사람 앞에서는 천하고 격 떨어지고, 왕으로서 왕의 권위를 위해서라도 하지 말아야 할 행동이었지만 다윗은 사람 앞에 있지 않았다. 하나님 앞에 있었다.

다윗이 미갈에게 이르되 이는 여호와 앞에서 한 것이니라 그가 네 아버지와 그의 온 집을 버리고 나를 택하사 나를 여호와의 백성 이스라엘의 주권자로 삼으셨으니 내가 여호와 앞에서 뛰놀리라 내가 이보다 더 낮아져서 스스로 천하게 보일지라도 네가 말한 바 계집종에게는 내가 높임을 받으리라 한지라 삼하 6:21,22

다윗이 말했다. 난 여호와 앞에 뛰는 거라고. 나를 이 자리에 높이신 분이 하나님이시니 그분 앞에서라면 이렇게 낮아져도 되고, 더 천해지고 낮아져도 상관없다고.

왕이 누구 앞에 엎드리겠는가? 누구 앞에 경배하겠는가? 누구 앞에 권위를 내려놓겠는가? 하나님 앞에서는 된다는 것이다. 나를 이스라엘 백성의 주권자로 삼으신 하나님 앞에서는 내가 이보다 더 낮아지고 스스로 천하게 보일지라도 나는 기꺼이 그 선택을 하겠다는 것이다. 이게 예배의 정신이다. 낮아짐이다.

하나님은 사람 앞이 아니라 하나님 앞에서 낮아지고 엎드려 그분을 경배한 자를 높이시고 최고의 권위로 자손만대를 지키신다. 하지만 하나님 앞에서 예배의 정신을 손상시키고, 사람의 기준으로 권위 있게 행동하려 하며 자기 고집과 위신, 처신의 장신구를 떼지 못했던 미갈은 미래에 소망이 없는 자가 되었다.

그러므로 사울의 딸 미갈이 죽는 날까지 그에게 자식이 없으니라 **삼하 6:23**

하나님이 찾으시는 예배자

하나님은 불쌍한 자, 심령이 가난한 자를 기뻐하시며 그에게 임재하시고 그를 통치하신다.

심령이 가난한 자는 복이 있나니 천국이 그들의 것임이요 **마 5:3**

지금 처한 자리에서 하나님의 임재와 성령의 임재를 경험한 사람은 그 자리가 천국이다. 하나님은 심령이 가난한 자가 서 있는 그곳을, 그의 마음과 가정과 인생을 천국으로 만들어주신다.

하나님께서 찾으시는 예배(자)는 상한 심령으로 나아오는 예배(자)다. 뻣뻣한 목을 곧게 세우지 말고 상한 심정으로 나아가야 한다.

하나님께서 구하시는 제사는 상한 심령이라 하나님이여 상하고 통회하는 마음을 주께서 멸시하지 아니하시리이다 시 51:17

이사야서 66장 1-4절을 보면 하나님께서 원하시는 예배 정신과 진노하시는 예배 정신이 나타나는데, 이 말씀을 지표 삼아 오늘 당신의 예배를 점검하고, 자신이 승리를 기대해도 될 사람인지 패망할 인생인지 판단해 보라.

나 여호와가 말하노라 내 손이 이 모든 것을 지었으므로 그들이 생겼느니라 무릇 마음이 가난하고 심령에 통회하며 내 말을 듣고 떠는 자 그 사람은 내가 돌보려니와 소를 잡아 드리는 것은 살인함과 다름이 없이 하고 어린 양으로 제사드리는 것은 개의 목을 꺾음과 다름이 없이 하며 드리는 예물은 돼지의 피와 다름이 없이 하고 분향하는 것은 우상을 찬송함과 다름이 없이 행하는 그들은 자기의 길을 택하며 그들의 마음은 가증한 것을 기뻐한즉
사 66:2,3

2절의 "무릇 마음이 가난하고 심령에 통회하며"라는 구절에 마태복음 5장과 시편 51편의 예배 정신이 다 들어가 있다. 하나님은 마음이 가난한 자, 심령에 통회하는 자(상한 심령)와 "내 말을 듣고 떠는 자" 즉 하나님의 말씀을 경외하는 자를 돌보신다고 약속하셨다.

그런데 이어지는 3절은 2절과 대조된다. 소를 잡는 것이 살인과 다름없고, 어린 양을 개의 목 꺾듯이 하여 드리고, 예물은 돼지 피와 다름없이 드리는 것은 예배 정신 없이 형식적으로, 부정하고 패역한 방법으로 예배드린다는 것이다. 예배의 형식만 보면 소와 양을 드리고 예물도 드려서 잘 드린 것 같지만 그 정신이 잘못됐다는 것이다.

예배당에 몸이 와 있고 시간도 딱 정하여 드렸고 형식은 똑같은데 하나님 앞에 예배한 정신은 무엇인가? 하나님이 기뻐하고 구하시는 가난한 마음, 통회하는 심령, 겸손과 낮아짐으로 주님 앞에 나오지 않는

사람은 하나님의 분노와 슬픔을 유발하는 자다.

> 나 또한 유혹을 그들에게 택하여 주며 그들이 무서워하는 것을 그들에게 임하게 하리니…
>
> 사 66:4

그런 사람들에게는 그들이 유혹에 걸려 넘어질 만하고, 무서워하는 것들이 임할 것이라고 하신다. 진정한 예배 정신과 경외함 없이 형식적으로 예배하는 사람들에게는 하나님도 똑같이 대하신다.

마음이 가난하고 상한 심령으로 나온 자들은 끝까지 돌봐주시지만, 예배를 경홀히 여기고 예배 정신을 훼손하고 진노케 하는 자들에게는 걸려 넘어질 일과 무서워하는 일만 임하게 될 것이다.

이 대비되는 두 인생이 갈리는 시작점이 예배다. 예배는 인생의 운명이 걸렸고, 나의 미래를 알 수 있는 중요한 지표다. 그러니 이 중요한 예배를 가볍게 여기고 소홀히 해서는 안 된다.

예배, 나의 마지막 순간까지

우리 교회는 2022년부터 1부 예배를 없앴다. 많은 성도의 손실이 있음에도 이렇게 한 이유가 있다. 우리 교회에는 캐디로 일하는 성도들이 있다. 그 직업에 종사하면서 주일을 뺀다는 것은 정말 어려운 일인데도 큰 손해를 감수하며 예배를 지키려 하는 그분들의 모습에 감동할 때가 많다.

그런 한편, 그렇게 예배를 지키려 애쓰는 사람들이 있는데 우리가 '선택'한다는 것이 너무 배가 부르다는 생각이 들었다. 그래서 한 번이라도 제대로 드리고자 그렇게 결정한 것이다. 한 명이 드려도 전심으로, 정직하게 예배드리면 좋겠다.

한 성도가 자기는 입사 동기들과 월급 차이가 꽤 많이 난다고 한 적이 있다. 무조건 주일날 쉴 수 있는 곳을 찾다 보니 갈 곳이 연구실뿐이었는데 그곳은 야근이나 주말 수당, 특근 수당이 없어 동기들보다 임금이 낮을 수밖에 없다고 한다. 그는 예배를 지키기 위해 다른 사람들이 누리고 즐기는 것을 포기했다. 그러나 결코 불쌍해 보이지 않는다. 오히려 존귀해 보이고 아름답다.

또 다른 성도는 직장에 들어갈 때 최고의 기도가 주일성수를 하게 해달라는 거였다. 그래서 입사 후 부서장에게 첫인사를 드릴 때 주일을 지키겠다고 말씀드리며 "부장님, 저의 하나님께 예배하는 마음으로, 그 정신으로 일하겠습니다"라고 했다.

그런데 감사하게도 부장님이 그것을 귀하게 보셨다고 한다. 그리고 예배를 띄엄띄엄 드리면 회사 일도 띄엄띄엄 할까 봐 주일날 일을 시킬 수가 없다고 한다. 아주 좋은 방법이라는 생각이 들었다.

개척 때부터 한결같이 "예배는 나 같은 것 따위가 훼손할 수 있는 것이 아니다!"라고 외치며 예배를 존중하고 지키려 애써왔는데 이렇게 분투하며 예배드리는 성도들이 있어 감사할 따름이다.

내가 참 좋아한 故 최동원(전 롯데 자이언츠 투수) 선수는 임종 마지막 순간까지도 TV의 야구 중계에서 눈을 떼지 못했다고 한다. 그 모습을 지켜보던 노모는 아들의 손에 야구공을 쥐여주었고, 그는 마지막 온 힘을 짜내어 그 공을 쥐고 숨을 거두었다고 한다.

그 이야기를 들으며 눈물이 너무 났다. 야구를 정말 사랑해서 마지막 순간까지도 야구 중계를 보고 싶고 손에 쥐고 싶은 것이 있었던 인생, 행복한 인생 아닌가?

내 삶의 마지막 순간은 어떨까 생각해본다. 마지막 숨을 가쁘게 내쉴 때 내가 마지막까지 보고 싶고 내 손에 쥐어질 내 삶의 결정체는 무엇일까? 나에게 가장 소중한 것, 그래서 마지막 순간에도 남은 힘을 다 짜내어 쥐고 싶은 세상의 마지막 기억은 무엇일까?

평생 쓰던 성경, 가족사진, 우리 교회 등 이것저것 생각났는데 마침내 그 답을 찾았다. 남은 힘을 모두 짜내어 마지막까지 붙들고 싶은 것은 이 예배다. 내 마지막 순간, 호흡이 다할 때까지 내가 마지막까지 보고 있을 장면은 조금도 손상되지 않은 이 예배였으면 좋겠다.

당신은 그 마지막 손에 쥐고 싶은 것이 무엇인가? 그 순간, 손에 아무것도 없이 후회의 한숨으로 마무리되는 허망한 인생 되지 않기를 간절히 소망한다. 내 인생을 송두리째 바쳐도 아깝지 않고, 마지막 순간까지도 꼭 쥐고 싶은 것이 우리 모두에게 '예배'가 되길 바란다. 이 말씀이 흐트러져 있던 예배 정신을 다시 세워, 승리로 발돋움하게 하는 첫 발걸음과 디딤돌이 되길 소망한다.

17

•••

그럼에도 그럴수록
그것까지 감사,
그러니까 감사

삼하 7:1-3 여호와께서 주위의 모든 원수를 무찌르사 왕으로 궁에 평안히 살게 하신 때에 왕이 선지자 나단에게 이르되 볼지어다 나는 백향목 궁에 살거늘 하나님의 궤는 휘장 가운데에 있도다 나단이 왕께 아뢰되 여호와께서 왕과 함께 계시니 마음에 있는 모든 것을 행하소서 하니라

우리가 거할 수 있는 두 개의 텐트

캠핑이 즐겁지만 그렇다고 캠핑 가서 영원히 사는 사람은 없다. 캠핑장에서 영원히 사는 사람은 노숙자고, 돌아갈 집이 있는 사람이 캠핑을 간다. 우리는 돌아갈 집이 있는 자들이다. 나를 위해 준비하신 영원한 본향이 있는, 소망을 품고 살아가는 그리스도인이다.

인생은 마치 나그네 같다. 이 땅에서 영원히 사는 사람은 아무도 없다. 그러니까 이 땅은 캠핑이다. 캠핑 가면 텐트에서 자야 한다. 우리 인생도 마찬가지인데, 두 가지 텐트 중 하나를 골라서 거기서 지내야 한다. 하나의 텐트는 '컨텐트'(content, 만족), 다른 하나는 '디스컨텐트'(discontent, 불만족)다.

어떤 텐트에 거하느냐에 따라 우리 인생의 행복과 불행이 나뉜다. 만족하는 사람은 감사한다. 만족의 컨'텐트'에 거하는 사람은 행복에 겨워 에덴동산에 살겠지만, 불만족의 디스컨'텐트'에서 사는 사람은 자기 자신부터 부모, 배우자, 자녀, 직장, 교회 등 모든 것이 불만족스러워 전쟁터 같고 지옥 같은 아픔의 삶을 살아갈 수밖에 없다.

감사와 행복의 상관관계는 이미 수많은 연구를 통해 입증되었다. 한실험에서는 학생들에게 매주 자신의 삶을 되짚으며 일기를 쓰게 하되 절반에게는 감사한 마음이 들었던 일을, 나머지 절반에게는 골치 아팠거나 힘들었던 일을 쓰게 했다.

그런데 실험이 마무리될 때 흥미로운 패턴이 발견되었다. 매주 감사한 일을 적은 학생들은 전반적으로 자신의 삶에 훨씬 더 만족감을 느끼며 다가올 한 주를 낙관적으로 기대했고, 비교군에 비해 몸이 아픈 빈도도 낮았다. 매주 단 몇 분의 시간을 내는 것만으로도 건강과 행복이 증가한 것이다.

당신의 인생이 행복하길 원하는가? 자신만만하게 만족하며 당당하게 살길 원하는가? 기쁨으로 소풍과 같은 인생을 살아가길 원하는가? 그렇다면 'content'로 들어와야 한다. 자족하는 법을 배우고, 하나님께서 주신 모든 상황과 처지와 형편에 만족하며 감사해야 한다. 그러나 감사를 느끼고만 있는 것이 아니라 표현하고 기록하고 말하는 자가 되어야 하겠다.

미국의 32대 대통령이자 유일한 4선 대통령인 프랭클린 루스벨트는 집에 도둑이 들어 많은 것을 잃었을 때 위로하는 친구에게 다음과 같은 3가지 이유를 들어 감사한다고 했다.

첫째, 도둑이 훔쳐 간 것이 자기 목숨이 아니라 물건이라는 것.

둘째, 도난당한 것이 자기 물건의 일부일 뿐 전부가 아니라는 것.

셋째, 자신이 도둑이 안 되고 도둑맞은 사람이 된 것.

그는 늦은 나이에 소아마비를 앓고 중증의 장애를 가지고 살았지만 늘 이렇게 긍정적인 마인드로 감사하며 하나님이 주신 것들을 행복하게 누리며 산 그리스도인이었다.

'그럼에도' 감사하라. 고난과 환난 중에 있는가? 그럴수록 감사해야 한다. 이 장에서는 감사에 관해 두 가지 메시지를 전하고자 한다. 첫 번째는 감사는 곧 믿음이라는 것, 두 번째는 감사하는 자에게 하나님은 감사를 더하신다는 것이다.

감사는 믿음이다

삶에 고난과 어려움이 찾아올 때, 병들고 약해질 때, 무엇인가를 잃거나 무고(誣告)와 억울한 일을 당할 때 그 사람이 보이는 반응과 행동이 곧 그 사람의 정체이며 믿음이다.

다윗의 광야 때 말했듯이, 티백이 포장지가 다 벗겨진 채 섞여 있으면 무슨 차인지 알 수 없지만, 그것을 뜨거운 물에 담그면 우러나오는 것을 통해 바로 정체와 본질을 알 수 있다. 이게 보이차인지 녹차인지.

그렇듯 인생이 평안하고 평탄할 때는 나의 본성과 믿음이 잘 드러나지 않는다. 곤란함과 혼란에 빠질 때, 뜨거운 연단에 들어갈 때 비로소 내 안에서 새어 나오는 반응과 표정, 그때 하는 말과 행동이 바로 내 정체다.

그러므로 어떤 상황과 처지, 형편 속에서도 우리는 "주님께서 내가 가는 길을 인도하시며, 보이지 않아도 그분이 오늘도 나를 위해 일하고 계시니 나는 그럼에도 불구하고, 감사합니다"라고 고백할 수 있어야 한다.

고난 중에 감사한 욥을 보라. 욥의 감사는 이해되지 않는 삶의 고난을 만나 모든 것을 잃었을 때도 멈추지 않았다.

이르되 내가 모태에서 알몸으로 나왔사온즉 또한 알몸이 그리로 돌아가올지라 주신 이도 여호와시요 거두신 이도 여호와시오니 여호와의 이름이 찬송을 받으실지니이다 하고

욥 1:21

그럼에도 불구하고 감사하는 것이다. 감사는 이런 것이다.

사도 바울은 자신을 괴롭히는 육체적 고통이 얼마나 아프고 사역에

도 충돌이 되었던지 "가시 곧 사탄의 사자"(고후 12:7)라고 불렀다. 그래서 고쳐주시기를 3번이나 간구했는데 하나님은 뜻밖의 말씀으로 응답하셨다.

나에게 이르시기를 내 은혜가 네게 족하도다 이는 내 능력이 약한 데서 온전하여짐이라 하신지라 그러므로 도리어 크게 기뻐함으로 나의 여러 약한 것들에 대하여 자랑하리니 이는 그리스도의 능력이 내게 머물게 하려 함이라 그러므로 내가 그리스도를 위하여 약한 것들과 능욕과 궁핍과 박해와 곤고를 기뻐하노니 이는 내가 약한 그 때에 강함이라

고후 12:9,10

주님의 은혜가 그에게 충분하며, 이 모든 고통과 아픔을 다 제거해 주는 것이 은혜가 아니라 이미 모든 것이 은혜였다는 것이다. 그래서 바울은 이 육체의 가시와 사탄의 사자조차도 하나님께서 그에게 주신 충분한 은혜이며, 이 고통과 약함 속에서 하나님의 능력이 온전하여지고 그리스도의 능력이 자신에게 머물게 된다는 것을 깨달아 그 약한 것까지도 오히려 기뻐하고 자랑하는 아름다운 인생을 살게 되었다.

이 구절 말씀을 읽을 때마다 생각나는 책이 있다. 미즈노 겐조의 《감사는 밥이다》라는 시집이다. 우리가 밥을 건너뛰지 않고 매번 먹듯이 범사에 매사에 감사해야 한다는 것이다.

눈 깜박이 시인으로 알려진 미즈노 겐조는 11세에 뇌성마비로 장애를 입어서 보고 듣는 것, 웃음 짓는 것과 눈을 깜박이는 것밖에 할 수 없게 되었다. 4년 후, 예수님에 대해 듣고 성경을 읽으며 자신이 왜 살아있어야 하는지 그 존재 의미를 발견한 그는 그리스도를 구주로 영접하고, 그때부터 가슴에 밀려드는 감사와 찬양을 주체할 수 없어 시를

지었다.

일본어 50음도(가나 문자를 일정한 순서대로 나열한 문자표)를 벽에 붙여 놓고 어머니가 차례로 글자를 가리키면 원하는 글자에 눈을 깜박여 단어를 만들고 시를 만들었다. 그렇게 오랜 시간과 두 사람의 인내로 한 자 한 자 쓰여 간 그의 시들은 문단의 걸작이 되었다.

그중에는 〈내 은혜가 네게 족하도다〉라는 시가 있다. 하나님을 원망하고 원망해도 부족할 텐데 그는 어떻게 이런 고백을 할 수 있었을까? 파스칼은 "사람은 같은 사건에서 웃기도 하고 울기도 한다"라고 했다. 같은 조건에 살면서도 어떤 사람은 그 조건에서 넘치는 하나님의 은혜를 체험하고, 어떤 사람은 오히려 하나님을 원망하고 세상을 원망한다.

미즈노 씨가 체험한 하나님의 은혜를 생각한다면 우리는 세상의 어떤 환경 속에서든 오직 주님의 은혜에 감사하면서 살 수 있을 것이다. 그럼에도 감사, 그럴수록 감사, 그것까지도 감사다.

그럼에도, 그럴수록, 그것까지도 감사

뇌성마비 장애라는 고통과 절망 속에서도 아름답게 하나님을 찬양한 시인이 우리나라에도 있다. "나 가진 재물 없으나 / 나 남이 가진 지식 없으나 / 나 남에게 있는 건강 있지 않으나 … 공평하신 하나님이 나 남이 없는 것 갖게 하셨네"라는, 〈나〉라는 시로 유명한 송명희 시인이다.

지독하게 가난한 집에서 태어나 학교도 한번 다녀보지 못하고 전신마비까지 찾아와 아무것도 할 수 없게 되었는데도 그녀는 하나님이 공평하시다고 노래하며 감사해한다.

그런데 '만인의 연인'이요 뭇 남성들의 우상이던 미국의 여배우 마릴린 먼로는 세상 인기 다 얻고 아름다움과 화려한 삶을 다 가졌음에도 일기장에 공허함과 불행함을 고백했다.

"나는 한 여성이 가질 수 있는 모든 것을 가졌습니다. 나는 젊고 아름답습니다. 나는 돈도 많고 사랑에 굶주리지도 않았습니다. 수백 통의 팬레터도 매일 받습니다. 누구보다도 건강하고 부족한 것이 없습니다. 미래에도 그렇게 살 수 있을 것이라고 확신합니다. 그런데 웬일일까요? 나는 너무나도 공허하고 불행합니다. 뚜렷한 이유를 찾을 수는 없지만 나는 불행하다고 느끼고 있습니다."

결국 그녀는 1962년 어느 날 밤 "나의 인생은 파장하여 문 닫은 해수욕장과 같다"라는 쓸쓸한 글을 남기고 자살했다.

하나님 없는 인생은 세상의 모든 행복의 조건을 다 가지고 있는 것 같아도 신기루에 불과하다. 그런데도 우리는 하나님 없고 은혜 없는 행복을 꿈꾸고 찾고 바란다.

하나님 없어도 부와 명예와 권력만 있으면 행복할 거라고 믿고 하나님도 팔아먹고 은혜도 저버린다. 하나님이 주신 소망과 믿음이 깨져가도 내가 누리고 싶은 것들을 찾아 헤매며 그것이 행복이라 착각한다. 당신은 이처럼 하나님 없는 행복을 원하는가?

송명희 시인은 건강도, 부도 갖지 못했지만 하나님 한 분 소유했으니, 남에게 없는 것을 알고 보고 깨달았으니 감사하다며 하나님이 공평하시다고 고백한다. 마릴린 먼로의 외적 화려함이 진짜 행복인가, 송명희 시인이 볼품없는 초라함 속에 지닌 만족과 감사가 행복인가?

감사와 행복은 상황과 재물, 성공의 크기와 상관없다. 깨달음과 누림의 문제다. 아무리 많이 받았어도 그것에 감사하지 못하면 스스로 행복도 축복도 깨뜨리며 불행하게 살 수밖에 없다. 그러나 아무리 작은 것도 소중하게 느끼고 감사로 누리면 험한 환경에서도 루스벨트처럼 '그럼에도' 감사할 수 있고, 미즈노 겐조처럼 '그럴수록' 감사할 수 있으며, 송명희 시인처럼 '그것까지도' 감사할 수 있는 인생이 된다.

고난은 물으면서 왜 형통은 묻지 않는가

여호와께서 주위의 모든 원수를 무찌르사 왕으로 궁에 평안히 살게 하신 때에 왕이 선지자 나단에게 이르되 볼지어다 나는 백향목 궁에 살거늘 하나님의 궤는 휘장 가운데에 있도다
삼하 7:1,2

다윗이 어느 날 주변을 둘러보니 모든 원수를 무찔러 승리를 누리고 있고, 전쟁도 없고, 아무 일도 없이 너무 편안한 것이다. 그리고 자신은 아름다운 백향목 궁전에 살고 있는 것이 너무 감사한 한편 하나님의 궤는 오랫동안 방치되어 있는 것이 죄송해서 자신이 하나님의 전을 건축해야겠다고 말한다.

그리고 나단 선지자를 통해 하나님의 축복의 약속을 들었을 때 여호와 앞에 들어가 앉아서 "주 여호와여 나는 누구이오며 내 집은 무엇이기에 나를 여기까지 이르게 하셨나이까"(삼하 7:18)라고 묻는다.

정말 중요한 신앙의 점검이며 메시지다. 우리는 힘들고 어려운 일이 찾아오면 "하나님, 왜 이런 고난을 저에게 주십니까?", "하나님, 왜 이런 불행이 저에게 찾아왔나요?"라고 질문한다. 원망은 아니더라도 이

렇게 여쭌다.

잘못된 건 아니다. 이런 질문을 주의 종에게 하기도 하고, 기도 중에 눈물 흘리며 고백하기도 한다. 나는 지금까지 이것을 너무 익숙하고 당연하게 받아들였다. 그런데 어느 날 이런 생각이 들었다.

고난과 불행이 찾아왔을 때 "하나님, 왜 이런 고난과 아픔을 저에게 주시나요?"라고 물어보는 건 너무 당연한데, 다윗처럼 "하나님, 제가 뭔데 이런 백향목 궁전에서 살죠?"라고 물어본 적이 있는가?

"하나님, 제가 뭐라고 이런 축복을 누리죠?", "제가 뭔데 이런 건강을 누리나요?" 이렇게 물은 적 있는가? "하나님, 왜 이 영광을 저에게 주셨습니까?", "왜 이 평안함을 제게 주십니까?"라고 물으며 사는가?

우리는 평생 고난과 환난 가운데서는 그것을 주신 이유를 물어도 왜 이 집을 나에게 주셨냐고, 왜 이 차를 주시고 이 지식을 주셨냐고 묻지는 않는다. 당신은 왜 이런 아름다운 공동체를 주셨고 왜 이런 귀한 관계를 주셨으며 왜 이런 귀한 가정과 자녀를 주셨는지 하나님께 감사한 마음으로 물어본 적이 있는가?

우리는 참 이상하다. 주신 백향목 궁과 형통함과 무탈함에는 입 다물고 살다가 뭐 하나만 잃고, 뭐 하나만 빼앗기고, 뭐 하나만 어려워지면 "하나님, 왜 저한테 이런 시련을 주세요?"라고 묻는다.

물론 그렇게 물어도 된다. 다만 우리가 받은 것들에 대해서도 물어는 봐야 한다. 내가 무엇이길래 나에게 재능과 건강, 직장과 물질, 좋은 관계와 영향력 등을 주셨는지, 이것을 어떻게 쓰기를 원하시는지 물어야 한다. 그것이 건강한 신앙이다.

하나님이 주신 것들에 대한 목적을 찾는 것은 매우 중요하다. 나는 요즘 매일 하나님께 여쭌다. 왜 내게 건강을 주시고 은혜를 주시는지,

왜 나 같은 것을 이렇게 은혜의 통로로 사용해주시는지를.

늘 이유를 찾고, 어떻게 헌신할지 희생의 기회를 찾는다. 그리고 감사의 기회로 삼고, 감사를 드리며 "하나님 뜻대로 올바르게 사용하게 해주세요. 이것들이 잘 흘러가게 도와주세요"라고 기도한다.

"하나님, 왜 제 건강을 가져가셨지요?"라는 질문이 있다면, "하나님, 왜 제게 건강과 체력을 주셨지요? 제가 무엇을 하길 원하세요?"라는 질문도 있어야 한다. 왜 사랑하는 사람을 잃게 하셨냐고 울부짖을 사람이라면 사랑스러운 자녀와 배우자, 친구 등 귀한 만남을 내게 주신 이유 또한 물어야 한다. 사업을 왜 망하게 하셨는지 물을 사람이라면 사업할 때 이 사업장을 주신 이유와 이곳을 통해 물질을 주시는 이유 또한 물어야 한다.

그러니까 감사

우리는 늘 '그럼에도 불구하고' 감사하고, '그럴수록' 감사하고, '그것까지도' 감사하라는 말씀을 듣지만, 솔직히 이런 수준이 안 된다. '그럼에도, 그럴수록, 그것까지도 감사'는 사실 수준 높고 깊이 있는 믿음이다.

이들 감사에 하나 더할 것이 있다. 어려운 상황과 처지에서 드리는 이런 믿음까지는 이르지 못했더라도, 우리는 최소한 믿음의 기초적인 단계인 이 감사는 드릴 수 있어야 한다. '그러니까 감사'다.

그럴수록, 그럼에도, 그것까지는 감사하지 못해도 하나님이 주신 은혜에는 감사해야 할 것 아닌가. 건강, 은혜, 사랑하는 이들, 사역과 직장 등 당신이 받은 수많은 감사거리에 대해 감사하고 있는가? 백향목 궁전에서 평안함을 누릴 때, 승리의 감격을 누릴 때 감사하는가?

빼앗기고 잃고 없는 것에도 감사하는 사람이 되어야 하지만 그전에 있는 것, 받아 누리는 것부터 감사하자. 제발 지금 누리고 있는 것에 대해서만이라도 감사하자. 그것도 못 하면 정말 소망이 없다.

우리의 패턴은 이렇다. 주신 것이 형통할 때, 주신 것을 누릴 때는 아무런 감사가 없다가 뭔가를 상실하고 무너지면 탄식한다. 그러다 하나님이 회복시켜주시면 감사한다.

재판에 승리하면 감사한 일이지만 그보다 재판받지 않는 것이 더 감사하다. 재판에 승리하기 위해서 기도하는 것보다 얼마나 감사한가. 나는 어느 날 문득 내가 고소당하지 않은 것이 너무나 감사했다.

내가 조선 시대에 태어났다면 시각장애인으로 살아야 했을지도 모른다. 안경을 쓰지 않으면 잘 안 보일 정도로 눈이 나빠서 렌즈 압축을 5번이나 해야 한다. 그러나 이렇게 두꺼운 안경이라도, 안경을 맞출 때 며칠 기다려야 하는 불편이 있다 해도, 나는 안경이 있어서 너무 감사하다. 안경을 쓸 수 있으니까, 그러니까 감사하다.

우리가 하루에 천 원 이상 쓰고 있다면 하루 천 원 미만으로 연명하는 12억 명보다 감사해야 할 삶인 것을 알라. 집에 수돗물이 나온다면 물이 없어 오염된 흙탕물이라도 먹어야 하는 전 세계 10억 인구보다 감사해야 하고, 전기를 사용하고 있다면 전기를 쓰지 못하는 전 세계 20억 명보다 감사해야 한다.

하루 세 끼에 야식까지 챙겨 먹는 사람은 물론이고, 하루에 한 끼라도 먹을 수 있다면 그 한 끼도 제대로 먹지 못하고 기아로 허덕이는 전 세계 8억 명보다 감사해야 할 이유가 있는 인생이다.

지금 이 책을 읽고 있는 당신은 전쟁을 치르고 있지 않으며, 수용소에 갇혀 고문을 당하거나 굶주림을 겪고 있지 않을 것이다. 이 시간 전 세계에서 5억 명이 그 고통을 당하고 있다. 체포당하지 않고 협박과 테러 없이 교회 나와 자유롭게 예배할 수 있다면 당신은 그렇지 못한 30억 명보다 충분히 행복하고 감사해야 마땅할 사람이다.

뭔가를 잃었을 때, 빼앗겼다가 되찾을 때가 아니라 평안할 때 무탈할 때 감사할 줄 알아야 한다. 이것이 백향목이다. 그냥 지나치지 말아야 한다. 백향목 궁에서 감사하라. 건강함의 백향목, 행복의 백향목, 은혜의 백향목에 거할 때 감사하라. 물질의 풍요함과 즐거운 관계의 백향목, 형통의 백향목에 거할 때 감사하라. '그러니까 감사', 그것부터 잘하라.

이거 하나 해주시면 이게 문제고, 저거 해주시면 저게 불만인 디스컨텐트 안에서 살지 말고, 컨텐트 안에서 살자. 하나님이 나를 항상 컨텐트로 인도해주시는데, 나 혼자 디스컨텐트 안에 쭈그려 앉아 울며 원망하지 말자. 그러면 지옥이다. 하나님이 주시는 은혜의 자리에서 멀어지고 있음을 두려워하라. 자꾸 감사해야 한다. 자족하며 만족해야 한다.

또 다른 감사의 예약

감사할 때 하나님은 또 다른 감사를 허락해주신다. 다윗이 백향목 궁전에서 지나치지 않고 익숙하게 여기지 않고 감사했더니 하나님은 그가 드린 감사의 고백을 기뻐 받으셨다. 그래서 나단 선지자를 통해 말씀하시기를 이런 축복과 감사를 또 주겠다고 하신다.

사무엘하 7장 8절부터 16절에 걸쳐 축복을 약속하신다. 다윗을 존귀하게 세우신 하나님께서 그의 나라를 견고하게 하시고, 그의 후손에게 이 나라와 영광의 왕위를 계속해서 잇게 하시며, 그의 집과 가정, 가문을 대대로 지켜주겠다고 하신다. 자식들이 범죄하면 그때마다 사람의 막대기와 인생의 채찍을 통해서라도 반드시 회복시키시고, 그들을 사울처럼 버리지 않고 은혜를 빼앗지 않겠다고 말씀하신다.

너무나 아름다운 축복이다. 백향목 안에서 감사할 것이 또 생긴다. 그러니 백향목 안은 감사할 때다. 하나님께 감사를 잊어버리지 않고 또 감사했더니 감사할 일이 대대로 계속 이어지게 된다는 거다.

한 지인 목사님이 남침례신학교에서 설교학 박사학위를 받고 내게 학위 논문을 보내주셨는데 논문이 완성되기까지의 감사 내용 중에 "나의 설교 스승이신 안호성 목사님에게 감사드린다"라며 나에 관해 언급한 부분이 있었다. 살면서 영광스러운 일이 많았지만 학위 논문에 나를 스승으로 표현해준 일은 처음이었다.

너무 영광이고 감격이어서 휴스턴 집회에 갔을 때 만나 목사님 부부께 명품 정장을 맞춰드리고 왔다. 사람도 뭔가 감사하고 고마워할 때 거기서 끝나지 않고 계속 뭔가 더 해주고 싶어진다. 이 목사님 가정과는 그 이후로도 또 다른 선순환이 이어지고 있다.

나는 여기서 하나님과 우리의 관계 법칙을 배운다. 하나님이 좋은 것을 주셨는데 내가 입을 싹 닦으면 그걸로 종료다. 영광은 거기서 끝난다. 하지만 그것이 내가 한 것이 아님을 고백하며 하나님께 영광 돌릴 때, 내 삶의 족적에 그런 고백들이 적힌다면 하나님은 얼마나 기쁘시겠는가.

나 같은 사람도 학위 논문 하나에 감사 내용 적혀 있는 것이 너무 감사해서 명품 정장을 입혀주고 싶은데 하나님은 감사하는 사람을 얼마나 존귀로 옷 입혀주고 싶으시겠는가. 우리 그런 인생을 살자. 감사하라. 그래야 또 감사할 것이 이어진다. 또 감사하라. 그러면 다음 감사가 또 예약된다.

그런데 반대의 경우도 두려워해야 한다. 불평하면 또 다른 불평이 이어지고, 원망하면 원망할 일이 계속 생긴다. 만족하지 못하면 불만족할 일들이 계속 이어진다. 그러므로 감사해야 한다. 하나님께 영광 돌려야 한다. 당연하게 여기면 안 된다.

배우 최민수가 신혼 때 형편이 어려운 친구와 같이 살았는데 그 친구가 통장까지 들고 도망을 갔다고 한다. 친구라서 신고도 하지 않았는데 언젠가 한 번 연락이 왔다. 최민수는 그 친구라는 것을 직감적으로 알았고, "잘 전화했고, 마지막이길 바란다. 안타깝다. 평생 더 가져갈 게 많았을 텐데 그거밖에 안 돼서"라고 말하고 전화를 끊었다고 한다.

그 마지막 말이 참 인상적이었다. 우리가 하나님의 영광, 은혜, 감사 안에 거하면 오늘 누리는 것들 겨우 그것뿐이겠는가. 그런데 입 씻으면 그 영광을 도둑질하는 것이다. 나는 이 얘기를 내 전 인생을 걸고 말하고, 자녀들에게도 항상 감사하도록 가르친다. 그것이 내가 여기까지 온 내 발걸음이기 때문이다. 감사의 기회를 놓치면 안 된다.

하나님이 주신 것에 합당한 감사를 다윗처럼 고백하며 드리고 있는지 잘 점검하라. 감동과 감격이 익숙해지고 당연해지면 인생은 망하고 변질되고 결국에는 후회하게 된다. 오늘 일상의 감사를 찾아 감사하고, 모든 영광을 하나님께 돌리며, 그 영광을 도적질하지 않길 바란다.

하나님께 드릴 수 있다면 영광입니다

나는 이번에 자녀들을 유학 보내면서 두 가지 감사가 기억났다.

감사를 심고 헌신하다

2013년도 집회를 다닐 때는 이상하게 작고 어려운 교회들만 만나게 하셨는데 특히 그때마다 가정에 다 고3이 있었다. '저렇게 어려운데 어떻게 대학을 보낼까' 싶어 내가 다 걱정이 되었다.

그러다 자꾸 이런 것을 보게 하시고 내 마음에 부담이 오는 것은 사명이라는 생각이 들어 아내에게 "아무래도 하나님께서 우리에게 원하시는 것 같다"라고 얘기했다. 그래서 그때 작게는 100만 원부터 크게는 전액까지 서른네 가정의 등록금을 내드렸다.

그때부터 우리는 그 대출금을 갚느라고 교육비 통장을 깨고 아이들 학원도 끊어서 3년 동안 보내지 못했다. 그러면서 하나님께 기도했다. "하나님, 제 자식들은 이제 하나님께 다 맡겨드린 겁니다. 책임져주세요"라고.

그리고 2022년 4월에 워싱턴 집회를 마치고 돌아오는 비행기 안에서 너무 감격이 됐다. 나 같은 게 무엇이라고 주님이 은혜를 부어주셔서 저분들이 저렇게 은혜받고 감사하는가, 저렇게 행복해하며 하나님과의 관계가 회복되는가 싶어서.

그러면서 나도 내 자녀들의 이름으로 심어야겠다는 생각이 들었다. 그때는 물맷돌기독대안학교 건물과 기숙사를 사는 일에 올인해서 진짜 10원도 없을 때였는데, '감동을 뒤로 미루지 말자' 하고는 대출을 받아 자녀들 이름으로 큰 헌신을 했다.

나도 있어서 한 것이 아니라 대출 받아 한 것인데 그때 하나님께서 내 자녀들을 책임지시겠다는 확신이 확 들었다. 그후로 많은 분이 도움을 주려고 하셨는데 미국 휴스턴 쪽으로 기회가 열렸다.

나는 집회 다니느라 바빠서 아이의 비자가 나오는 것도 잘 몰랐는데 오히려 미국에 계신 분들이 더 챙기고 도와주셨다. 많은 분이 이 아이들을 위해 기도해주시고 멘토가 되어주고 계신다. 이것은 돈 준다고 되는 것이 아니다. 그런데 하나님을 붙들고 하나님께 감사하니 내가 상상한 수준 이상의 축복이 왔다.

부모의 감사가 대를 잇다

한 번은 아버지가 오셔서 함께 가족 예배를 드리다가 우리 가정이 지금 받는 은혜와 내가 누리는 은혜가 너무 커서 그것을 고백하며 온 가족이 다 우는 시간이 있었다.

그때 내가 자녀들에게 이 모든 것이 할아버지, 할머니가 최선을 다해 목회해주신 열매들을 우리가 따먹는 것이니 늘 두 분께 감사하라고 했는데 아버지가 이런 말씀을 하셨다.

"나는 한 번도 하나님의 영광보다 우리 가정, 내 집을 그 위에 둔 적이 없단다. 한 번도 사택을 화려하게 꾸미지 않았고, 내가 있는 모든 것을 다 바쳐서 하나님의 집을 세우는 데 최선을 다했어."

아버지는 그렇게 해서 하나님의 집을 10개를 건축하셨다. 지금도 그렇지만 나는 그때마다 교회에서 살았고, 한 번도 교회에서 떨어져 살아본 적이 없다. 오직 하나님만을 영광스럽게 하고 내 집보다 교회를 아름답게 짓고자 했다. 이것이 내 삶의 원칙이다.

내 영광과 아름다움, 화려함은 엄청나게 챙기고 조금이라도 손상되면 참지 못하면서도, 하나님께 드리는 헌신과 희생, 감사는 입에 올릴 수도 없을 만큼 찌질하고 쪼잔하지는 않은가?

당신은 하나님께 수많은 은혜와 감사를 구하면서 그분께는 얼마나 많은 영광을 돌리고 얼마나 많은 감사를 드렸는가? 나는 내 인생의 모든 기록을 깬다고 했고, 지금도 감사의 기록을 깨기 위해 계속 도전 중이다. 그런데 아들 성주가 감사헌금을 드리며 감사 제목을 이렇게 썼다.

"하나님, 내 인생에 아빠처럼 감사가 커지게 해주세요."

더 큰 감사를 드리게 해달라는 아들의 감사 제목이 너무 감사했다.

하나님께 감사드릴 수 있는 것도 영광이다. 만일 당신이 대통령에게 무엇을 선물할 수 있는 개인적 유대감이 있다면 아주 영광스럽고 뿌듯하게 생각하지 않겠는가? 최선을 다해 가장 좋은 것으로 정성껏 준비하고 표현할 것이다.

나는 작고하신 한 귀한 목사님의 사모님에게 감사의 선물을 드리며 너무 기뻤다. 그런 귀한 분들과 교제하며 선물을 드리고 감사를 전할 수 있다는 것이 너무 영광이고 감사였다.

그렇다면 우리 하나님께는 어떠한가. 사람에게도 그러는데 하물며 하나님께 감사할 수 있다는 건 영광 중의 영광 아닌가. 그런데도 안 한다면 하나님을 변변찮게 보고 경홀히 여기는 것이다. 하나님을 대접하지 못하니 감사가 안 되는 거다.

하나님은 감사를 드리려고 하는 자들에게 더 감사할 일들을 주신다. 그러나 주고 싶으셔도 감사의 통로가 막히면 못 주실 수 있다. 감사의 통로를 열라. 당신의 입이 문제다. 불평과 원망이 아니라 감사와 만족, 자족의 자리로 나오라.

예수님은 빈 들에서도 감사하셨다. 말씀을 듣기 위해 따라나선 사람들이 빈 들에서 굶고 있을 때 작은 아이의 보리떡 다섯 개와 물고기 두 마리를 가지고 하늘을 우러러 축사, 즉 감사 기도를 드리셨다.

예수께서 떡 다섯 개와 물고기 두 마리를 가지사 하늘을 우러러 축사하시고 떡을 떼어 제자들에게 주어 사람들에게 나누어 주게 하시고 또 물고기 두 마리도 모든 사람에게 나누시매 막 6:41

예수님은 절망의 끝에서도 감사하셨다. 나사로의 죽음과 썩어가는 시신 앞에서도 감사하셨다.

돌을 옮겨 놓으니 예수께서 눈을 들어 우러러 보시고 이르시되 아버지여 내 말을 들으신 것을 감사하나이다 요 11:41

그럼에도, 그럴수록, 그것까지도 감사다. 아직 그만큼이 안 된다 해도 최소한 '그러니까 감사'는 해야 하지 않겠는가. 뭔가 일이 터지고 해결돼서 감사 드리는 게 아니라 백향목 궁전처럼 하나님이 이미 베풀어주신 안전함과 평안함에 만족하며 감사를 올려드리는 우리가 되길 바란다.

18

◆ ◆ ◆

불신의 시대에
믿을 만한 사람

삼하 9:5-8 다윗 왕이 사람을 보내어 로드발 암미엘의 아들 마길의 집에서 그를 데려오니 사울의 손자 요나단의 아들 므비보셋이 다윗에게 나아와 그 앞에 엎드려 절하매 다윗이 이르되 므비보셋이여 하니 그가 이르기를 보소서 당신의 종이니이다 다윗이 그에게 이르되 무서워하지 말라 내가 반드시 네 아버지 요나단으로 말미암아 네게 은총을 베풀리라 내가 네 할아버지 사울의 모든 밭을 다 네게 도로 주겠고 또 너는 항상 내 상에서 떡을 먹을지니라 하니 그가 절하여 이르되 이 종이 무엇이기에 왕께서 죽은 개 같은 나를 돌아보시나이까 하니라

선의를 선의로 갚는 신의

세상에서는 신의와 의리를 지키면 손해 본다고 말한다. 삶을 궁색하고 비천하게 해서 결국 패배하고 후회하게 만든다고 한다. 하지만 우리를 향한 하나님의 분명한 뜻은 우리가 신의와 의리가 있는 자, 믿을 만한 자가 되는 것이다.

사울의 시기와 질투 때문에 꽃다운 청춘의 때를 처참한 도망자의 신세로 살았던 다윗은 그 지긋지긋했던 왕권 다툼이 끝났을 때 얼마나 속이 후련했을까? 비로소 두 발 뻗고 편하게 잘 수 있었을 것이다. 그는 사울과의 전쟁이 마무리되고 나서 이스라엘의 왕으로서 왕권이 확립되었고 정당성과 정통성이라는 권위를 가지게 되었다.

그때 다윗이 가장 먼저 한 행동은 사랑하는 친구, 요나단과의 신의를 지킨 것이었다. 다윗은 요나단과의 의리를 지켜 그의 아들인 므비보셋을 구원하고, 그를 평생 예루살렘에 살게 하면서 왕자들처럼 왕의 상에서 함께 밥을 먹도록 하는 위대한 포용력을 보여주었다.

사실 다윗도 대단하지만 요나단도 참 대단하다. 다윗이 위기에 처해서 가장 힘들고 비참할 때 그를 아끼고 사랑해준 사람은 요나단뿐이었다. 요나단 입장에서는 왕위를 계승하는 데 가장 위험한 요소이자 걸림돌이 되는 정적은 다윗이었다.

그래서 누군가 다윗을 죽여주면 감사할 텐데 요나단은 다윗을 자기 생명처럼 여겨, 사울이 다윗을 공격하고 죽이려 할 때 아버지까지 속이며 자신의 모든 것을 걸고 다윗을 위험에서 건져주었다.

> 다윗이 사울에게 말하기를 마치매 요나단의 마음이 다윗의 마음과 하나가 되어 요나단이 그를 자기 생명같이 사랑하니라 그날에 사울은 다윗을 머무르게 하고 그의 아버지의 집으로 다시 돌아가기를 허락하지 아니하였고 요나단은 다윗을 자기 생명같이 사랑하여 더불어 언약을 맺었으며 요나단이 자기가 입었던 겉옷을 벗어 다윗에게 주었고 자기의 군복과 칼과 활과 띠도 그리하였더라 삼상 18:1-4

그래서 훗날 전쟁에서 승리하고 성공해서 힘이 생겼을 때 다윗은 화근을 없애기 위해 사울 가문의 씨를 말리고 철저하게 복수하는 게 아니라 요나단에게 신의를 지켜, 완전히 몰락한 사울 가문에서 남은 사람을 찾아 하나님의 은총을 베풀고자 했다.

이때 요나단의 아들 므비보셋이 다윗의 레이더망에 들어왔다. 그는 도망치다가 다리를 다쳐서 평생 절름발이가 된 채 고독하고 비참한 인생을 살고 있었다. 다윗은 그런 므비보셋의 목숨을 살려줄 뿐만 아니라 최고로 극진하게 대접해주었다.

오늘날을 살아가는 그리스도인에게 필요한 것이 바로 이러한 신의, 하나님 백성으로서의 의리가 아닌가 생각한다. 신의와 의리를 중요하게 여긴 것은 다윗의 승리 비결이자 그의 인생을 아우르는 성공 비결이었고, 다윗의 리더십에서 가장 큰 장점이었다.

하나님이 하셨음을 인정하는 다윗 리더십

사무엘상 30장의 시글락 사건을 기억해보자. 아말렉의 침입으로 모든 것을 빼앗기고 처참한 초상집 같았던 시글락이 모든 것을 회복하고 잔칫집으로 변하는 역사가 있었다. 그 뒷부분의 이야기에 다윗의 사람됨과 그 리더십의 정체가 확연하게 드러난다.

다윗을 따르는 무리는 600명 정도였는데, 브솔 시내에 이르렀을 때 그중 200명이 피곤하고 기력이 없어 전쟁에 나갈 수 없게 되자 다윗은 그 200명을 제외한 400명만 데리고 아말렉을 쫓았다. 그러다 길에 쓰러져 죽어가는 한 소년을 보고 그를 구해 극진히 보살펴주었다.

아말렉을 쫓느라 긴박하고 절박한 시간이었는데도 다윗은 죽어가는 소년을 그냥 지나칠 수 없어 살려주었다. 그런데 뜻밖에도 그를 통해 아말렉에 관한 중요한 정보를 얻을 수 있었다. 소년은 아말렉의 종이었다가 병들어 버려졌던 것이다.

소년이 알려준 정보 덕분에 다윗은 아말렉이 진 친 곳을 파악하고 잠복했다가 그들이 먹고 춤추며 놀고 있을 때 기습 공격을 하여 승리하고 빼앗겼던 가족과 재산을 회복했으며, 남아 있던 그들의 소유까지 전리품으로 얻게 되었다.

만약 갈 길이 급하다고 쓰러져 죽어가는 소년을 그냥 지나쳤다면 빠르고 완전한 회복은 이루기 어려웠을지도 모른다. 이 승리는 다윗이 사람을 존중하고 귀하게 여긴 덕분이었다.

그런데 한 가지 문제가 생겼다. 전쟁에 참여한 400명 중 악하고 불량한 자들이 전쟁에 참여하지 못한 200명을 무시하는 것이다. 그들은 참전하지 않은 자들은 공로가 없으니 전리품을 받을 자격이 없다면서 가족만 돌려주고 전리품은 나눠주지 말자고 제안했다. 그런데 이때 다윗이 어떤 선택을 하는지 보자.

다윗이 이르되 나의 형제들아 여호와께서 우리를 보호하시고 우리를 치러 온 그 군대를 우리 손에 넘기셨은즉 그가 우리에게 주신 것을 너희가 이같이 못하리라 이 일에 누가 너희에게 듣겠느냐 전장에 내려갔던 자의 분깃이나 소유물 곁에 머물렀던 자의 분깃이 동일할지니 같이 분배할 것이니라 하고 그날부터 다윗이 이것으로 이스라엘의 율례와 규례를 삼았더니 오늘까지 이르니라 삼상 30:23-25

이건 하나님이 주신 승리라는 것이다. 하나님이 주신 회복과 부흥이므로 승리는 하나님의 소유라는 것이다. 모든 것은 하나님이 하셨고 그분의 뜻과 방식대로 이루신 것이니, 전쟁에 승리하여 차지한 소유를 모든 사람에게 동일하게 분배하는 것이 옳다고 선포한다. 이것이 바로 다윗의 리더십이다.

그때부터 이스라엘에 규례가 생겼다. 다윗은 승리해서 얻은 전리품은 부상과 병약함으로 전쟁에 나가지 못했을지라도 모든 사람에게 동일하게 분배하도록 규례를 만들었다. 다윗의 리더십은 나중에 그가 가장 강력한 지도력을 발휘하는 데 핵심이 되고, 권력을 더 공고히 하고 부국강병을 이루는 초석이 되었다.

포용과 의리, 신의를 지키고 살아가는 게 나에게 당장은 손해가 되고 유익이 없는 것처럼 느껴질 수 있다. 그러나 장기적인 관점에서 바라볼 때는, 하나님의 뜻과 목적에 부합하다면 하나님께서 우리에게 더 큰 것을 주시는 은혜의 통로가 될 것이다. 그러므로 신의와 의리 있는 자가 되는 자세가 필요하다.

하나님의 법칙은 세상의 법칙과 다르다

예전에는 모든 것을 직접 사람을 만나서 해결했으므로 관계가 매우 중요했다. 그런데 모든 업무의 비대면 처리가 가능한 시대가 되면서 대면 업무도 줄어들고 인간관계의 온기를 느끼기 힘들어졌다. 사람들도 점점 인간관계를 소홀히 하고, 관계의 중요성을 잃고 있다.

그러나 AI와 최첨단 문명이 도래하고 첨단기술 시대가 되어도 가장 중요한 건 신뢰다. 최첨단 기술이 통용되더라도 가장 먼저 신뢰가 바탕에 깔려있어야 눈에 보이는 곳에서 보이지 않는 곳으로 숫자가 옮겨지는 게 가능해진다.

실리콘밸리 은행은 미국에서 자산 규모가 꽤 큰 은행이었다. 이 은행은 지점이 하나도 없는 오프라인 은행으로 유명했다. 모든 거래가 인터넷을 통해 온라인으로 이루어지므로, 사람을 한 번도 만나지 않고 계좌를 개설해 은행의 모든 업무를 볼 수 있는 장점 덕분에 큰 성장을 이룰 수 있었다.

그런데 신뢰가 한 번 깨지면 모든 것이 다 무너지고 만다는 것을 증명하는 사건이 일어났다. 뱅크런(Bank Run, 은행의 대규모 예금인출사태)이 발생한 것이다.

예전에는 은행이 파산하면 사람들이 통장을 들고 아침부터 줄을 섰다. 줄이 길어서 그날 은행 업무를 보지 못하면 다음 날에도 줄을 서서 기다렸다. 그러다 보니 은행은 파산해도 문제를 해결하기까지 시간을 확보할 수 있어서 수습할 기회를 얻을 수 있었다.

그런데 실리콘밸리 은행은 모든 업무가 인터넷 접속으로 끝나기 때문에 줄 설 필요가 없었다. 한번 신뢰가 무너지자 몇 시간 만에 모든 사람이 인출을 다 끝내버려 뱅크런이 종료되고, 엄청난 규모의 자산이 무색하게 은행은 하루아침에 문을 닫게 되었다.

이처럼 첨단기술 시스템으로 사람을 만나기 힘들고, 냉랭하며 인간 관계를 중요하게 여기지 않는 시대에 살고 있어도 사람 사이에서 가장 중요한 것은 신뢰다. 신뢰는 한번 무너지면 완전히 끝난다.

중국 공산당이 권력 투쟁에서 승리하기 위해 선동하는 법칙이 있다면 바로 '면후심흑'(面厚心黑)이다. 마오쩌둥이 이 내용이 실린 《후흑학》(厚黑學)을 탐독한 후 문화대혁명을 일으켰다는 말도 있다.

청나라 말기와 중화민국 초기에 리쭝우라는 사상가는 난세의 통치학 '후흑학'을 외치며, 천하를 호령했던 영웅들을 보면 '면후심흑', 즉 얼굴이 두껍고 시커먼 속마음을 가진 자들이 결국 승리해서 왕권을 차지했다고 말했다.

완벽한 성공을 이루고, 권력을 얻고 승리하기 위해 더 철면피가 되고 더 철저하게 흑심을 지녀 누구에게도 속내를 들키지 않는 것. 세상은 이것이 승리의 법칙이라 말하며, 권력이란 투쟁해서 이기고 빼앗는 것이라고 가르친다.

장사꾼에게는 사업을 대하는 3가지 마음이 있는데 욕심, 의심, 변심이다. 욕심을 거두는 순간 돈을 못 벌기 때문에 욕심이 있어야 하고, 어떤 것이든 믿지 말고 항상 의심해야 하며, 돈이 좀 되면 언제든지 마음을 바꾸고 변심해야 한다는 것이다. 욕심이 가득하고 남을 의심하며 쉽게 변심하는 것이 세상을 살아가는 장사치들의 성공 전략이다. 어쩌면 우리도 그렇게 살아가고 있는지 모르겠지만….

하지만 하나님이 승리를 이끄시고 성공하게 하시는 믿음의 법칙은 속임과 선동이 난무하고 낯 두껍고 속이 시커먼 면후심흑과는 전혀 다르다. 하나님의 법칙은 정직하고 신실하다. 손해를 보고, 때로는 후회할지라도 신의를 지키고 의리의 대가를 치르는 것이 진정한 신앙이고 하나님이 주시는 승리의 비결이다. 하나님은 신의와 의리, 충성으로만 살아도 우리에게 복을 주신다고 말씀하신다.

하나님의 약속은 영원히 유효하다

이러한 하나님의 뜻이 제대로 구현되는 것을 기브온과의 관계에서 볼 수 있다. 여호수아서 9장에서 이스라엘 백성들의 강함을 본 기브온 족속은 낡은 옷과 포도주 부대로 누가 봐도 아주 멀리서 온 것처럼 가장하고 이스라엘 백성을 속여서 화친의 조약을 맺는다.

그들은 이스라엘과 화친한 일로 다른 가나안 족속들에게 공격당하자 여호수아에게 도움을 청한다. 이스라엘로서는 속아서 맺은 조약이었지만 그럼에도 하나님은 그 약속을 유효하게 여기고 지키기를 원하신다. 그것이 의리이고 신의이며, 진정한 믿음이기 때문이다.

이에 여호수아는 지체하지 않고 하나님의 명령을 따른다. 길갈에서 기브온까지 35-40킬로미터나 되는 오르막길을 밤새 올라가서 그들을 구원하고 도왔다. 하나님의 말씀이고 명령이었기 때문이다.

상대가 나를 속였으니 나도 그들을 속여도 된다고 생각하며 계산적으로 행동하는 것은 하나님의 뜻이 아니다. 갑작스럽고 억울하게 맺어진 평화조약이어도 하나님은 신실하게 약속을 지키길 원하신다.

반면, 사무엘하 21장에는 이 기브온 족속과 관련해 다른 사례가 나온다. 다윗이 왕위에 오른 후 3년 기근이 들었다. 그래서 이 일을 하나님께 여쭈었더니 하나님은 사울이 기브온의 피를 흘렸기 때문에 일어난 일이라고 말씀하셨다.

여호수아를 속여서 평화 조약을 맺은 기브온 족속은 이스라엘 족속이 아니었지만, 종이 되어 이스라엘 백성과 함께 하나님의 약속의 땅에 머물러 살면서 허드렛일을 감당했다.

그런데 훗날 왕권을 잡은 사울이 기브온 족속을 죽여 평화 조약을 깨자 하나님은 진노하셨다. 그 평화의 약속을 유효하게 여기셨기 때문이다. 여호수아가 기브온과 조약을 맺은 지 500년이 흘렀어도 하나님의 약속은 유효하다. 자기의 유익을 따라 약속을 어기고 평화를 깨뜨리는 것, 신의를 지키지 않는 것은 결코 하나님의 뜻이 아니다.

기근의 원인을 알게 된 다윗은 기브온에 약속 어긴 것을 사과하고 잘못을 빌어야 하나님께서 용서하고 복을 주신다는 것을 깨닫고 기브온 사람들을 불러서 "내가 어떻게 속죄하여야 너희가 여호와의 기업을 위하여 복을 빌겠느냐"(삼하 21:3)라고 물었다.

기브온은 약속을 깨뜨린 사울의 자손 일곱 사람을 목매달아 죽여야 해결될 거라고 말했다. 그래서 다윗은 그들의 말대로 7명을 내어주는데 여기서 요나단의 아들 므비보셋은 내놓지 않는다. 어쩌면 가장 먼저 목을 매달 사람은 사울의 직계인 므비보셋인데도….

다윗은 500년이 지난 약속이라도 하나님 앞에서 존중하고 신의를 지키려 했으며, 그런 와중에도 므비보셋을 끝까지 보호하려 했다. 사무엘하 9장에 나온 것처럼, 그는 므비보셋을 지키고 용서하는 것을 한 번만 하고 끝낸 것이 아니라, 이후에 위기가 찾아왔을 때도 끝까지 놓지 않고 계속해서 아끼고 살폈다.

불확실한 시대에서 확실한 사람으로 살아가다

급변하는 이 시대는 모든 것이 불확실하고 무엇 하나 예측할 수 있는 것이 없을 정도다. 고정되고 확정된 것이 하나도 없고 불확실성으로 가득하다. 그런 불확실한 시대에도 교회는 예측이 가능한 곳이 되며, 세상이 요동하고 변해도 교회와 예배는 이대로 계속 존재할 것을 이 시대에 보여주어야 한다. 예측할 수 없는 시대에서 유일하게 찾을 수 있는 답은 내가 예측할 수 있는 사람이 되는 것이다.

눈물겨운 의리와 신의가 그리운 시대다. 세상은 자꾸만 의리를 저버린다. 다수의 이익과 행복을 누릴 수 있는 합리적이고 효율적인 방안이 있다면 기꺼이 소수를 희생하겠다고 말한다. 하루아침에 시커먼 속을 드러내고 두꺼운 낯짝을 드러내며 쉽게 등을 돌린다. 돈이 있고 자신들의 유익이 있는 곳을 찾아 움직이며 그곳에만 머무르려는 것이 이 시대의 특징이고 이 시대의 인간상이다.

교회는 절대 공리주의가 아니다. 공리주의의 기준은 효용이고 유익이고 행복이다. 공리주의는 다수의 행복을 위한 거라면 절대적으로 선하다고 말한다. 그러나 교회는 공리주의와 달라야 한다. 합리성과 효율성으로 살아가면 안 된다. 더 크고 많은 일을 하기 위해 합리성을 따지고 싶어도 교회와 목회는 합리와 효율이 침투할 수 없는 거룩한 영역이 되어야 한다.

만약에 교회가 합리성으로 이루어졌다면 그 안에 있는 모두가 살아남을 수 없다. 교회란 '에클레시아'(ecclesia), 은혜받은 자들의 모임이다. 그 은혜는 십자가 은혜를 의미한다. 단순 껍데기만 교회가 아니라 십자가 보혈의 은혜를 받은 사람의 모임과 공동체가 교회다. 그래서 우리는 은혜받은 자들인 것을 시인해야 한다.

하나님의 독생자인 예수님이 이 땅에 성육신하여 오신 것, 십자가의 은혜는 인류가 경험한 가장 비효율적이고 비합리적인 사건이다. 우리 같은 더러운 죄인을 하나님과 관계 회복시키려고 그분이 오신 것이기 때문이다. 이보다 더 비합리적이고 비효율적인 것은 없다.

그 은혜를 입은 수혜자들이 교회이고 성도인데 어느 순간부터 교회가 공리주의에 빠져서 효율과 합리를 찾고 있다. 기업과 장사치는 그렇다 해도 교회는 그들과 같으면 안 된다. 교회는 합리와 효율의 원리가 절대 작동되지 말아야 하는 공간이다. 작은 것을 아끼고 소수를 품으며 사랑해야 한다. 예측 불가능하고 변화무쌍한 상황, 어떤 조건과 유혹에도 흔들리지 않고 그대로 있어야 한다.

그래서 이 시대에는 예측 가능한 사역자와 목회자, 직분자가 필요하다. 왜 '항존직'이라 하는가. 예측 가능한 사람이 되어달라는 것이다. 모든 그리스도인은 하나님께서 원하시는 대로 신의 있고 의리가 있는 사람, 돈과 유익부터 계산하지 않으며 명예와 권력에 시선을 뺏기지 않고 신의를 선택하는 사람이 되어야 한다.

그리스도인이 속이는 기술과 전략, 그리고 두꺼운 낯과 검은 속내로 돈과 권력에 욕심내어 언제든지 의심하고 변심하는 사람이 아니라, 미련하고 어리석어 보여도 끝까지 자리를 지킬 수 있는 아름다운 거룩함, 세상과 구별된 특별함을 갖춘 사람이기를 바란다.

고난을 함께한 자들을 기억하라

세상에서 성공해서 풍족하게 누릴 때 의리를 더 잘 지켜야 한다. 지난 모진 세월을 나와 함께한 소중한 것들을 기억하고, 지금의 내가 나

된 모습으로 이 자리에 있기까지 수많은 시간 동안 눈물과 탄식과 한숨을 받아주었던 사람을 기억하라.

춘추 전국 시대를 제패한 다섯 왕 중 두 번째인 진나라의 황제 문공은 다윗과 비슷한 젊은 날을 보냈다. 20년 동안 망명 생활을 하며 모진 수모와 아픔, 그리고 외로움을 겪다가 고국의 부름을 받고 들어와 진나라를 이끌며 춘추 전국 시대를 제패한 것이다.

오랜 방랑을 마치고 고국에 돌아오게 된 문공은 얼마나 감개무량했겠는가. 진나라에 입성하기 전날 밤, 지난 세월을 돌아보는데 그 혹독하고 비참했던 삶이 사무치게 싫었던 그는 이제 구질구질했던 과거는 전부 다 지워버리고 싶었다.

그래서 부하들에게 자신의 물건을 다 버리라고 명령했다. 나무를 깎아 만든 투박한 그릇들, 길바닥과 산속에서 노숙하며 덮고 잤던 거적때기도 다 꼴 보기 싫으니 강에 던지라고 했다. 그러고는 자신을 따르던 부하들 중 새까맣게 야위고 노쇠한 자들을 보니 부끄럽고 위신이 안 선다는 생각이 들어 뒤쪽으로 세우라고 명령했다.

그날 밤 구슬픈 울음소리가 들려왔다. 문공의 충신인 구범이었다. 왜 천하를 제패한 기쁨을 방해하느냐고 문공이 질책하자 구범은 그 버려진 것들이 지난 세월 자신들의 굶주린 배를 채워주고 피로에 지친 몸을 품어준 고마운 것들인데 그것을 문공이 부끄러워하고 버렸음을 일깨워주었다.

또한 손발에 굳은살이 배기고 얼굴이 수척해서 검게 그을린 자들은 그동안 목숨을 걸고 고생하며 공을 세운 자들인데 이들을 부끄럽게 여겨 뒤로 세운 것을 보니 자신도 이제 그들과 함께 버려져서 뒤에 서게 될 것이기에 그 슬픔을 견디지 못해 울었다고 말했다.

그 말을 들은 문공은 자기 잘못을 크게 뉘우치고 통곡했다. 수레를 끄는 말 한 마리를 잡아 황하의 신에게 제사를 올리고, 구범을 비롯해 그동안 함께 고생한 자들과 공을 나누며 나라를 다스리겠다고 맹세했다. 이후 정한 뜻대로 그들을 보살피면서 마침내 춘추 전국 시대를 이끈 훌륭한 황제가 될 수 있었다. 한비자는 문공의 일화를 통해, 강력하고 권위를 가진 진정한 패자(霸者)의 자리는 고난을 함께했던 자들을 품는 것이라는 교훈을 전한다.

오랫동안 고생하다가 크게 성공해서 형편이 나아지면 그동안 고통을 나누며 함께한 것들이 구질구질해 보이고, 고생했던 시절을 잊고 싶을 수 있다. 그러나 지금 누리는 성공은 거친 식기와 거적때기, 그리고 자기 몸을 아끼지 않고 희생하며 어떠한 어려움에서도 자리를 지켰던 '구질구질한 나의 사람들' 덕분인 것을 잊지 말아야 한다.

나라가 위험에 처했을 때 자신의 인생을 기꺼이 희생한 이름 없는 수많은 용사들, 좌절 속에서 밤잠을 이루지 못하고 한숨으로 밤을 지새울 때 그 고통과 아픔을 함께하며 곁을 지킨 가족들, 회사를 살리기 위해 동분서주하며 함께 자리를 지켜준 동료들(설령 그들이 기억하고 싶지 않은 나의 치부를 너무 많이 알고 있을지라도), 그리고 무엇보다도 가장 귀한 하나님의 사랑까지 말이다.

신앙생활은 십자가에 대한 의리를 지키는 것

인생을 살다 보면 좋은 날도 있지만 슬픈 날도 있다. 형통하다가도 넘어지고, 처참하고 비굴해져 낙심할 때도 있다. 그런데 그때는 하나님이 정하신 것이다. 그래서 우리는 하나님이 허락하신 때를 수긍하고 잘 누리면서 그분의 뜻을 좇아야 한다. 내가 날씨를 바꿀 수 없다. 그 때그때 날씨에 맞춰 적응하고 수용할 뿐이다. 우리는 하나님께서 주신 그때를 잘 맞이하고 살아가야 한다.

하나님께서 형통과 번성과 축복을 주시더라도 우리는 과거의 수많은 아픔과 고난의 흔적을 지우기를 원할 때가 있다. 그런데 다윗은 그러지 않았다. 오히려 모든 것을 품고 수용하며 나아갔다.

구질구질했던 과거의 기억, 지금 내 능력을 볼 때 흠과 화근이 된다고 생각하는 모습들도 기꺼이 품으며 아끼고 사랑했을 때 하나님께서 주시는 진정한 리더십과 능력과 권세가 다윗에게 임했다.

하나님의 의리가 없었다면 지금 이곳에 우리는 없었다. 하나님은 우리와 하신 약속과 의리를 지키셔서 하늘 보좌를 버리고 몸소 이 땅까지 내려와 진정한 의리를 보여주셨다.

그런 의미에서 신앙은 단순하다. 십자가에 대한 의리를 지키는 것이다. 세상이 달콤하게 유혹하고, 쓰고 매운 고통과 핍박이 있어도 십자가에 대한 의리를 지킬 줄 아는 게 신앙생활이다.

영화 〈라이언 일병 구하기〉에서도 하나님의 사랑을 느낄 수 있다. 라이언 가문의 4형제가 제2차 세계대전에 참전했는데 노르망디 상륙작전에서 세 형제가 죽고 막내 한 명만 남게 된다. 사령부에서는 막내 제임스를 구해 집으로 보낼 것을 명령하고 이에 8명의 특공 대원들이 죽음을 무릅쓰고 그를 구하러 간다.

영화에서 라이언 일병을 구한다는 건 한 사람의 목숨을 8명과 맞바꿔야 한다는 상징성을 지니고 있다. 그런데 영화를 보다 보면 8명의 대원도 누군가의 귀한 아들일 텐데 한 사람 때문에 희생당하는 것이 과연 옳은가 묻게 된다.

하나님은 나를 구원하고 지금 이 자리에 두기 위해서 독생자 아들을 이 땅에 보내어 십자가를 지게 하셨다. 우리는 신앙생활 가운데 자기 심장을 찢으신 그분의 아픔과 고통을 잊지 말아야 한다.

우리가 분노하고 변심하는 이유는 십자가에 대한 감격과 은혜를 잊고 살아가기 때문이다. 십자가를 생각한다면 누가 그 앞에서 섭섭해하고 서운해하고 짜증 내고 분노할 수 있겠는가? 그 사랑을 기억하고 지키는 것이 의리이고 믿음이다.

십자가의 희생으로 나에 대한 의리를 지키고 대가를 치르신 예수님의 의리를 본받아 우리도 작은 예수가 되어야 한다. 불신의 시대에 우리의 삶과 주변 사람에게 의리와 신의를 퍼뜨리며 믿을 만한 사람이자 공동체가 되어야 한다. 그래서 그리스도인은 그'의리'스도인이고, 크리스천은 크'의리'스천이라는 것을 세상 사람들이 알게 해야 한다.

신의와 의리라는 무기를 장착하라

공범으로 잡힌 두 용의자가 있다. 각자 끝까지 침묵을 지키면 범인을 찾지 못해 둘 다 1년 징역을 살지만, 둘 중 한 명이 자백하면 본인은 무죄로 풀려나고 상대방은 10년 징역을 살며, 둘 다 자백하면 각각 3년 징역형을 받는다. 용의자들은 '둘 다 침묵', '한 명이 배신', '둘 다 서로 배신'이라는 선택지 중 하나를 골라야 한다.

죄수의 딜레마(Prisoner's dilemma)라는 게임 이론이다. 이 게임을 통해서 알 수 있는 건 인간은 서로를 믿지 못한다는 것이다. 다들 자신은 믿을 만한 사람이고 배신할 사람이 아니지만 상대방은 그렇지 않을 것으로 생각한다. 그래서 둘 다 상생할 효율적인 방법이 있는데도 서로를 믿지 못해서 비참한 선택을 하고 만다.

이것이 세상을 사는 인간의 모습이지만 교회와 성도의 삶일 수도 있다. 신의가 없으니 간단하게 풀릴 문제도 어렵게 꼬여 계속 고되고 힘든 삶을 살아간다. 그러면서 자신의 인생이 불쌍하고 비참하다고 울면서 억울해한다.

그런데 이러한 행위들이 신뢰 없는 시대를 더 신뢰 없게 만드는 길이다. 이렇게 신의와 믿음이 없는 시대 가운데 교회가 신의 있고 의리 있는 모습을 보여주면 얼마나 좋겠는가?

고대 중국의 사상가였던 공자도 신뢰의 중요성을 피력했다. 그는 나라를 지키기 위해서는 무기와 식량 그리고 신뢰가 필요한데 나라가 어지러워져 이들을 모두 취할 수 없다면 먼저 무기를 포기하고, 그다음은 식량을 포기하되, 신뢰만은 절대로 포기하지 말고 끝까지 지켜야 한다고 말했다. 신뢰가 사라지면, 지켜야 할 공동체 자체가 더 이상 존재할 수 없기 때문이다.

투자의 귀재 워런 버핏은 "평판을 쌓는 데는 20년이 걸리지만 무너뜨리는 데는 5분이면 족하다"라고 말했다. 충성과 신의도 잃어버리는 데는 5분도 안 걸리지만, 절대 단기간이나 하루아침에 만들어지지 않으며 시간이 쌓여야만 장착되는 무기다. 그러나 한번 삶에 장착되면 무시 못 할 큰 힘과 능력이 된다. 그러니 이미 늦었고 끝났다고 생각하지 말고 지금부터라도 신의와 의리를 쌓아가자.

성경에는 불확실한 시대에서도 예측 가능한 인생을 살아간 다윗과 같은 충성스러운 하나님의 종들이 있다. 믿을 만한 사람이 하나도 없는 불신의 세상에서 우리 그리스도인들은 신의와 의리를 지키며, 자신의 삶을 믿을 만한 공간과 영역으로 하나님나라를 확장해나가는 거룩한 빛과 소금이 되길 소망한다.

죄수의 딜레마에 빠져서 신의와 의리 없는 이 시대의 풍조를 따르지 말고, 손해 보고 상처를 받더라도 하나님의 약속을 지키며 예측할 수 있는 삶에 나의 인생을 고정하자.

재물과 이익을 위해 신의를 저버리는 대신 신앙인의 고결하고 순결한 명예를 선택하며 세상과 구별된 거룩한 삶을 살아간다면 주님이 높이시고 그 인생을 능력있게 하실 것이다.

많은 재물보다 명예를 택할 것이요 은이나 금보다 은총을 더욱 택할 것이니라 잠 22:1

19

• • •

갈등의 시대에
화평을 이루는 사람

삼하 9:5-8 다윗 왕이 사람을 보내어 로드발 암미엘의 아들 마길의 집에서 그를 데려오니 사울의 손자 요나단의 아들 므비보셋이 다윗에게 나아와 그 앞에 엎드려 절하매 다윗이 이르되 므비보셋이여 하니 그가 이르기를 보소서 당신의 종이니이다 다윗이 그에게 이르되 무서워하지 말라 내가 반드시 네 아버지 요나단으로 말미암아 네게 은총을 베풀리라 내가 네 할아버지 사울의 모든 밭을 다 네게 도로 주겠고 또 너는 항상 내 상에서 떡을 먹을지니라 하니 그가 절하여 이르되 이 종이 무엇이기에 왕께서 죽은 개 같은 나를 돌아보시나이까 하니라

이 시대 갈등을 완화시키는 완충재

갈등이 판을 치고 피비린내 나는 혈투극이 벌어질 상황에서 다윗이 보여준 태도는 얼마나 아름다운가. 오늘날 이 시대를 살아가는 우리에게 하나님께서 원하시고 명하시는 태도가 아닌가 생각한다.

예수님이 화목과 화평을 위해 이 땅에 오신 것처럼, 갈등과 분열이 당연시되고 분노와 혈기가 판치는 것이 예상되는 상황에서 우리가 할 일은 갈등을 완화하는 완충재 역할이라고 믿는다. 그래서 거칠어질 대로 거칠어진 시대에 교회가 윤활유가 되어야 한다.

모든 것이 하나님께로서 났으며 그가 그리스도로 말미암아 우리를 자기와 화목하게 하시고 또 우리에게 화목하게 하는 직분을 주셨으니 고후 5:18

우리가 죄를 범해서 하나님과 화목할 수 없는 죄인일 때 예수님은 이 땅에서 십자가 사랑으로 우리를 화목하게 하시고, 거기서 끝나는 것이 아니라 그 화목의 직분을 우리에게도 맡겨주셨다.

교회 안에 집사와 교사, 그리고 목사와 같이 여러 직무와 직책이 있지만, 십자가의 은혜와 사랑을 받은 그리스도인이라면 누구에게나 화목의 직책이 있어서 빛과 소금이 되는 이 역할을 감당해야 한다.

현대 사회는 첨예하게 대립하며 날카롭게 날이 서 있다. 갈등이 너무도 치열하다. 그래서 누군가는 스펀지처럼 완충재가 되고 윤활유가 되어주어야 하는데 그 역할을 할 수 있는 건 교회밖에 없다. 바로 그리스도인이 해야 할 역할이다.

혈기와 분노, 갈등과 분열을 잠재우는 답은 양보와 배려, 희생과 헌신, 그리고 관심과 사랑밖에 없다. 이런 것이 나올 수 있는 곳은 교회뿐이다. 교회가 이러한 가치들의 생산자이기 때문이다. 우리는 하나님의 뜻을 좇아 화목의 직무와 직책을 담당하는 사람으로서, 날이 선 갈등의 시대에서 완충재 역할을 감당해야 한다.

하나님의 뜻을 이루기 위해 화평하라

화목의 직책을 감당하며 갈등의 완충재 역할을 하기 위해서는 화평해야 한다. 성내고 분노하는 것은 스스로 하나님의 뜻을 깨뜨리는 것이고 하나님의 의와 그분의 뜻을 이루지 못하게 한다.

> 사람이 성내는 것이 하나님의 의를 이루지 못함이라 약 1:20

화가 난다면 이 말씀을 되새기기를 바란다. 무엇 때문에 화가 났는지 이유는 중요하지 않다. 상대방이 아무리 몰상식하고 비인격적인 태도로 굴더라도 분노를 표출하면 무조건 지는 것이다. 가정과 교회에서 아무리 억울하고 분한 일이 생겨도 하나님의 뜻을 이루지 못하는 것보다 더 중요한 것은 없다.

분노와 갈등, 혈기로 하는 다툼과 싸움은 하나님과의 관계를 깨뜨려 영적인 작업을 실패하게 한다. 교회는 하나님께서 직접 만드신 생명이고 유기체이므로 어떤 시스템을 도입하지 않고 가만히 두어도 성장하게 되어 있다. 그런데 성장하지 못하는 이유는 그 안에서 싸움과 분열이 일어나기 때문이다. 갈등이 일어나면 반드시 그 안에는 분노가 있어서 성장과 축복을 깨뜨리고 빼앗기게 된다.

> 분을 내어도 죄를 짓지 말며 해가 지도록 분을 품지 말고 마귀에게 틈을 주지 말라
>
> 엡 4:26,27

살면서 화를 안 낼 수는 없으나 화를 오래 지속시키고 분노가 있는 상태로 행동하며 죄를 지어서는 안 된다. 마귀에게 틈을 주고 하나님의 의를 깨뜨려 은혜를 누리지 못하게 되기 때문이다.

마귀가 내 삶에서 활동하도록 공간을 내주면 마음에 비판적이고 비관적인 생각들을 쌓아두게 된다. 그러면 절대 하나님의 역사가 이루어지지 못한다. 저수지나 댐과 같은 웅덩이에 틈이 하나 생기면 별것 아닌 것 같지만 언젠간 반드시 터지기 마련이다.

상대방이 몰상식하고 비인격적으로 굴었기 때문에 화를 내고 분노하는 것이 당연한 반응이라고 정당화하고 싶겠지만, 이유가 어떻든 내면에 분노와 혈기가 가득하면 마귀에게 틈을 주게 되고 그 결과는 다 내 손해다.

우리를 만들고 창조하신 분이기에 피조물인 우리를 가장 잘 아시는 주님이 먼저 화목하고 화평해진 후 나아오라고 하신다. 예배의 자리는 절대 우리 감정을 주장하는 곳이 되면 안 된다.

> 그러므로 예물을 제단에 드리려다가 거기서 네 형제에게 원망 들을 만한 일이 있는 것이 생

각나거든 예물을 제단 앞에 두고 먼저 가서 형제와 화목하고 그 후에 와서 예물을 드리라

마 5:23,24

사이가 좋은 부부라도 예배 전에 집에서 부부싸움을 하고 마음이 상해서 냉전 상태로 교회에 올 수 있다. 다투고 내면에 분노가 있는 채로 예배에 오게 되면, 그들이 신앙생활을 열심히 했더라도, 아무리 찬양이 좋고 목사가 진심으로 마음을 다해 설교하더라도 예배를 통해 은혜받지 못한다.

분노와 갈등이 내재된 채로 예배드리면 무조건 실패한다. 마음이 격분되고 괴로울 때는 영적인 작업을 시도할 수 없기 때문이다. 그러면 하나님과의 관계에서 깊은 지경으로 들어갈 수 없고, 하나님과의 관계가 이루어지지 않아 은혜를 누리지 못하는 것이다.

믿음이 성장하려면 은혜 가운데 잘 자라야 한다. 자녀와 후손에게도 멋진 신앙의 대를 이어주며 신앙의 명문 가문을 세우려면 가정과 교회에 마귀가 역사하여 일하지 않도록, 틈을 주지 말아야 한다.

교회의 역사와 부흥을 막는 마귀의 전략

우리에게 하나님의 역사가 임하며 놀라운 축복과 은혜가 임할 때, 마귀가 하는 일은 하나님의 뜻을 꺾는 것이 아니다. 마귀는 하나님보다 낮고 하위에 있는 존재이므로 마귀가 하나님의 뜻을 꺾는다는 것 자체가 애초에 성립되지 않는다. 그저 우리에게 갈등의 불씨를 하나 던질 뿐이다. 그러면 그 불씨가 우리를 성내고 분노하게 만들어서 하나님의 뜻을 다 깨뜨린다.

셰익스피어의 4대 비극 중 하나인 〈오셀로〉는 배신과 질투의 희곡이다. 앙심을 품은 부하 이아고는 오셀로에게 아내 데스데모나가 다른 남자와 불륜을 저질렀다는 거짓말로 의심의 씨앗을 뿌린다. 결국 오셀로는 의혹과 질투에 사로잡혀 사랑하는 아내를 살해하고 자신도 목숨을 끊는 비극을 맞는다.

한 사람의 인생을 송두리째 망치는 것은 물리적으로 칼로 찔러 죽이는 것만이 아니다. 잘못된 생각의 씨앗을 한번 뿌려 놓으면 이것이 뿌리를 내리고 자라 스스로를 망친다.

비관적이고 비판적인 마음, 욕심 많고 음흉한 마음, 이기적이고 자기중심적인 마음은 마귀가 역사하기 좋은 밭이다. 그래서 의심과 갈등과 분열의 씨앗을 이런 마음 밭에 뿌린다.

마귀가 하는 일이 바로 이것이다. 우리는 마귀의 전략을 분별하고 파악해야 하는데, 마귀는 하나님의 큰 역사가 이루어지는 부흥과 축복, 회복이 있기 전에 갈등과 분열을 조장한다. 그래서 우리 스스로 그 축복과 능력을 깨고 포기하게 만든다.

하나님의 놀라운 역사가 일어나서 축복과 부흥이 일어나고 크게 영향력을 미치려 할 때 반드시 나타나는 공통적인 특징과 현상이 바로 분노와 분쟁과 분열이다. 교회에 하나님의 말씀과 권위와 질서가 공급되어야 할 때 의심이 툭 하고 들어와서 자라나고 번성하며 은혜의 통로를 차단하는 것이다.

마귀가 던지는 갈등과 분열의 씨앗은 우리 내면의 가장 약한 쪽을 공격한다. 그래서 삐뚤어진 마음으로 모든 걸 비관적이고 부정적으로 바라보게 만들고, 권위와 질서에 복종하지 못하게 하며, 다른 사람의 말에 휘둘리거나 그들을 선동하게 한다.

20년 동안 목회하면서 교회에서도 이러한 분쟁과 분열의 영이 역사하는 것을 수없이 봐왔다. 교회에 큰 역사와 부흥이 일어나려고 할 때 항상 공동체 안에서 싸움이 일어난다. 사역팀에서 갈등이 일어나고, 사역자들끼리도 언쟁한다.

마귀가 아니라 우리가 스스로 깨뜨리는 것이다. 하나님께서 놀라운 축복과 은혜를 예비하고 계시는데 우리의 감정과 분노와 혈기로 다투다가 하나님께서 주시는 축복과 은혜와 부흥을 깨뜨리고 만다.

그럴 때 우리가 피해자이면서도 가해자가 되는 것이 안타깝다. 우리가 어떤 사건을 개인적인 일이라고 단순하게 생각해도 분열의 파도에 교회가 휘둘리게 되면 끝나는 것이다.

이것이 세상의 법칙이며 세상의 방법을 따랐을 때 파생되는 비극이다. 하나님의 백성은 세상과 달라야 한다. 갈등의 시대를 살아가며 마귀가 아무리 분열의 씨앗을 던져도 분노와 혈기를 키우지 말고 다윗처럼 위기를 극복하고 견뎌내야 한다. 그러므로 싸우지 않겠다고 스스로 선택하는 것이 하나님의 뜻을 이루기 위한 한 줄기 희망이 될 수 있다.

분노를 다스리는 지혜

분노라는 감정은 한번 틈을 주면 눈덩이처럼 커진다. 가둬 놓으면 아무것도 아닌데 입을 벌리고 얘기하기 시작하면 정말 사소한 일도 아주 큰일로 만들어버린다. 그러면 여러 명의 피해자를 만들기도 하며 관계에도 악영향을 끼친다. 가정을 깨뜨릴 수도 있고 교회를 파괴할 수도 있다.

절체절명의 위기의 순간, 망하는 길로 가느냐 위대함으로 나아가느냐가 달린 갈림길에서 내가 나를 건사하지 못해서 은혜를 누리지 못하는 일이 일어나지 않기를 바란다. 내면에 부정적인 생각과 분노와 혈기가 있으면 하나님의 말씀은 은혜로 다가가지 못하기 때문이다.

하나님이 주신 말씀은 진짜인데 우리가 받은 말씀이 중간에 배달 사고가 나서 목적지에 올바르게 도착하지 못하고 가다가 썩고 오염돼서 실패한다. 입구로 잘 들어와도 중간에 필터가 오염됐는데 어떻게 올바르게 통과할 수 있겠는가? 그래서 신앙생활이란 필터가 오염되지 않도록, 또 오염된 것은 씻어내기 위해 몸부림치는 것이다.

어떤 정신과 마음 자세로 교회에 오는가? 하나님 말씀의 능력과 은혜받기에 합당한 마음으로 예배의 자리에 나오고 있는가? 예배와 말씀을 통해 받을 은혜를 기대하며, 내 삶과 자녀들에게 선한 영향을 미칠 수 있도록 하나님의 말씀을 스펀지처럼 빨아들이겠다는 자세로 마음을 잘 지키고 준비하며 나아오고 있는가?

그러지 못했다면 이제부터라도 시작하라. 성령의 불로 내 안에 있는 욕심과 더러운 마음, 분노와 혈기, 삐뚤어지고 비관적인 마음, 이기주의를 태워달라고 기도하라. 악한 생각과 구부러진 혀로 인해 분노하고 싸우지 않도록 내면을 점검하고 마음을 정리하라.

하나님의 뜻을 이루기 위해서는 진정으로 가치 없는 것에 마음을 두지 말고 작고 하찮은 것과 싸우지 말아야 한다.

한나라의 공신 한신은 젊을 적 시정잡배로 살면서도 한 나라의 왕이 되어 시대를 제패하고 역사에 길이 남을 인물이 되겠다는 큰 뜻을 품고 항상 칼을 차고 다녔다.

그런데 어느 날 불량배 하나가 "용기가 있다면 나를 찌르고, 살고 싶다면 내 가랑이 밑으로 기어나가라"라며 시비를 걸자 한신은 놀라운 선택을 한다. 그의 바짓가랑이 밑을 기어간 것이다. 그를 죽일 힘이 있었지만, 싸울 일이 아님을 알았기에 당장의 모욕감을 기꺼이 감내하고 처신한 것이다.

시시비비를 내가 가리고, 욱하는 성질과 감정을 드러내는 것이 후련하다고 느낄 수 있다. 그러나 그럴 때 하나님이 주시는 은혜와 부흥, 진정한 유익을 뺏기는 손해를 감수해야 한다는 것을 알라. 분노의 값을 치르려고 하면 하나님이 주실 놀라운 축복이 손상을 입는다.

여기엔 예외가 없으며, 감당하는 것은 우리 몫이다. 따라서 분노의 값이 올바르고 유익한 곳에 쓰일 수 있도록 가치 있는 선택을 해야 한다. 시정잡배와 싸워서 얻을 수 있는 건 아무것도 없다. 그걸 분별하는 것이 바로 지혜이다.

만약 한신이 모욕을 견디지 못하고 그를 죽였다면 죄인으로 쫓기고, 품은 뜻을 이루지 못했을 것이다. 순간의 감정에 매몰되지 않고 그 너머를 바라봤기에 훗날 한나라의 대장군이 되고 제나라 왕위에 오르는 영광을 얻을 수 있었다.

남의 바짓가랑이 사이를 기는 게 손해가 되는 게 아니라 지혜롭지 않은 말을 남에게 전하고 떠들고 다니는 것이 진정 문제다. 억울한 게 없고 변명거리나 해명할 게 없어서 침묵하는 것이 아니다. 가만히 있는 것이 오히려 축복이기에 기꺼이 참을 수 있는 것이다.

화평 자체가 하나님의 뜻이다

하나님의 뜻을 이루기 위해서는 반드시 화평해야 한다. 우리가 화평함으로써 하나님의 어떤 뜻을 이루어야 할 때도 분명히 있고, 성내지 않아야 하나님의 뜻이 이루어지는 것도 맞다. 그런데 화평 자체가 하나님의 뜻이다. 그렇기에 화목함이 하나님의 뜻을 이루는 것이고, 그것이 깨진 것은 하나님의 뜻이 이루어지지 않은 것이다.

평안의 매는 줄로 성령이 하나 되게 하신 것을 힘써 지키라 엡 4:3

할 수 있거든 너희로서는 모든 사람과 더불어 화목하라 롬 12:18

모든 사람과 더불어 화평함과 거룩함을 따르라 이것이 없이는 아무도 주를 보지 못하리라 히 12:14

성령님은 우리를 평안의 매는 줄로 하나 되게 하셨고, 하나님의 뜻은 우리가 그것을 힘써 지키는 것이다. 성령 하나님께서 시키시는 것은 우리를 하나 되게 하는 것이므로 우리가 그 뜻을 힘써 지킬 때 하나님의 뜻과 일치하는 인생을 살 수 있다.

성경은 우리가 할 수 있는 대로 모든 사람과 더불어 화평해야 하고, 그러지 못하면 하나님을 볼 수 없다고 말씀한다. 하나님의 화평과 화목은 개인적인 일이나 공동체의 성향이나 분위기와 별개로 하나님을 뵐 수 있는가 없는가를 분별하는 진정한 하나님의 뜻이다.

성내고 분노하는 것은 내가 알지 못하는 더 나은 미래와 축복을 깨뜨리는 것이다. 그래서 못 받는 것은 아까워도 할 수 없지만, 더 중요한 것이 있다. 화목과 화평을 깨뜨리는 그 자체가 하나님의 뜻을 깨뜨리는 것이라는 사실이다.

그러니 하나님의 일을 할 때는 이 점을 명심하여, 분내고 다투고 분열하지 않도록 주의하라. 아무리 목적과 명분이 좋아도, 선한 목적으로 신앙의 가치를 내세운다 해도 분노와 다툼과 분열을 정당화할 수는 없다. 평화와 화목을 깨뜨린 것은 어떤 이유에서든 올바르지 않으며, 이것은 '다른 것'이 아니라 '틀린 것'이다.

꼭 좋은 일을 하다가 싸운다. 구제하다가 싸우고(행 6장), 선교하다가 다툰다(행 15장). 목적이 구제와 선교라는 선한 가치라도, 그 일을 하다가 심하게 다투고 갈등하는 것 자체가 이미 틀린 것이고 실패한 것이다. 정의를 지키고 선한 목적과 신앙을 위한다고 해도 교회가 갈등과 분열의 완충재 역할을 하지 못하면 갈등의 도화선이 되고 만다.

화평하고 화목하지 못한 것은 성령께서 우리에게 하신 일을 지키지 못하고 하나님의 뜻을 어긴 것이다. 그러면 하나님을 뵐 수 없고 은혜를 받을 수 없게 된다. 그러므로 갈등과 분열을 깨뜨리고 화목의 자리로 돌아와야 한다. 그 자리가 하나님을 만나고 뵐 수 있는 곳이다.

대의명분이 확실하고 목적이 선하다고 해서 내가 좋은 일을 하고 있다고 만족하지 말라. 그 과정이 아름답게 이루어져야 한다. 더 빨리 가지 않아도, 크게 부흥하지 않아도 괜찮다. 나의 만족으로 가는 것이 아니라, 아름답고 향기롭게 가는 것이 바르고 올바른 길이다.

거칠어지지 않게 하소서

분열의 발화점, 그 발원지를 찾다 보면 오히려 교회일 때가 많다. 현재 한국 교회에 극단적이고 이분법적인 사상과 이념, 논리가 파고들어서 진리를 두고 양립하는 교회들이 많다. 진리 안에서 하나 되어야 하는데 갈등하고 대립하고자 하는 마음이 진리를 훼손한다.

진영 논리라는 우상에 빠진 사람이 많다. 어떤 것에 극단적으로 빠져있고 신봉하는 것이 우상숭배다. 진리 안에 허접한 진영 논리가 들어와서는 안 되며 이는 목사도 교회도 예외가 아니다.

정의와 진리를 지킨다고 잔인해진 사람들, 상대방이 생각이 다르다고 진영 논리를 내세우며 난폭하게 구는 사람들의 말은 분명하게 틀린 것이며 절대 하나님의 뜻이 아니다. 하나님의 뜻이 아닌 시기와 질투와 분노와 혈기로 일하게 되면 응축력과 응집력이 더 세져서 갈등을 조장하게 된다.

분열을 정당화시키고 시기와 질투, 진영 논리를 앞세우며 상대방과의 분열과 극단적인 갈등을 유발할 때 이익을 보는 부류가 있다. 그들은 갈등과 분열을 이용해서 먹고사는 사람들이다.

하나님은 절대로 시기와 질투와 싸움으로 일하지 않으시므로, 그들의 뜻이 하나님의 뜻이 아니고 철저하게 틀렸다는 것을 분명히 알아야 한다. 분열을 조장하고 경쟁을 부추기고 시기와 질투로 일하는 것은 마귀가 시키는 일이다.

하나님의 진리를 붙잡고 따라야 할 교회가 싸움터가 되고 분열의 온상이 되면 안 된다. 갈등의 발원지가 아니라 완충재가 되도록 우리는 정신을 차리고 깨어있어야 한다.

넬슨 만델라는 27년 동안 감옥생활을 했다. 그 오랜 세월 이를 갈았을 것 같은데 감옥에서 드린 그의 기도는 "거칠어지지 않게 하소서"였다고 한다. 자신의 신념은 옳고 분명하며 인종 차별은 잘못됐기 때문에 정의와 진리를 지키려 투쟁했지만, 오랜 수감 생활을 하는 동안 거칠어지지 않게 해달라고 기도한 것이다.

72세에 출소한 그는 4년 후 남아프리카 공화국 최초의 흑인 대통령으로 당선되었는데 자신을 핍박하던 사람들에게 어떠한 불이익도 가하지 않고 함께 일했다. 그는 "용기 있는 사람은 용서를 두려워하지 않는다"라며 화해를 추구하고 평화를 이루는 데 힘을 기울여 용서의 정신으로 인종의 화합에 크게 기여한 시대적 인물이 되었다.

나는 지난 20년간의 목회를 정리하고 점검하면서 새로운 다음 20년을 기도로 준비하고 있다. 그 기도 제목은 앞으로 만날 20년은 거칠어지지 않게 해달라는 것이다.

지난 세월 동안 진리와 본질, 정의를 지키기 위해서 참 힘든 일이 많았다. 비본질과 비인격적인 이기심, 수준 미달의 가짜 신앙들과 싸우고 고군분투하느라 20년간 많이 지쳤는데 지친다는 것으로 정당화할 수 없는 거칢이 내 안에 생겼다는 걸 깨달았다. 그래서 앞으로도 본질을 지켜내고 정의와 진리를 수호하되 거칠어지지 않고 잔인해지지 않게 해달라고 기도하고 있다.

교회가 자녀들 앞에서 못 볼 꼴을 다 보여주는 싸움의 현장, 흉측하고 비본질적인 환경이 되게 하는 것이 아니라, 한두 가정만 모여도 진심으로 예배하면서 아름답고 향기 나는 환경을 보여주는 것이 중요하다. 그게 진정한 성공이고 승리이며 건강한 교회다.

빠르게 성장하지 않아도 괜찮다. 느리더라도 바르게 성장하고 아름답고 향기롭게 나아가는 것이 중요하다. 그런 교회를 꿈꾸며 다음 20년을 걸어가기를 바라고 진실한 예배자들과 함께 신령과 진정으로 예배하며 진심이 통하는 공동체가 되기를 소망한다.

내가 옳고 선한 목적과 동기를 가졌다고 해서 거칠고 잔인해져도 되는 것은 아니다. 좋은 길, 선한 길을 걸어가기 위해서는 아름답고 향기로운 믿음으로 나아가야 한다. 그것이 하나님을 믿는 사람들이 세상에서 믿음으로 승리하는 비결이다.

절대로 지지 않는 비결

영화 〈기생충〉에서 기택(송강호)은 아들 기우(최우식)에게 "가장 완벽한 계획이 뭔지 알아? 무계획이야"라고 말한다. 계획해도 계획대로 되지 않는 게 인생이라 우리의 계획은 무조건 다 틀린다.

계획을 세우지 않으면 계획이 빗나갈 일이 없는 것처럼, 싸우는 것에 질렸다면 싸우지 않는 것을 선택하기를 바란다. 지지 않는 비결은 싸우지 않는 것이다. 안 싸우면 최소한 지지 않는 것처럼 패하지 않는 법은 싸우지 않는 데 있다.

다윗은 불필요하게 싸우지 않았고 갈등하지 않았다. 그럼에도 '흘린 피' 때문에 하나님의 뜻을 이루지 못하고 성전을 짓지 못했다. 자의든 타의든 대적과 싸우느라 피를 많이 흘렸고 그 때문에 자기 손으로 하나님의 성전을 건축하는 위업을 달성하지 못했다.

목회하면서, 하나님의 영광된 일을 할 때 피 흘리는 일이 발생해서 하나님께서 우리 교회에 주실 축복을 거두실까 봐 두렵다. 그리스도의 몸 된 교회에서 다툼과 싸움이 벌어졌을 때 그걸 보는 아버지의 심정이 어떻겠는가? 축복이 넘쳐야 할 곳에서 형제가 서로 돕고 협력하지 못하고 싸우며 갈등하느라 좋은 것을 누리지 못하고 있다면 아버지의 마음이 얼마나 아프겠는가?

내가 처음 교회를 개척했을 때 아버지께 큰 상처를 드린 것 같아 늘 마음 아픈 일이 있다.

내가 살면서 어디서 기가 죽어본 적도 없고 진 적도 없었는데 빈손으로 교회를 개척하고 밥을 굶으면서 목회하다 보니 자격지심이 생겨서 명절에 다들 모였을 때 별말도 아닌데 감정이 올라오고 격해지곤 했다 (가진 게 없고 내세울 게 없을 때 사람들이 분노한다. 별 뜻 없이 던진 말에도 자격지심 때문에 괜히 분노하고 충돌하는 것이다).

지금이라면 별일 아니라고 넘기고 포용할 수 있는 일을 그때는 어리석고 궁색해서 가족의 마음을 이해하지 못하고 쉽게 화를 냈다. 그래서 누나, 여동생과 충돌한 적이 많았는데 한 번 부모님 앞에서 아주 크게 싸웠을 때 아버지께서 한 얘기를 들려주셨다.

옛날에 사시던 동네의 어느 집에서 명절날 가족들이 다 모였을 때 재산 문제로 형제간에 큰 싸움이 났다. 그때 그들의 아버지가 옆 방으로 건너가셨는데 시간이 한참 지나도 나오지 않아서 들어가 보니 조용히 농약을 먹고 돌아가셨다는 것이다.

그 이야기를 듣고 돌아오면서 눈물이 그렇게 많이 났다. 자식들이 싸우는 모습을 보는 우리 아버지의 마음이 그렇게 찢어지셨겠다고 느꼈다. 부모님께 불효했던 것을 생각하면 교회 개척했던 그때가 생각나고, 아직도 그날을 잊을 수 없어서 항상 죄인 된 마음으로 산다.

《손자병법》과 함께 최고의 병법서로 알려진 《삼십육계》는 다양한 출처에서 유래한 전략을 종합적으로 정리한 책인데 여기 소개된 총 36개의 계책 중 마지막이 '주위상'(走爲上)이다.

"삼십육계 줄행랑이 제일이다"라는 말이 여기서 나왔다. 전쟁에 속이고 이간질을 하는 등 여러 전략이 있는데 마지막 계략으로 승산이 없을 때는 달아나서 훗날을 도모하는 것이 상책이라고 말한다. 때로는 전략상 후퇴도 필요하다는 것이다.

싸워서 이겼다는 사람에게도 상처와 아픔이 깊게 남아있는 것을 자주 보게 된다. 이기려고 싸웠다가 상처투성이가 된 것이다. 사람이 죽으면 승리도 패배도 없는 것 아닌가. 신자병법에서도 패할 수 없는 가장 완벽한 방법은 싸우지 않는 것이다. 쓸데없이 싸우지 말자!

우리에게는 사울 같은 면도 있지만 요나단 같은 면도 분명히 있다. 사울의 시선으로 처지와 형편과 사람을 보면 억울하고 화나고 분노가 치밀어오를 수 있지만, 요나단의 관점으로 보면 감사했던 기억을 떠올리며 칼을 집어넣을 수 있다.

갈등의 시대에서 싸우지 않고 지지 않는 인생을 살아가기를 바란다. 하나님을 위해 참을 수 있는 것도 은혜다. 우리는 화목의 직무자이기 때문이다. 억울한 일이 많아도 기도할 수 있음에 감사하자.

힘들고 눈물날 일이 많지만, 그것이 하나님의 뜻을 이루는 길이라면 하나님을 위해 싸우지 않고 참으며, 기꺼이 화목과 화평을 선택할 수 있다. 싸우지 않고 지혜롭게 헤쳐나가는 인생이 되기를 축복한다.

20

...

거부할 수 없는
치명적인 유혹을 만날 때

삼하 11:1-5 그 해가 돌아와 왕들이 출전할 때가 되매 다윗이 요압과 그에게 있는 그의 부하들과 온 이스라엘 군대를 보내니 그들이 암몬 자손을 멸하고 랍바를 에워쌌고 다윗은 예루살렘에 그대로 있더라 저녁 때에 다윗이 그의 침상에서 일어나 왕궁 옥상에서 거닐다가 그곳에서 보니 한 여인이 목욕을 하는데 심히 아름다워 보이는지라 다윗이 사람을 보내 그 여인을 알아보게 하였더니 그가 아뢰되 그는 엘리암의 딸이요 헷 사람 우리아의 아내 밧세바가 아니니이까 하니 다윗이 전령을 보내어 그 여자를 자기에게로 데려오게 하고 그 여자가 그 부정함을 깨끗하게 하였으므로 더불어 동침하매 그 여자가 자기 집으로 돌아가니라 그 여인이 임신하매 사람을 보내 다윗에게 말하여 이르되 내가 임신하였나이다 하니라

고난과 유혹의 모습으로 찾아오는 위기

우리 인생에 위기는 두 가지 형태로 찾아온다. 하나는 고난과 환난으로 일컬어지는 시험(test)으로, 외부에서 주어진다. 또 하나는 유혹(temptation)으로 일컬어지며, 나 자신에게서 비롯되어 내부에서 벌어지는 것이다.

외부에서 강압적으로 가해지는 고난과 시련이라는 시험이 더 아프고 견디기 어려울 것 같지만 사실 교회와 사역자, 성도가 넘어지는 것은 내부에서 시작된 유혹 때문일 때가 더 많다.

특별히 우리 민족은 외부의 압제과 핍박에 저항하고 견디는 힘이 강하다. 그런 민족의 DNA가 있어 한국 교회도 일제 강점기에 투옥과 고문을 불사하며 신사참배와 동방요배를 거부하고, 공산주의자들에게 죽창에 찔려 죽어가면서도 변절하지 않고 신앙을 지켜냈다.

그런데 오늘날은 어떤가? 이제 기독교는 우리나라 제1종교로서 주류가 되어 안전이 보장되었으며 권력과 힘을 가졌다. 그러나 내부에서 오는 유혹을 거부하고 욕심을 절제하는 데에는 오히려 부족하고, 변질되고 오염된 모습을 보일 때가 많아 아쉽다.

다윗이 사울에게 쫓기며 광야와 전쟁으로 대변되는 '시험'의 시간을 보내다가 이제 이스라엘 모든 지파의 왕이 되어 안정과 평안의 시기로 접어들며 '유혹'을 맞닥뜨리게 되었다. 안타깝게도 그는 그 유혹에 넘어가 밧세바를 범하는 죄를 짓고 만다.

사무엘하 7장부터 10장까지 다윗의 행보를 보면 다음과 같다.

7장 : 다윗이 성전 건축을 서원하고, 하나님께서 축복을 약속하심
8장 : 다윗이 가는 곳마다 연전연승하고 다윗의 왕국이 강성해져 주
     변국들이 조공을 바치며 복종함.
9장 : 요나단과의 신의를 지켜 그 아들 므비보셋을 품음
10장 : 암몬이 이스라엘을 배반하고 아람과 연합했다가 대패함

여기까지 다윗은 형통하고 그야말로 잘 나갔는데, 이제 11장에서는
다윗이 어떤 상황이고 그의 마음가짐과 영적 자세는 어땠는가.

사람은 한가하면 나쁜 짓 한다!

그 해가 돌아와 왕들이 출전할 때가 되매 다윗이 요압과 그에게 있는 그의 부하들과 온 이
스라엘 군대를 보내니 그들이 암몬 자손을 멸하고 랍바를 에워쌌고 다윗은 예루살렘에 그
대로 있더라 삼하 11:1

"그 해"가 돌아왔다는 것은 '그다음 해 봄'(새번역)이 되었다는 것이
다. 우기인 겨울이 끝나고 건기인 봄이 되면 각 나라는 영토와 국익을
위한 전쟁에 돌입한다. 이스라엘도 암몬과 싸우는데 이때 왕이 된 다윗
이 요압을 출정시키고 자신은 예루살렘 왕궁에 머문다.

이것부터가 문제다. 리더는 함께 나가서 싸워야 한다. 바로 앞 장에

서도 다윗은 아람과 싸워 이겼다(삼하 10:18). 그런데 연승을 거두고 왕권도 강화되어 이제 누가 손댈 수 없이 강력한 왕국을 이루게 되자 그는 나태해지기 시작했다.

유혹은 한가해질 때 찾아온다. 어떤 영화에선가 악당이 "내가 요즘에 한가하거든"이라고 말하던데 딱 맞는 말이다. 사람은 나태해지고 한가해지면 나쁜 짓을 한다.

> 저녁 때에 다윗이 그의 침상에서 일어나 왕궁 옥상에서 거닐다가 그곳에서 보니 한 여인이
> 목욕을 하는데 심히 아름다워 보이는지라 삼하 11:2

심지어 다윗은 저녁 때에 그의 침상에서 일어났다. 낮잠을 잔 것이다. 이것은 다윗의 나태함을 보여주는 단서다. 전쟁 시즌에 왕이 참전하지도 않고 대낮에 실컷 자다가 저녁쯤에 일어나 왕궁 옥상을 거닐었다. 그러다 목욕하는 여인, 즉 밧세바를 보게 된다.

간혹 밧세바가 밖에서 목욕하여 왕을 유혹했다고 말하는 사람들이 있는데, 그것은 이스라엘의 가옥 구조와 문화를 몰라서 하는 얘기다. 당시에는 울타리 안, 집 안에 목욕탕이 있었고, 거기서 목욕하는 것이 당연했다.

밧세바가 아니라 다윗이 문제였다. 그는 높은 곳에 있었다. 다윗성이라 불리는 시온성은 예루살렘에서도 가장 높은 산 위에 있었고, 다윗은 그 성에서도 높은 왕궁 옥상에서 성 아래를 내려다보았다.

생각해보라. 우리가 언제 하나님을 떠나 교만해지고 죄를 짓는가. 잘나가고, 풍족해지고, 한가해지고, 높은 곳에 있을 때다. 그때 유혹이 시작된다. 그때가 영적인 위기다. 사람은 배가 부르고 한가해지면

반드시 나의 밧세바를 찾고 그 밧세바를 범하게 된다.

지금 안정기에 들어섰는가? 배가 부르고 한가해졌는가? 하나님께서 맡기신 사역에 느슨해지고 헌신을 등한시하고 있는가? 그럼 반드시 그 눈에 밧세바가 보이기 시작할 것이다. 치명적이고 거부할 수 없는 유혹이 시작될 것이다. 다윗뿐만 아니라 나의 이야기임을 기억하고 경계해야 할 일이다.

멈추면 넘어진다

자전거는 언제 넘어지는가? 빨리 달릴 때는 넘어지지 않는다. 안전하게 간다고 천천히, 느긋하게 페달을 밟으면 반드시 넘어진다. 위기는 빠르게 달릴 때가 아니라 페달을 밟지 않을 때 시작된다. 그러니 사역과 열정을 쉬지 않고 이어가며 계속 달려야 한다.

어쩌면 우리 존재는 상어 같기도 하다. 상어의 아가미에는 운동기능이 없어서 입을 벌린 채 계속 움직여야만 물이 아가미를 지나가며 산소를 얻을 수 있다. 또한 상어는 부레가 없어서 몸이 가라앉지 않으려면 계속 헤엄쳐야만 한다. 우리가 상어처럼 위용을 유지하고 강력함을 지키려면 상어 그림 티셔츠만 입을 것이 아니라 오늘도 한가하게 늘어져 있지 말고 쉼 없이 전진해야 한다.

유혹에 비하면 차라리 시련의 시간이 믿음을 지키기 훨씬 수월하다. 정확하게 말하면 더 안전하다. 그렇다고 유혹을 피하자고 "하나님, 저에게 시련만 주세요. 연단만 주세요. 고난만 주세요"라고 기도할 수는 없지 않은가.

어차피 찾아온 시련이라면 그걸 잘 감당해야 하겠지만, '유혹은 제가 감당하기 힘드니까 시련만 주세요'라고 기도할 사람은 없을 것이다. 물론 그럴 수 있는 분이라면 그렇게 기도해도 된다. 하지만 대부분의 사람에게 그것은 현실적으로 너무 버겁고 고통스럽다.

그러니 더 좋은 방법은 아직 시련을 주시지 않았을 때, 평탄하고 안전할 때, 은혜를 누리고 풍족할 때 더욱 주의 일에 헌신하고 희생하고 열심히 사역하는 것이다.

이것이 우리의 창조자이신 하나님이 우리를 통치하시는 통치의 메커니즘이다. 몸의 다른 기관과 조직은 피부와 혈액까지 다 암에 걸릴 수 있지만 유일하게 암이 없는 부위가 심장이다. 심장은 계속해서 뛰기 때문이다. '내 인생'이라는 자전거가 넘어지지 않고 상어 같은 위용으로 살아가는 비결은, 오늘도 힘차게 페달을 밟고 지느러미를 움직여 전진하는 것뿐이다.

복 받은 게 위태로운 사람, 형통한 게 위태로운 가정, 부흥해서 위태로운 교회가 있다. '저러다가 망할 텐데' 하는 걱정의 대상이 되지 말고, 하나님이 주신 은혜와 복이 독이 되지 않도록, 하나님이 주신 축복과 승리가 변질되어 오염되지 않도록 오늘도 힘써 일어나 버거울 정도로 더 예배하고 더 기도하고 더 사역하자.

다윗이 전쟁터에 나갔다면 그 시간에 느긋하게 낮잠 자고 산책하다 밧세바를 범할 일이 없었다. 우리도 유혹의 통로가 되는 나태함, 안일함, 게으름을 내 삶에 남겨두지 말고 각자의 영적 전쟁에 임하자. 잘나갈 때 더욱 열심히 일하자.

최고의 유혹은 금지된 것

다윗이 사람을 보내 그 여인을 알아보게 하였더니 그가 아뢰되 그는 엘리암의 딸이요 헷 사
람 우리아의 아내 밧세바가 아니니이까 하니 삼하 11:3

다윗이 목욕하는 그 여인이 누군지 궁금해 사람을 보내 알아보니 엘
리암의 딸이요 헷 사람 우리아의 아내라고 한다.

"모든 금지된 것은 유혹이고 아름다움이다. 죽음조차도."

양귀자 작가의 장편소설 〈나는 소망한다 내게 금지된 것을〉에 나오
는 이 글귀처럼 최고의 유혹은 금지된 것이다.

예전에는 집안 형편이 어려워서 딸을 상급학교에 진학시키지 않는 집
이 많았다. 그렇게 공장에 보내진 딸들은 야간학교를 다니거나 늦게
라도 공부해서 기어코 학위를 땄다. 그런데 우리 자녀들은 공부만 할
수 있는 환경을 만들어주고 학교 보내고 학원 보내줘도 도대체 공부를
안 한다.

원래 하라는 것은 하기 싫고 하지 말라는 것은 꼭 하고 싶은 것이
사람의 본성이다. 우리는 허락된 것은 하기가 싫고, 금지된 것에 대해
서는 묘한 매력을 느낀다. 선악과를 보라. 풍요한 에덴동산에 누릴 것
이 얼마나 많았는가. 다 허락됐는데도 인간은 꼭 금지된 것만 보이고
그것만 생각난다. 남의 떡이 더 커 보이고, 훔친 사과가 더 달다. 금지
된 것이 더 달콤한 유혹으로 찾아오는 법이다.

금지된 것은 결국 내 것이 아닌 것이고, 신앙적으로 보면 하나님께서
나에게 허락하지 않으신 것이다. 하나님께서 내게 허락하지 않으신 것
을 바라보고 탐하는 것, 그것에 마음을 빼앗기고 내 시선을 두는 것이

바로 욕심이고 탐욕이다.

욕심, 탐욕의 기준이 뭘까. 얼마까지가 욕심인가. 세상 사람들은 물질의 가치에 기준을 두고 "네 주제에 무슨 1억이냐"라는 식으로 상황과 형편에 따라 액수로 평가한다. 그러나 신앙인이라면 그 기준은 하나님이셔야 한다. 하나님께서 나에게 허락하신 것 외의 것을 탐하고 마음에 들이는 것 자체가 욕심이다. 그러면 어떤 사람에게는 10억, 100억도 욕심이 아닐 수 있지만, 하나님께서 허락지 않으셨다면 어떤 사람에게는 돈 만 원도 유혹이고 욕심이 될 수 있다.

욕심이 잉태한즉 죄를 낳고 죄가 장성한즉 사망을 낳느니라 약 1:15

모든 죄가 바로 이 욕심에서 비롯되고, 그 결과는 참담하다. 지금 내게 허락되지 않은 것, 아름답고 달콤해 보이는 그 금지된 것을 탐하고 마음을 둔다며 벌써 나는 죄를 잉태한 것이다. 그 죄는 점점 자라나 나를 영적 사망으로 이끈다는 것을 기억하고 경계해야 한다.

'내게 허락되지 않았지만 난 그런 삶을 살고 싶고 그렇게 해보고 싶고 한번 만져보고 싶다'라는 욕심 자체는 별로 죄로 여겨지지 않고, 아무것도 아닌 것 같다. 하지만 그럴 때 이미 내가 죄를 잉태하고 있다는 것과 그 죄는 반드시 자라나 사망이 될 것을 기억하고 그 금지된 것에서 시선을 돌리자.

나의 탐욕에서 비롯된 '금지된 것'은 참을 수 없이 달콤하고, 거부할 수 없이 반짝거린다. 지금 끌리는 그 유혹이 죄를 잉태하고 사망으로 이끄는 현란한 미끼는 아닌지 반드시 점검하자.

미끼인지 구별하는 법

내게 허락된 것인가

복잡하게 생각할 것 없다. '내 것인가, 아닌가' 그것만 보고, 내 것이 아니면 하지 않으면 된다.

에덴동산의 수많은 먹거리처럼 우리에게 너무나 많은 것이 허용되었는데도 꼭 우리는 금지된 것만 소망하다가 망한다. 이것만 생각하라. 하나님께서 허락하신 것인가, 아니면 하나님께서 허락하지 않으신 것인가?

허락하셨으면 하면 되고, 허락하지 않으셨으면 안 하면 된다. 요즘 형편이 어떻고 처지가 어떻고 그런 소리 하지 말라. 간단하고 선명하게 이 질문에 답하고 판단하여 가장 좋은 결정을 하고 선택하라.

끝을 보라

"눈앞의 저 빛! / 찬란한 저 빛! / 그러나 저건 죽음이다
의심하라 모오든 광명을!"

영화감독으로도 유명한 시인 유하의 〈오징어〉라는 시다. 기가 막힌 시다. 오징어에게 화려한 불빛은 자신의 목숨을 살려줄 생명줄처럼 보이지만 실제로 그 불빛은 죽음을 가져온다.

눈부시고 화려한 빛은 영의 눈을 멀게 하고, 분별력과 영성을 마비시켜버린다. 그러므로 눈앞의 화려함, 달콤한 현실을 보지 말고 결말을 보아야 한다. 눈앞의 욕심을 이길 수 있는 방법은 그것이 잉태되고 장성하여 나를 삼킬 사망의 그림자를 보는 것이다.

의심해야 한다. 모오든 광명을, 모오든 유혹을, 모오든 떡밥을! 이

생태계를 자기가 제일 잘 아는데 저수지에 먹어본 적도 없는 종류의 떡 덩어리가 갑자기 왜 자꾸 오겠는가. 그것을 의심해야 한다. 그런데도 바보는 미끼만 보다가 붕어처럼 맨날 문다.

그 먹이에 줄이 달려 있고 낚싯대가 있고 낚시꾼이 그것을 붙잡고 있음을 봐야 한다. 그 옆의 냄비에 물이 끓고 있는 것도. 그 미끼가 오늘 내 삶 속에 왜 던져졌겠는가. 그 돈 몇 푼, 달콤한 관계, 뜨거운 쾌락, 그것만 보고 넘어가지 말고 그 끝에 걸려있는 것을 보라. 당장 눈앞의 유익과 쾌락으로 나를 유혹하고 있는 광명은 무엇인지 점검하라.

어쩌면 그것은 속은 게 아니라 속고 싶은 건지도 모른다. 알고는 있는데, 알지만 그냥 모른 척 또 속아 넘어가는 불빛이 있다. 그것은 당신이 안다. 속은 것이 아니라 속고 싶은 유혹의 광명을 이제는 거절하기로 결단하라. 속고 싶어도 속지 말라.

이 솔루션을 기억하라. 첫째, 유혹은 한가할 때 오고 평안하고 배부를 때 오니 그때 더 일하고 열심히 헌신하고 희생하라. 둘째, 금지된 것이 달콤해 보이고 욕심과 탐욕이 생기니 그때는 눈앞의 화려함, 달콤한 미끼만 보지 말고 그 끝을 보라. '안 되지. 이건 사망이지. 이러다 결국 망하지.' 결론이 죽음인 것을 본다면 오늘의 유혹을 내려놓을 용기가 생기고 이겨낼 수 있을 것이다.

가까이에 와 있는 유혹

판매 촉진과 마케팅에서 가장 중요한 것은 소비자가 주머니에서 손을 빼게 하는 것이다. 백화점이나 자동차 전시장 등에서 그저 둘러보기만 하는 소비자에게 차를 대접하거나 테스팅을 권해 그 손을 주머니에서 빼게 하여 어떤 명품이든 자동차든 한번 만져보게 하면, 그 접촉하는 순간 판매 가능성은 배가된다.

한 수입 자동차의 광고는 "반복되는 충동은 더 이상 충동이 아니다"라고 말한다. 세상이 그렇게 말한다. "네가 이렇게 자주 보고 자꾸 마음이 끌린다면 그건 네 것이니 어서 사"라고. 그래서 충동적으로 차 사고 할부금 갚느라 정신없는 카푸어(Car Poor, 본인 능력이나 집안 재력에 비해 과분한 차량을 타고 다니는 사람)가 얼마나 많은지 모른다. 아니, 반복적으로 계속 노출되면 더 큰 유혹이지 왜 유혹이 아닌가.

이게 이 시대의 풍조다. 가까이 와서 자꾸 접촉하게 만들고 유혹해서 우리를 넘어뜨리려 한다. 노출과 접촉은 가장 치명적인 유혹이고 함정이다. 당신이 다음 총선에서 '금배지'의 유혹을 받지 않는 것은 당신이 신실하고 거룩해서가 아니라 그것이 너무 멀리 있기 때문이다. 멀리 있는 유혹은 내가 이겨낸 게 아니다. 그런 것은 내게 유혹도 되지 않는다.

가장 치명적인 유혹은 가까이 있는 유혹이다. 가까이 있어 접촉할 수 있는 유혹에 끌리는 것이다. 옛날에는 너무 멀리 있었던 유혹이 어느 순간 손에 잡힐 듯 눈앞에 있으면 그때부터 유혹은 강력해진다. 노출과 접촉은 가장 치명적인 유혹이고 함정이 되는데, 오늘날 우리 곁에 수많은 유혹과 죄악이 너무도 가까이 와버렸다.

동성애

동성애자들이 벌이는 퀴어축제를 본 적이 있는가? 대낮에 벌거벗고 춤을 추며 퍼레이드까지 한다. 예전에는 모자이크해서 해외 토픽으로나 한 번씩 나올 일들이 이제 우리나라 도심에서 버젓이 벌어지고 있다. 그들이 욕을 먹으면서도 이렇게 도심 행사를 강행하는 것은 노출시켜 보여주고 접촉하게 하려는 것이다.

더 우려스러운 것은 이제 언론과 미디어에서 동성애를 자꾸 노출시킬 뿐만 아니라 로맨틱하게 미화한다는 것이다. '다 된 드라마에 동성애 뿌리기'라는 말이 있다. 굳이 필요도 없는데 맥락에도 안 맞게 동성애 관련 장면을 넣어 미화하고 조장하는 것을 뜻한다. 그렇게 자꾸 반복하면 시청자들은 점점 그것을 자연스러운 것으로 쉽게 받아들이게 된다.

에이즈 환자의 무려 92퍼센트가 동성 간 성관계로 발병한다. 흡연자가 비흡연자보다 폐암에 걸릴 확률이 20배인데 동성애자가 에이즈에 걸릴 확률은 그렇지 않은 자들의 200배다. 일반인에 비해 동성애자의 알코올 중독 비율은 2배, 자살 비율은 무려 3배나 높다. 이런데도 방조할 것인가? 이런 동성애 풍토가 이젠 너무나도 가까이 와 있으니 참 두렵고 무서운 현실이다. 우리는 정신 차려야 한다.

마약

또한 우리와는 전혀 상관없는 일처럼 보였던 마약의 유혹도 이제 우리 자신과 자녀들 가까이에 와 있다. 얼마 전까지 우리나라는 마약 청정국이었고 '마약 수사'라고 하면 일부 유명 연예인이나 스포츠 스타, 재벌 2세들이 관련된 먼 얘기였는데 지금은 이미 안심할 수 없는 현실이 되어 있다.

강남 학원가에서 어떤 아줌마들이 집중력이 강화된다며 나눠준 음료를 학생들이 받아 마셨는데 거기에 마약이 들어 있었고, 또 마약을 한 가정주부의 자수로 시작된 경찰의 마약 단속에 모두 55명이 적발되어 49명이 구속되기도 했다.

현직 경찰관이 '마약 파티'에서 추락사한 사건이 있었고, 한 육군 부대에서 병사들이 대마초를 택배로 받아 나눠 피우다 적발되는 등 공직 사회나 병영도 이미 마약 청정지역이 아니다.

매스컴을 통해 미국에서 펜타닐에 취해 몸 근육이 완전히 틀어진 기괴한 모습으로 마비되어 길거리에 서 있거나 종일 분수대를 돌거나 신호등과 싸우고 허공을 치는 마약 중독자들의 모습을 볼 수 있었는데, 이제 그 모습이 우리나라 길거리에 나타날 수도 있다는 불안함과 두려움이 몰려온다.

영적 아미시로 살기

미국 펜실베이니아주 랭커스터 카운티를 비롯한 중부 지역에는 '아미시'(Amish)라는 재침례파 계통의 공동체가 있다. 이들은 세상의 유혹과 타락으로부터 자신들의 신앙과 가족을 보호하기 위해 전통과 신앙을 고수하며 현대 문명의 영향을 최소화하려고 하는 사람들이다.

이들은 자동차 대신 마차를 타고, 전기나 가스와 같은 현대적인 에너지를 사용하지 않는다. 직접 재배하거나 제작한 음식이나 제품들을 판매하고, 아이들은 초등교육까지만 받고 그 후에는 농사나 기술을 배우며 살아간다. 강한 공동체 의식으로, 교회 공동체를 중심으로 서로 도우며 함께 협력하고, 사고를 당하거나 병에 걸린 사람들을 위한 모금 운동 및 자체 소방서 운영 등 공동의 유익을 위한 자원봉사에 적극적으로 참여하기로 유명하다.

이렇게 세상 모든 것을 포기한 채 오직 신앙을 지키며 살아가는 그들을 사람들은 이상하다고 생각하고 구경거리처럼 여긴다. 그러나 길거리에서 약에 취해 기괴한 모습으로 나뒹굴고, 썩어 죽어가는 마약 중독자들을 보면 이들이 세상의 편함과 이기(利器)를 끊어버리고 스스로를 격리해서라도 안 보고 안 만지도록 결단한 것이 오히려 복되고 지혜롭다는 생각이 든다.

그렇다고 우리가 그렇게 살자는 것은 아니다. 그러나 이 둘을 보면서 이런 솔루션을 제시하고 싶다. 우리가 이 시대에 너무 노출되지 말고, 나 자신과 우리 자녀들의 시선을 하나님께 두는 일과 우리가 하나님께 노출되는 데 더 열심을 내야 한다는 것이다.

하나님께 노출된다는 것은 예배의 자리에 있는 것이다. 더 정결하게 예배하고, 더 기도하는 자리에 모이고, 더 사역하고 선교하는 자리에 모여야 한다. 세상 사람이 볼 때 이상할 정도로, 나와 우리 자녀들은 영적으로 아미시처럼 정결한 신앙의 길을 걸어야 한다.

주일에 예배드리고 애들 학원 안 보내는 게 미련해 보이고 손해 보는 것 같아도, 우리는 자녀들을 훨씬 더 좋은 곳에 노출시켜야 한다. 예배만큼은 진짜 목숨 걸고 드려야 한다.

내가 자주 얘기하는 것인데, 노름판에서 성실한 사람을 고르게 해달라거나 나이트클럽에서 정결한 여인을 만나게 해달라고 기도하면 되겠는가? 그런 곳에 가지를 말아야 한다. 새벽 기도의 자리에서, 예배의 자리에서 성실한 자를 찾고 선교의 자리에서 신실한 자를 찾아야 하지 않겠는가.

결국 시선의 문제다

내 눈과 마음을, 그리고 내 삶을 자꾸 더 경건하고 거룩한 곳에 노출시키고 가까이 나아가도록 노력하자. 그러기 위해서는 하나님의 뜻과 그 나라를 자꾸 바라봐야 한다. 유혹을 이기려고 애쓰고 몸부림치는 것보다 내가 나아가야 할 정말 가치 있고 소중한 것을 바라보는 게 우선순위다.

세상 나가봐야 무엇을 보고 무엇을 하며 돌아다니는가. 주변에 노출되어 있는 것, 내가 보고 싶은 것을 계속 보면 반드시 빠질 수밖에 없다. 세상의 것을 바라보고 세상의 기준으로 볼 때는 하나님의 말씀과 하나님의 가치가 숭고하고 높아 보일 수가 없다.

세상의 화려하고 달콤한 것들에서 눈을 돌리고, 그 대신 하나님을 바라보는 데 힘써야 한다. 아담과 하와가 자꾸 선악과를 보니까 보암직도 하고 먹음직도 했는데, 선악과 쳐다볼 시간에 하나님의 말씀을 기억하고 집중했다면 그들은 그렇게 범죄에 빠지지 않았을 것이다.

다윗의 가장 큰 특기가 기도요 예배인데, 그가 밧세바를 봤더라도 기도하고 찬양하며 하나님을 예배했다면 어떻게 됐을까? 유혹을 넉넉히 이겼을 것이다. 그러나 그는 "저 여자 누구냐. 쟤를 데려와라"라고 하며 보이는 것에 집중했다.

우린 더욱더 우리 마음과 자녀들의 시선을 자꾸 하나님께 두려는 노력을 시작해야 한다. 예배는 하나님을 크게 바라보고, 그 하나님께 내 마음과 시선을 집중시키는 돋보기다. 그런데 돋보기의 위력이 언제 없어지는가? 분산될 때다. 빛을 모으면 불을 일으킬 수 있지만, 분산되면 초점이 안 맞고 아무 능력도 없어진다.

그래서 나는 예배 시간에 초점을 하나님께 맞추지 못하도록 분산시키는 것은 그냥 넘어가지 않는다. 구역이나 기관 모임 때도 하나님의 말씀과 예배와 받은 은혜에 집중하지 않고 딴짓하고 다른 말 하는 것은 용납할 수 없다.

그 시간만큼은 하나님만 바라봐야 한다. 예배는 하나님만 집중해서 보는 시간인데 그 초점을 흐리는 건 나와 자녀들을 망치는 것이니 절대 용납하면 안 된다. 맡겨주신 자녀들을 목숨 걸고 지켜내야 한다. 그러려면 그들의 시선이 온전히 하나님을 바라보도록 부모부터 집중하고 예배에 힘써야 한다.

유혹은 누구에게나 다 찾아온다. 시련과 고난 중에 있는 사람들은 힘들어 죽을 것 같더라도 지금 오직 하나님만 보이기 때문에 괜찮다. 그런데 평탄하고 배부르고 은혜가 넘치는 것 같다면 이럴 때 오히려 정신 차리고 더 헌신해야 한다. 하나님 대신 유혹이 눈에 들어올 때이기 때문이다. 대충 포기하고 대충 타협하지 말고, 버겁도록 순종하고 버겁도록 예배하라. 그래야 산다.

유혹은 내게 노출된 것, 나와 가까이 있는 것에서 온다. 악하고 위험한 것들이 화려한 유혹의 모습으로 우리 곁에 너무 가까이 와 있다. 이제는 남의 일이 아니다. 경계하고 두려움으로 경각심을 가져야 승리할 수 있다. 달콤한 유혹이 아니라 사망의 끝을 보는 지혜가 필요하다. 그러니 눈으로는 하나님을 바라보고, 몸은 예배와 헌신의 자리에 두라!

21

•••

나에게도
밧세바가 있다

삼하 12:5-9, 13 다윗이 그 사람으로 말미암아 노하여 나단에게 이르되 여호와의 살아 계심을 두고 맹세하노니 이 일을 행한 그 사람은 마땅히 죽을 자라 그가 불쌍히 여기지 아니하고 이런 일을 행하였으니 그 양 새끼를 네 배나 갚아 주어야 하리라 한지라 나단이 다윗에게 이르되 당신이 그 사람이라 이스라엘의 하나님 여호와께서 이와 같이 이르시기를 내가 너를 이스라엘 왕으로 기름 붓기 위하여 너를 사울의 손에서 구원하고 네 주인의 집을 네게 주고 네 주인의 아내들을 네 품에 두고 이스라엘과 유다 족속을 네게 맡겼느니라 만일 그것이 부족하였을 것 같으면 내가 네게 이것저것을 더 주었으리라 그러한데 어찌하여 네가 여호와의 말씀을 업신여기고 나 보기에 악을 행하였느냐 네가 칼로 헷 사람 우리아를 치되 암몬 자손의 칼로 죽이고 그의 아내를 빼앗아 네 아내로 삼았도다 … 다윗이 나단에게 이르되 내가 여호와께 죄를 범하였노라 하매 나단이 다윗에게 말하되 여호와께서도 당신의 죄를 사하셨나니 당신이 죽지 아니하려니와

진정한 회개가 답이다

다윗이 인생 가운데 가장 감추고 싶고 거론하기 싫은 일이 바로 사무엘하 11-12장의 밧세바와 우리아 사건일 것이다.

치명적인 유혹을 만났을 때는 죄를 짓지 않기 위해 그것을 피하고 이겨내야 하겠지만, 결국 넘어지고 죄를 지었다면 어떻게 해야 할까. 결론부터 말하면 진정한 회개만이 답이다. 다른 어떤 방법으로도 죄는 해결되지 않는다.

다윗이 밧세바와 동침하고 그녀를 집으로 돌려보냈다. 죄를 짓기 전에도 돌이킬 기회가 많았지만, 간음 후에도 그에게 회개의 기회가 얼마나 많았을까. 그러나 회개했다는 기록이 없다.

레위기는 "남녀가 동침하여 설정하였거든 둘 다 물로 몸을 씻을 것이며 저녁까지 부정하리라"(레 15:18)라고 말씀한다. 다윗은 이 말씀에 따라 물로 몸을 씻는 정결례를 행했을 것이다. 형식적인 행위로 부정함을 지워보려 했을 것이다.

그러나 몸을 씻는다고 죄가 해결되겠는가? 죄는 나의 회개, 그리고 하나님의 긍휼히 여기심과 용서로만 해결될 뿐 다른 어떤 것으로도 희석되거나 덮고 감춰질 수 없다. 몸을 씻는 외형적 정결례를 할 것이 아니라, 하나님 앞에 겸손히 자복하고 회개하며 그분의 은혜를 갈망하고 용서를 구해야 한다.

이 선택을 하지 않을 때 인간은 더욱 구질구질해지고 타락하여 처참한 죄의 밑바닥까지 추락한다. 하나님 앞에 해결되지 않은 죄는 가만히 있지 않고 나를 죄악과 사망의 구렁텅이로 끌고 들어간다.

여인이 집으로 돌아가고 끝난 줄 알았던 다윗에게 청천벽력 같은 소식이 들린다. 밧세바가 임신했다는 것이다. 감춰진 줄 알았던 죄가 드러나게 되었다. 그럼 그때라도 회개해야 하는데 다윗은 다시 감추고 덮는 데 에너지를 쏟는다. 전장에 있는 우리아를 불러서 아내와 동침시키고 아이가 그의 아이인 척 속이려 한 것이다. DNA 검사도 없던 시대이니 완벽하다고 생각했을 것이다.

그러나 원래 인생은 내 생각대로 되지 않는 법이다. 우리아가 얼마나 충성스러운지, 그는 내 전우들이 전쟁 중인데 어떻게 혼자 휴식하고 아내와 동침할 수 있겠냐며 집에 가지 않고 성문에 있는 병사 숙소에 머문다. 스스로 잠자리를 거부한 것이다.

참 눈치가 없다고 할 수도 있지만, 그런 충직함을 보며 다윗은 찔리지 않았을까? '저렇게 충성스러운 부하인데 내가 그의 아내를 범했다니' 하고 자책감이 들지 않았을까?

그런데도 포기하지 않고 죄를 어떻게든 스스로 해결하려 한다. 할수 있다고 생각한 것 같다. 이번에는 우리아에게 술을 잔뜩 먹인다. 취해서 술김에라도 아내와 동침하게 하려는 것이었으나 또 실패한다.

이때라도 정말 자기가 잘못했다는 것을 깨닫고 회개해야 했는데 그는 여기서도 멈추지 않고 우리아를 죽이라는 편지를 우리아의 손에 들려 요압에게 보낸다. 얼마나 잔인하고 비인간적인가. 죄는 계속해서 확산되고 커진다.

편지를 받은 요압은 우리아를 가장 치열하고 위험한 곳에 세워 결국 죽게 한다. 이건 전사도 사고도 아니다. 살인이다. 다윗이 자기의 죄를 숨기고 덮기 위하여 우리아를 죽인 것이다.

어쩌다가 다윗이 이 지경까지 이르게 되었을까? 죄의 문제를 해결하고자 하나님 앞에 나와 회개해야 함은 누구나 동의하고 찬성할 수 있는 원칙이다. 다윗도 모르지 않았을 것이다. 그런데 왜 회개가 이루어지지 않았을까? 우리라고 별반 다르지 않다. 후회와 자책은 하되 회개하지 않고 다른 것으로 대신하려 하고, 죄를 감추고 덮으려다 일만 더 키울 때가 많다. 왜 회개하지 못하는 것일까?

회개의 고통을 감내하라!

요즘 마약과 노숙자로 무너져 소돔과 고모라같이 된 샌프란시스코의 모습이 매스컴에 많이 등장한다. 웬만한 OECD 국가보다도 예산이 많을 정도로 풍요하고 부유한 땅인데 이제 도시는 노숙자 천지가 됐다. 그들은 마약에 취하고, 강간을 저지르며, 길거리는 온통 그들의 대소변으로 얼룩졌다.

놀랍게도 그들은 마약이나 마약성 진통제, 그리고 그것을 투여할 주사기를 무료로 구할 수 있다. 행정당국은 그들의 인생과 나라를 망치는 마약을 끊게 해야 할 것이 아닌가? 그런데 왜 그러지 못하는가? 그들은 왜 마약을 끊지 못하는가?

그것이 너무 고통스럽기 때문이다. 마약은 환희와 쾌락 때문에 중독되는 것이 아니라고 한다. 끊으려 할 때, 약효가 떨어져 갈 때의 고통이 너무 심해서 다시 투약하지 않을 수 없다고 한다. 그 고통은 마치 자기 살을 기름에 튀기고 뼈를 비틀고 칼로 도려내는 것과도 같아서 강력한 진통제인 펜타닐을 다시 찾게 된다는 것이다.

어쩌면 우리 죄 문제도 그렇다. 발각될 때 그 수치심이 감당하기 힘들고 회개의 고통이 너무 커서, 변화에 수반되는 아픔이 힘겨워서 회개의 자리로 나아가지 못한다.

이런 고통을 이겨내기가 참 쉽지 않은 것이 우리 인간의 약함이다. 그래서 자꾸 회피하고, 다른 방법으로 죄의 문제를 해결해보려고 한다. 어떤 범죄자들은 감형받으려고 반성문을 200장씩 써서 내기도 하고, 또래 20대 여성을 살해한 한 피고인은 반성문을 13번이나 제출했다고 한다. 그게 반성인가? 그것은 회개가 아니다.

하나님 앞에 나와 회개하고 용서받는 것이 죄를 해결할 유일한 방법이다. 다른 것으로는 절대 죄가 해결되지 않는다. 정직하게 회개하고 하나님께 긍휼함과 용서함을 받는 것 외에는 어떤 방법과 수단과 노력으로도 내 죄를 스스로 해결할 수 없다.

자기 죄를 알고 회개해야 함을 알면서도, 개가 자기가 토한 것을 다시 주워 먹듯 죄의 자리를 서성거리다 다시 돌아가고, 너무 늦어 결국 실패자의 자리에 가는 사람들이 너무도 많다.

그것이 얼마나 참혹한지를 알아야 한다. 회개의 고통, 회복의 치열한 아픔을 피해, 마약 중독자가 다시 마약에 손대듯 다시 죄악의 옛사람으로 돌아가서는 절대 안 된다. 뼈를 깎는 아픔과 살을 도려내는 고통에도 견디고 버텨서 반드시 죄에서 벗어나야 한다.

다윗은 나단 선지자의 서릿발 같은 선포를 듣는 순간 자기가 죄를 지었다고 동의하고 인정한다. 진작에 이랬으면 되는데 왜 그러지 못했을까? 왕으로서의 체면, 수치심, 내가 이것밖에 되지 않는다는 절망감 때문에 회개가 그렇게도 힘들고 고통스러웠을 것이다.

다윗이 나단에게 이르되 내가 여호와께 죄를 범하였노라 하매 나단이 다윗에게 말하되 여호와께서도 당신의 죄를 사하셨나니 당신이 죽지 아니하려니와 삼하 12:13

하나님은 중심을 보시는 분이다. 다윗이 자기 죄를 고백하며 중심이 담긴 진정한 회개를 하는 이 장면은 그의 인생에서 가장 중요한 전환점이다.

믿는 자들의 승리 비결 중 하나는 실패하고 넘어져서 범죄했을 때 잘 회복하고 일어서서 다시 한번 인생과 신앙의 경주를 진행해 가는 것이다. 뭔가 안 풀리고 막혀 있고 하나님이 멀게 느껴진다면 죄 문제를 해결해야 한다. 그래야 하나님이 내 삶에 개입하시고 역사하실 수 있고, 그때 나의 인생도 승리할 수 있다.

다윗이 받은 축복

죄를 직면하고 회개하는 것이 그렇게도 힘들고 고통스러운데 다윗은 어떻게 회개하고 다시 일어설 수 있었을까? 다윗이 하나님께 받은 축복은 그에게 올바른 말씀을 전해줄 선지자가 있었다는 것이다.

나단 선지자가 다윗을 찾아와 그의 죄를 빗대어, 소와 양을 많이 가진 부자가 가난한 자가 애지중지 기르는 단 한 마리의 암양을 빼앗았다는 예화를 들려준다. 그러자 다윗은 그 부자로 인해 노하여 외친다.

다윗이 그 사람으로 말미암아 노하여 나단에게 이르되 여호와의 살아계심을 두고 맹세하노니 이 일을 행한 그 사람은 마땅히 죽을 자라 삼하 12:5

마땅히 죽을 자. 다윗은 자기 죄에 대하여 스스로 판결을 내렸다. 그 선고는 '사형'이었다. 당신은 어느 정도의 형을 받아야 하는가? 당신의 삶과 죄를 가장 잘 아는 당신 스스로 선고를 내려보라.

다윗이 그렇게 외치자 나단은 "당신이 그 사람이라"(7절)라고 말한다. '그 마땅히 죽을 자가 바로 너'란 말이다. 아무도 모르는 은밀한 죄, 다 덮은 줄 알았던 죄가 발각되고 드러나는 수치스러운 현장이다.

그리고 하나님이 당신을 왕으로 세우고 얼마나 많은 것을 주셨는데 어떻게 이런 죄를 지었느냐는 책망이 떨어진다. 그의 말은 참 고약하지 않은가.

조선 초기에 형조참판, 형조판서를 비롯해 중직을 두루 거친 '고약해'(1377~1443)라는 문신이 있었다. 그의 이름은 '같을 약'(若), '바다 해'(海) 자를 써서 '바다 같은 인물'이 되라는 뜻이다. 그는 태조부터 정종, 태종을 거쳐 세종까지 총 4명의 임금을 섬겼다.

그는 사사건건 직언하는 신하였다. 세종은 다른 신하들이 직언을 못 할까 봐 고약해에게 별다른 조치를 하지는 않았지만, 그의 직언 때문에 너무 괴로운 나머지 그의 이름을 빗대 "이런 고약해 같으니"라고 말하곤 했다. 그러다 '고약해 같다'라는 말이 비위나 도리에 맞지 않는 것을 표현할 때 쓰는 '고약하다'로 발전했다고 한다.

다윗의 축복은 그에게 고약해 같은 사람이 있었다는 것이다. 그에게는 사무엘, 나단, 갓이라는 선지자가 있었다. 나단은 우리아와 친분이 있어서 다윗에게 따지러 간 게 아니었다. 하나님이 보내셔서 갔고, 하나님의 말씀과 그분의 진노를 전한 것뿐이다.

내가 잘못된 길을 갈 때, 죄를 지을 때 신앙의 양심을 찌르고 회개로 이끄는 말씀이 있다는 것은 축복 중의 축복이다. 죄를 거론하는 설교는 예나 지금이나 별로 재미도 없고 인기도 없다. 그러나 찔림, 책망, 회개의 기회가 있음이 축복이고 진정한 사랑이다.

사울 왕의 비극은 그에게 이런 선지자가 없었다는 것이다. 사무엘 선지자가 있었지만, 그가 사울의 잘못을 책망하며 하나님의 진노를 전했을 때 사울이 변명과 자기 합리화로 일관하자 결국 하나님의 명령으로 사울을 떠난다. 그 이후로는 성경을 아무리 찾아봐도 사울에게는 선지자가 없다.

당신에게는 이 고약해나 나단 같은 존재가 있는가? 아닐 때 아니라고 매섭게 꾸짖어주는 책망의 말씀과 양심을 찌르는 아픈 말씀이 있는가? 인생의 흥망은 나의 잘남, 범죄와 실패의 유무보다도 '말씀'의 유무에 달려 있다. 말씀이 있어 다시 회복되고 일어나 승리할 수도 있고, 말씀이 없어 그대로 망하는 길로 갈 수도 있다.

진정한 사랑

멕시코시티에서 일어난 일이다. 대낮에 한 권총 강도가 버스에 올라타 승객들을 위협했다. 모두가 두려워 떨고 있는데 갑자기 한 여성이 자신의 슬리퍼를 벗어 그 강도의 뺨을 때리고 등짝을 두드려 패는 것이 아닌가. 너무 놀랍고 어쩌면 무모한 장면을 연출하고 있는 이 여성은 격투기 선수가 아니라 바로 그 강도의 어머니였다. 그 버스에 하필 그의 어머니가 타고 있었던 것이다.

그녀는 강도 아들을 때리는 것에 그치지 않고 심지어 그를 데리고 경찰서까지 가서 "다시는 이런 짓을 하지 못하도록 강도미수로 아들을 기소하라"라고 당부까지 했다. 이것이 바로 죄를 대하는 진짜 사랑이다. 사랑은 아닌 건 아니라고 따끔하게 얘기해주는 것이다. 아파서 죽을 것 같아도 잘못된 죄의 자리에서 떠나게 해주는 것이다.

요즘 학교를 비롯해 우리 사회 곳곳에서 일그러진 자녀 사랑의 잘못된 모습이 많이 나타나는 것을 언론보도를 통해 자주 접하게 된다. 이것이 교회라고 없을 것 같은가? 목사는 안 그럴 것 같은가?

아합 왕 주변에는 월급쟁이인 양 먹고살기 위해 하나님 말씀을 팔아 먹는 거짓 선지자가 들끓었다. 그들은 평안과 축복, 위로를 말하고 달콤한 미래를 선포했으나 그런 거짓 선지자들의 설교는 인생에 전혀 도움이 되지 않고 오히려 실패와 죽음으로 이끌 뿐이었다.

범죄 후 어떤 일이 벌어져야 벌(罰)이라고 생각하지 말라. 내 삶에 선지자가 없고 찔림과 책망의 말씀이 없는 것, 그래서 완악해지고 양심이 마비된 것 자체가 이미 벌이고 재앙이며 심판이다. 하나님이 분노도 허락하지 않으실 때가 있다. 죄 가운데 내버려 두시는 것이 이미 벌이다.

나와 내 가정과 교회 가운데 주님의 진노가 있다는 것은 감사한 일이다. 죄에 대한 책망의 말씀이 주어지고 양심에 찔리는 것은 아직 회개의 기회가 있다는 의미다. 그것은 하나님이 나를 버리고 포기하지 않으셨다는 선포이며, 신앙에 행복과 희망이 있다는 증거다.

샌프란시스코에서 사역하는 아담 후드 목사님은 한때 미국 내에서 큰 권력을 가진 성적 소수자 단체에서 이인자까지 올라갔던 사람이다. 동성애와 마약에 빠져 살던 그를 위해 부모는 물론, 특히 할머니가 매일 눈물로 간절히 기도했다(우리는 기도하는 자의 자녀는 결단코 망하지 않는다는 걸 믿고 금식하며 기도해야 한다. 눈물을 흘리며 기도의 씨앗을 뿌려야 한다).

아담 후드의 할머니는 그날도 방탕하게 놀고 돌아온 손자를 눈물로 꾸짖으면서 제발 돌아와달라고 손자에게 간곡히 애원했다. 그러나 아담은 할머니의 간청을 무시하고 자기 방에 들어가 하나님을 향해 삿대질하며 조롱하듯이 "하나님 있으면 지금 나한테 보여줘 봐! 그럼 내가 믿을게"라고 말했다.

그런데 그때 갑자기 그 방 창문 밖으로 보이던 주유소 간판에서 '푸슉' 소리가 나더니 맨 앞 글자의 전기가 나갔다. 그곳은 미국의 유명한 주유소 브랜드인 '쉘'(Shell) 주유소였다. 'Shell'에서 첫 글자 'S'의 불이 나가자 'hell'만 남았다. 'HELL'(지옥)이 된 것이다.

그것을 보는 순간 아담은 두려워 푹 주저앉고 말았다. 하나님이 있으면 보여달라고 하자마자 "너 이렇게 살면 지옥이야"라고 말하듯 'hell'이라는 메시지를 주신 것이다. 그는 그 길로 회개하여 하나님께 돌아와 마약과 동성애를 끊었다.

지금은 미국 전역을 돌며 "내가 경험해본 바, 동성애는 선천적으로 타고나는 게 아니라 쾌락과 욕망을 향한 나의 선택이고 죄악"이라고 선포하며 동성애자들을 회개시키고 있다. 돌이 날아오고 살해 협박이 계속되지만, 아담은 사역을 멈추지 않고 있다.

찔림과 책망은 하나님이 아직도 나를 사랑하신다는 선언이다. 그러므로 하나님이 나를 미워하셔서 아프게 하려는 것이 아니라, 바르게 이끌고 살리시려는 것임을 깊이 이해해야 한다. 하나님이 주의 종을 통해 찔림과 책망의 메시지를 주실 때 감사하며 회개의 기회를 붙잡기를 바란다.

진정으로 가장 위대한 승리

다윗의 인생에서 가장 위대한 승리의 장면은 무엇일까? 많은 사람이 골리앗과의 싸움이라고 생각하지만, 그의 진정 위대한 승리는 자신의 본질을 깨닫는 오늘 이 현장에 있다.

하나님의 은혜와 긍휼을 구하기 위해 엎드리는 것은 뻔뻔하고 수치스러운 일이 아니다. 죄에 넘어지고 무너졌어도 절망하고 포기하지 않고 다시 일어나 주님 앞에 엎드리는 것이 우리가 할 수 있는 가장 위대한 승리다.

다윗은 목숨 걸고 신앙의 가치를 지키며 하나님 앞에서 신실하게 살아왔다. 하나님께서 주실 승리와 축복을 위해 하나님께 헌신하고 그 자리를 지키며 열심히 살아낸 인생이었다.

법궤를 옮겨올 때를 기억해보자. 다윗은 베레스웃사 사건으로 분노하여 궤를 그냥 두고 돌아왔지만, 그 궤를 맡은 오벧에돔의 집이 축복을 받았다는 얘기를 듣고 다시 가서 궤를 옮겨왔다.

이런 모습을 보면 지금까지 그가 하나님 앞에서 승리하고 성공했던 기억과 경험, 그리고 하나님이 주시는 보상과 축복이 충성과 신앙의 가치를 지키는 용기와 결단의 근원지가 되었던 것 같다.

그는 자기가 어떤 사람인지 제대로 몰랐는데 밧세바 사건을 계기로 자신의 본질을 깨닫게 되었다. 은혜 가운데 형통하고 잘나갈 때는 자신이 괜찮은 사람인 줄 알았는데 죄의 유혹에 넘어가 범죄한 것을 보고 자기 본질과 실체를 정확히 깨닫게 되었다. 흙탕물을 가만히 두면 꽤 맑아 보이지만 그것을 휘젓는 순간 그 물이 다시 탁하고 어두워지는 것과 같다.

다윗의 범죄와 무너짐은 수치를 당하고 권위가 바닥으로 추락한 인생의 오점과 흠결로 보이지만, 실은 영적으로 그는 완전히 변화되어 하나님을 구하는 자로서 진정한 신앙을 갖게 되었다.

나단이 죄를 선포하자 다윗이 "내가 여호와께 죄를 범하였노라"(삼하 12:13)라고 고백하지만, 사실 이 말로는 그의 마음을 잘 알 수 없다. 이 말은 신앙의 고백이 가장 잘 드러난 한마디는 아니었다.

그런데 그가 하나님 앞에 엎드려 가슴을 찢으며 기도한 내용이 시편 51편에 적혀 있다. 시편에는 그 시의 저자와 저작 배경을 알려주는 표제어가 붙은 경우가 많은데 시편 51편의 표제어는 이렇게 기록되어 있다.

시편 51편(다윗의 시, 인도자를 따라 부르는 노래, 다윗이 밧세바와 동침한 후 선지자 나단이 그에게 왔을 때)

하나님이여 주의 인자를 따라 내게 은혜를 베푸시며 주의 많은 긍휼을 따라 내 죄악을 지워 주소서 나의 죄악을 말갛게 씻으시며 나의 죄를 깨끗이 제하소서 무릇 나는 내 죄과를 아오니 내 죄가 항상 내 앞에 있나이다 내가 주께만 범죄하여 주의 목전에 악을 행하였사오니 주께서 말씀하실 때에 의로우시다 하고 주께서 심판하실 때에 순전하시다 하리이다 내가 죄악 중에서 출생하였음이여 어머니가 죄 중에서 나를 잉태하였나이다 시 51:1-5

이 시에서 다윗은 자기가 어떤 죄인인지 스스로 말하고 있다. 자기가 깨끗하고 완벽한 사람인 줄 알았는데 하나님이 아니면 이 죄는 씻길 수도 해결될 수도 없다고 고백한다.

늘 죄 앞에 있어서 또 다른 밧세바를 볼 때 다시 한번 한눈팔고 마음을 뺏길 수 있는 연약한 자요, 그때마다 주님의 은혜와 긍휼이 아니면 다시 회복될 수 없는 자이며, 어머니가 죄 가운데 잉태한 존재로 태

생부터 죄인이며, 그 안에는 악한 죄의 본성이 늘 존재한다고 절절히 고백한다.

그는 자신의 범죄를 통해 자기 존재를 알았고 자기 정체성과 본질을 알았다. 나는 이것이 다윗의 인생에서 가장 위대한 승리라고 생각한다. '이게 내 존재였구나! 난 하나님 없으면 안 되는구나. 하나님의 은혜가 아니면 나는 정말 해결될 수 없는 소망 없는 인간이구나'라는 걸 깨닫는 순간이 우리 인생에서 가장 큰 승리의 순간인 줄 믿는다.

내 안에 밧세바가 없다고 말하는 자

죄에 대한 잘못된 반응이 두 가지 있다. 하나는 죄를 짓고 절망하며 자기 자신을 스스로 포기해버리는 것이고, 또 하나는 변명하고 합리화하는 것이다. 이 두 가지 모두 우리를 소망이 아닌 실패로 이끌어 망하게 한다.

다윗과 다를 바 없이 우리 모두 인생 가운데 밧세바가 있다. 하나님께서 허락하신 왕권으로 자기 욕망을 풀었던 다윗처럼, 우리 역시 하나님이 주신 은혜와 축복으로 욕심을 추구하고 교만하게 군다.

그런 자신의 모습을 보고 '내가 이런 인간이었구나'라는 것을 깨닫고, 다윗같이 그런 자기 정체성과 존재론적인 본질을 인정하며 하나님 앞에 자복하고 통회하는 자는 찾아보기 힘들다.

달콤한 유혹을 거절하지 못하고 죄를 저질렀다면 다윗처럼 반응해야 한다. 변명하고 합리화하며 형식적으로 잘못을 뉘우치는 것이 아니라 진정으로 회개하고 돌이키는 것이 생명의 길이다.

자기 안에 밧세바가 있어서 죄를 범하고도 다윗과 같은 고백과 회개가 일어나지 않고 여전히 자기의 악한 본성을 부정한 채 나 스스로 해결할 수 있다고 생각하며 살아가는 사람이 많다.

다윗처럼 자기 죄를 인정하고, 아니 자기 죄성과 자기 본질을 인정해 버리고 '난 항상 주님 앞에 연약한 자, 죄 앞에 흔들릴 수밖에 없는 죄인'임을 고백해야 하는데 그렇게 하지 않는다.

자기에게 죄가 없고 밧세바가 없다고 말하는 사람은 스스로 속이는 것이다. 그 사람 속에는 진리가 있다고 볼 수 없다.

> 만일 우리가 죄가 없다고 말하면 스스로 속이고 또 진리가 우리 속에 있지 아니할 것이요
> 요일 1:8

성경에 나오는 모든 진리와 지혜는 예수님으로 다 통하고 연결된다. 예수님은 죄 많은 세리와 창기에게도 찾아가시지만 "나는 죄 없다"라고 말하는 자들 안에는 거하지 않으신다.

세리와 창기가 소망 없는 게 아니다. 외식하고 가식적인 모습으로 그럴듯하게 포장하고 회개하지 않는 바리새인의 회칠한 무덤 같은 믿음이 소망 없고 실패한 인생이다.

> 만일 우리가 우리 죄를 자백하면 그는 미쁘시고 의로우사 우리 죄를 사하시며 우리를 모든
> 불의에서 깨끗하게 하실 것이요 요일 1:9

죄가 아무리 주홍빛같이 붉을지라도 하나님 앞에 상한 심령으로 나와 죄를 시인하면 미쁘신 그분은 그 죄를 사하고 깨끗하게 회복시켜주신다.

절망하거나 변명하는 사람들이 실수하는 이유는 이 선택을 하지 않기 때문이다. 죄를 인정하고 수치를 당하고 싶지 않아서 스스로 문제를 해결하려고 하거나, 하나님 앞에 겸손하게 나아오지 않고 절망하고 포기해버린다.

만일 우리가 범죄하지 아니하였다 하면 하나님을 거짓말하는 이로 만드는 것이니 또한 그의 말씀이 우리 속에 있지 아니하니라 요일 1:10

자기 죄를 인정하지 않고 내 삶에 밧세바가 없다고 한다면, 하나님을 거짓된 분으로 만드는 것이기 때문에 하나님의 말씀이 우리 안에서 떠나간다. 우리가 말씀 안에 있지 않으면 말씀을 통해 은혜가 임하지 않아서 자기가 죄인이라고 생각하지 못하고 억울함과 섭섭함이 올라와 자기가 서운하고 부당한 처지에 있다고 느끼게 된다.

그러나 말씀 안에 있고 진리 안에 거하면 자기가 잉태될 때부터 죄인이었다는 원죄를 인정하고 죄악의 품성과 본질이 남아 있는 자기 정체성을 인정하며 상한 심령으로 하나님 앞에 나아오게 된다.

상한 심령으로 하나님께 나아가자

내 안에 밧세바가 있음을 알았다면 다윗과 같이 자기의 죄 된 본성을 자각하고 인정하는, 시편 51편과 같은 존재론적 고백이 있어야 한다. '나는 하나님 아니면 안 되는구나. 나는 악한 죄의 본성이 있어서 언제든지 죄로 달려갈 수 있는 자구나. 나는 정말 하나님이 필요한 자구나'라고 고백하는 자가 되어야 한다.

이렇게 '나는 하나님이 아니면 소망이 없고 죽는다'라는 각오로 상한 심령을 갖고 나아오는 존재론적 고백이 있을 때 비로소 예수 그리스도의 십자가가 소망과 희망의 소식이 된다. 그러한 자각과 고백 후에는 하나님 앞에서 간절히 회개하며 그분의 은혜와 긍휼과 용서를 받아야 한다.

나의 존재를 하나님께 내어드리고 내 삶이 십자가의 은혜에 근거한다고 인정하는 것이 진짜 신앙이다. 죄 된 자기 존재와 정체성의 본질을 고백하고 거기서부터 하나님의 은혜로 다시 일어나고 시작하는 것이 가장 위대한 승리다.

> 주께서는 제사를 기뻐하지 아니하시나니 그렇지 아니하면 내가 드렸을 것이라 주는 번제를 기뻐하지 아니하시나이다 하나님께서 구하시는 제사는 상한 심령이라 하나님이여 상하고 통회하는 마음을 주께서 멸시하지 아니하시리이다 시 51:16,17

하나님께서 원하시는 제사는 번제와 형식적인 예배가 아니다. "나는 죄인입니다. 그래서 죄를 즐거워하며 그곳으로 마음과 시선이 향하는 악한 본성이 있습니다. 그래서 하나님의 은혜가 절대적으로 필요합니다. 부끄럽고 죄 많은 모습으로 나와서 하나님의 은혜를 구하고 갈망합니다"라고 고백하는 예배를 오늘도 기다리신다.

이것이 신앙과 예배의 진정한 시작이다. 교회의 진정한 부흥은 순결함에 있다. 몇 명이 모였느냐가 중요하지 않다. 상한 심령으로 나온 자들의 예배가 이어져야 그게 부흥이다.

교회를 개척한 지 20년이 되었다. 개척하고 처음 몇 년 동안은 예수님이 얼른 오시기를 바랐다. 예수님에게 인정받을 것 같았고, 지금처럼 완전하고 완벽할 때 예수님을 만나고 싶은 심정이었다.

그런데 목회하면서 내 안의 수많은 밧세바를 만났고, 수없이 깨어지고 넘어지고 실패했다. 그러면서 깨달았다. 내가 어쩔 수 없는 죄인이고 너무도 연약해서 하나님의 은혜가 아니면 살아갈 수가 없는 자라는 것을.

이제 나는 "하나님, 절대 다시는 넘어지지 않겠습니다"라고 고백하지 않는다. 대신에 "하나님, 저는 또 넘어집니다. 하지만 이제는 넘어져도 하나님께로만 넘어지고, 쓰러져도 하나님 쪽으로만 쓰러질 것입니다. 아프고 수치스럽고 멍도 들겠지만, 넘어질 때마다 내 키 한 자만큼은 하나님께 더 가까이 가 있을 테니, 넘어지고 실패하고 쓰러져도 저는 하나님을 향해서만 넘어지겠습니다"라고 고백한다.

완전하고 완벽하게 승리로 가는 자들은 없다. 넘어질 때마다 하나님께 더 가까이 가는 인생이 승리한 인생이다. 다윗처럼 오늘 나의 수치스러움을 이기고 나의 연약함과 죄의 본성을 인정하자. 내 죄에 대해서 자꾸 변명하고 합리화하거나 부정하지 말자.

상한 심령으로 하나님께 나아가자. 사람들이 손가락질하며 구질구질하고 뻔뻔하다고 말해도 상관없다. 다시 일어나 하나님께로 나아가 그분을 아름답게 예배하는 회복이 일어나기를 소망한다.

22

♦♦♦

끝까지 아름답게,
마지막도 향기롭게

삼하 24:1-3 여호와께서 다시 이스라엘을 향하여 진노하사 그들을 치시려고 다윗을 격동시키사 가서 이스라엘과 유다의 인구를 조사하라 하신지라 이에 왕이 그 곁에 있는 군사령관 요압에게 이르되 너는 이스라엘 모든 지파 가운데로 다니며 이제 단에서부터 브엘세바까지 인구를 조사하여 백성의 수를 내게 보고하라 하니 요압이 왕께 아뢰되 이 백성이 얼마든지 왕의 하나님 여호와께서 백 배나 더하게 하사 내 주 왕의 눈으로 보게 하시기를 원하나이다 그런데 내 주 왕은 어찌하여 이런 일을 기뻐하시나이까 하되

결과가 같아도 동기가 다르면

사무엘하 24장은 수치스러운 밧세바 사건 이후 다윗의 또 다른 범죄인 인구 조사 사건을 다룬다. 성경에는 인구 조사의 기록이 여러 번 나오는데, 왜 다윗의 인구 조사가 죄라는 것일까? 그것은 그 목적과 동기에 따라 달라진다.

출애굽기 30장의 인구 조사는 백성의 수효를 따라 하나님께 생명의 속전을 드리기 위해서였다. 회막 봉사에 사용하기 위해 부한 자든 가난한 자든 한 사람도 예외 없이 반 세겔씩 생명의 속전을 드렸다.

민수기의 1,2차 인구 조사는 '하나님이 이렇게 너희들을 보호하고 함께하셨다'라는 은혜를 기억하고, 그들에게 하나님의 군대로서의 공동체 의식을 함양하기 위한 것이었다.

그러나 다윗의 인구 조사는 그 동기와 목적이 선하지 못했다. 그는 인구 조사를 통해 자신이 동원할 수 있는 군사는 몇 명이며 이 군사력으로 무엇을 할 수 있을지를 알고자 했다. 그렇게 자신의 힘을 확인하고 과시하고 싶은 교만한 동기로 인구 조사를 진행했기에 마음의 중심을 보신 하나님은 그것을 용납하지 않으셨다. 이 일로 다윗뿐만 아니라 백성까지 큰 고난을 당하고 나라는 위기를 맞았다.

이를 통해, 똑같은 행위를 하고 결과가 같다고 해서 다 같은 게 아니라는 걸 알 수 있다. 하나님은 마음의 중심을 보시며, 외형에 속아 넘어가지 않으신다. 그러므로 동기와 목적이 바르지 않고, 마음의 중심이 하나님께로 향하지 않는다면 열심처럼 보이는 헌신, 희생처럼 보이는 신앙의 모든 행위가 오히려 하나님을 진노케 할 수 있다.

우리는 교만을 경계해야 한다. 이를 달리 표현한다면, '하나님을 더욱 의지해야 한다'라고 할 수 있다. 어둠을 물리치려고 싸우지 않더라도, 빛이 들어오면 어둠은 자연히 사라진다. 빛이 있는 곳에는 어둠이 있을 수 없듯이 우리가 하나님을 더 의지하고 하나님만 간절히 원하면 그 마음에는 교만이 틈타지 못한다.

우리 마음과 신앙이, 가정과 자녀 교육의 방향이, 그리고 교회와 일터가 하나님을 향하고 그분을 더욱 의지하기를 바란다. 그래야 다윗과 같은 실수를 범해 불행한 결말을 맞는 것을 피할 수 있다.

우리 삶에는 이런 교만한 인구 조사가 없을까? 우리는 하나님이 주신 것 안에서 은혜를 누리며 감사해야 하고, 은혜가 우리의 관심이어야 한다. 그런데 하나님의 은혜가 아니라 주신 복만 보고 있다면, 그것이 바로 미혹이다. 하나님이 아니라 하나님이 주신 무언가에 관심이 가고 시선을 빼앗기는 게 미혹이다.

백성의 숫자를 세고 싶은 유혹과 충동은 다윗 왕에게만 오는 게 아니다. 내 삶을 유지하는 힘, 내가 누리는 기쁨이 하나님의 은혜 아닌 다른 것에서 온다고 착각하는 것, 그런 것들에 마음과 시선을 뺏기는 것이 바로 우리의 인구 조사인 줄 깨달아야 한다.

이 마지막 때에 가장 위험한 것이 미혹하는 영이다. 우리의 시선이 미혹되지 않길 바란다. 우리의 신앙이 변질되지 않길 바란다. 하나님을 더 바라보자. 하나님의 은혜를 더 갈망하고 간청하자. 그것이 겸손이요, 교만을 피하는 유일한 길이다.

교만을 경계하라, 하나님을 더욱 의지하라

여호와께서 다시 이스라엘을 향하여 진노하사 그들을 치시려고 다윗을 격동시키사 가서 이 스라엘과 유다의 인구를 조사하라 하신지라 삼하 24:1

이 구절은 하나님이 이스라엘을 치시려고 다윗을 격동시켜 인구 조사를 시키신 것처럼 보인다. 다윗이 피해자로 보이는 것이다. 이것을 어떻게 이해해야 할까?

우리는 하나님이 우리에게 자유의지와 신앙의 양심을 주셨다는 사실을 기억해야 한다. 우리는 우리에게 주어진 자유의지를 가지고 신앙 양심에 따라 무언가를 선택하고 결정할 수 있다.

하나님은 우리를 자유케 하시지 꼭두각시처럼 부리지 않으신다. 힘 있는 사람이 자신의 목적을 이루는 가장 손쉬운 방법은 군림하고 복종시키는 것이지만 하나님은 우리를 사랑하시기에 우리 위에 군림하거나 우리를 억지로 복종시키지 않으시고, 자유의지와 신앙 양심을 주셔서 우리가 스스로 선택할 수 있게 하셨다. 이것이 세상의 모든 잡신과 다른 하나님만의 특징이다. 얼마나 멋진가!

그러므로 이 1절의 표현은 하나님께서 인구 조사를 하고 싶은 다윗의 교만한 충동을 그냥 허용하셨다는 의미다.

사탄이 일어나 이스라엘을 대적하고 다윗을 충동하여 이스라엘을 계수하게 하니라

대상 21:1

같은 사건을 기록한 병행 구절에서는 사탄이 다윗의 마음을 충동했

다고 나온다. 즉, 다윗의 교만이 사탄에게 일할 틈을 주었고, 사탄이 그의 마음에 들어와 충동했으며, 하나님은 다윗이 인구 조사를 하도록 시키신 게 아니라 사탄이 틈탄 그의 선택을 허용하신 것이다.

가룟 유다에게 사탄이 틈타자 그에게 예수님을 팔 생각이 들었다. 하나님께서는 그의 이런 선택을 허용하신 것이지, 가룟 유다나 다윗을 이용해서 악한 일을 벌이신 것이 아니다.

출애굽기에 완악함과 완강함으로 자기 고집을 꺾지 않은 바로에 관한 표현이 두 가지 등장한다. "바로의 마음이 완악하게 되어"(출 8:19)와 같은 표현은 바로가 능동적으로 선택했다는 의미이고, "여호와께서 바로의 마음을 완악하게 하셨으므로"(출 9:12)와 같은 표현은 하나님이 바로의 완악함을 허용하셨다는 의미다.

'사탄'을 뜻하는 헬라어 '디아블로'에서 '디아'는 '무엇과 무엇의 사이'(between)를 의미하고, '블로'는 '돌을 던지다'라는 의미다. 즉, 사탄은 중간에서 사이를 벌려놓고 돌을 던지는 자다. 그래서 다윗의 마음을 충동질해서 하나님과의 간격을 벌려놓고 거기에 돌을 던진 것이다. 둘 사이에 돌을 던지면 그 틈은 더 넓어진다.

사탄은 어떻게든 하나님과 우리 사이에 틈을 벌려서 우리 마음이 하나님을 떠나 그분을 의지하지 않고 소홀히 여기게 하려 한다. 그래서 하나님보다 더 의지하고 싶은 대상을 보여주고 그것이 대단하고 크게 보이도록 유혹한다. 이것이 다윗에게 먹힌 것이다.

다윗은 교만함으로 인해 사탄의 충동에 넘어가 하나님을 의지하지 않았다. 하나님보다 더 강하게 느껴지는 것, 그래서 더 의지하고 싶고, 내세우고 싶고, 자랑하고 싶은 유혹에 빠져 자기의 군사력을 확인하기 위한 인구 조사를 시행한 것이다.

착각은 자유지만 결과는 냉정하다

요압이 왕께 아뢰되 이 백성이 얼마든지 왕의 하나님 여호와께서 백 배나 더하게 하사 내 주 왕의 눈으로 보게 하시기를 원하나이다 그런데 내 주 왕은 어찌하여 이런 일을 기뻐하시나이까 하되 삼하 24:3

다윗 왕이 인구 조사를 명하자 요압이 이렇게 말했다. 신앙이 좋은 사람도 아니고 그리 선한 사람도 아니었지만 그런 요압도 지금 다윗이 이 지위와 영광을 누리는 것이 하나님의 은혜라는 것을 알고 있었고, 다윗의 빤한 속을 단박에 눈치챘다.

훗날 요압은 다윗에 대한 반역에 동참하는데 그가 다윗의 권위에 도전하기 시작한 것이 바로 이때부터였다. 본문과 동일한 내용을 다루고 있는 역대상 21장의 병행 구절을 살펴보자.

요압이 왕의 명령을 마땅치 않게 여겨 레위와 베냐민 사람은 계수하지 아니하였더라 대상 21:6

물론 인구 조사에서 레위 지파가 빠질 때도 있었다. 그런데 요압은 "왕의 명령을 마땅치 않게 여겨" 일부러 베냐민 지파까지 빼버렸다. 왕이 시키니까 하긴 하는데, 이 일을 하는 것이 잘못되었다고 본 것이다. 충직한 부하였던 요압의 마음에서 왕에 대한 존경심과 충성심이 흔들리기 시작하는 모습을 보라.

다윗은 자기 힘과 권력의 안전성을 더 견고하게 만들고 싶어서 인구 조사를 단행했지만, 결과는 다른 방향으로 향한다. 하나님이 아닌 다른 것들이 내 삶을 견인하고 있다고 착각한 순간, 하나님이 다윗에게 주셨던 권력의 견고함에 누수가 생기며 흐트러지기 시작한다. 하나님 말씀이 딱 맞다.

누구든지 자기를 높이는 자는 낮아지고 누구든지 자기를 낮추는 자는 높아지리라 마 23:12

주 앞에서 낮추라 그리하면 주께서 너희를 높이시리라 약 4:10

다윗처럼 높아지려 하면 낮아진다. 하나님은 우리가 낮아질 때 높여주신다. 하나님이 높이실 때가 안전하다. 내가 스스로 올라가면 에너지도 많이 들고, 반드시 후유증이 발생한다.

자신의 인생을 복기해보라. 박살나고 깨졌던 때가 언제인지 생각해보라. '내가 할 수 있다'라는 생각이 들기 시작한 때는 아니었는가? 그러면 하나님이 우습게 보이고 하나님 말씀보다 내 상황, 처지, 형편에 대한 경영 분석, 통계, 기획 같은 것을 믿게 된다. 그러다 보면, 어느 순간 인생에 금이 가는 것이다. 이것이 교만이다.

주변에 '내가 할 수 있다'라는 착각을 일으키는 것이나 그런 기회들이 있다면 바로 그걸 깨뜨려야 한다. 사업이나 교제, 결혼의 영역에서, 진로를 결정하는 데서, 직장이나 사람과의 관계 등에서 정말 하나님을 의지하고 바라보고 있는지 점검하라.

모든 것을 뒤로 미루고 하나님을 구하라! 그래서 하나님의 때, 하나님이 주시는 방법으로 하나님이 일하실 때, 그때 가장 존귀하고 완벽한 승리를 누릴 수 있다.

세리머니의 팔을 겸손의 무릎으로

'이제 좀 알겠다' 싶을 때가 위기가 찾아오는 때다. 돌고래가 점프하는 모습은 정말 멋지지만, 바로 그때가 작살을 맞을 수 있는 가장 위험한 타이밍이다. 그러니 '이제 신앙생활이 좀 익숙해진다, 능숙해진다'라는 생각이 든다면, 어떤 감격이나 두려움 없이 그냥 시간이 되어 교회에 와서 앉아 있는 자기 모습을 발견하게 된다면 인구 조사를 하는 다윗이 거울에 비치는 나의 모습임을 알라.

그런즉 선 줄로 생각하는 자는 넘어질까 조심하라 고전 10:12

이 말씀으로 정신을 차리자. 내가 잘나가고 있을 때, 내가 좀 의롭고 잘 믿고 있다고 생각할 때 팍 넘어지지 않도록 조심해야 한다.

2022 항저우 아시안게임에서 한국 롤러스케이트 스피드 남자 대표팀이 3,000미터 계주 결승에서 아쉬운 은메달을 목에 걸었다. 안정적인 경기 운영으로 우위를 점하고 있던 한국팀은 마지막 바퀴를 돌 때까지도 2위 팀과 큰 격차를 벌리며 금메달이 유력해 보였다.

그런데 승리를 예감한 마지막 주자 정철원 선수가 결승선 바로 앞에서 두 팔을 들어올리며 우승 세리머니를 펼치던 그 순간, 뒤쫓던 대만의 마지막 주자가 결승선에 먼저 왼발을 밀어 넣고 0.01초 차이로 역전해버렸다.

이 일로 인해 금메달을 놓친 대표팀 선수들은 군 면제 혜택을 받지 못하게 되었고, 정철원 선수는 "국가를 대표하는 선수로서 끝까지 최선을 다하지 않았던 저의 행동에 진심으로 후회하며 반성하고 있다"라며 사과문을 발표했다.

역전극을 펼친 대만의 마지막 주자 황위린 선수는 일약 스타가 되었는데 2주 후 재미있는 일이 벌어졌다. 대만 전국체전 롤러스케이트 남자 경기에 출전한 황위린이 우승을 눈앞에 두고 세리머니를 펼치다 역전패를 당한 것이다.

그가 결승선 통과 직전에 두 주먹을 쥐며 승리의 기쁨을 만끽할 때 뒤따르던 자오쯔정이 끝까지 포기하지 않고 왼발을 내밀어 0.03초 차이로 역전했다. 대만 현지 매체는 아시안게임 남자 3,000미터 계주 마지막 장면을 함께 비교하며 "이번 역전 쇼는 주인공을 바꿔 상황을 완전히 재현해 황위린의(아시안게임 남자 3,000미터 계주 역전승) 소감을 떠올리게 한다"라고 보도했다.

인간은 누구나 교만에 취약하다. 조금만 잘나가고 형통하고 풍요하면 늘 교만의 손을 높이 들고 자만의 세리머니를 하려고 한다. 그러나 우리에게 필요한 것은 높이 뻗어 올린 세리머니의 팔이 아니라 아래로 모은 기도의 손이요 겸손의 무릎이다.

너희 염려를 다 주께 맡기라 이는 그가 너희를 돌보심이라 근신하라 깨어라 너희 대적 마귀가 우는 사자같이 두루 다니며 삼킬 자를 찾나니 벧전 5:7,8

인생에는 절망적일 때도 있고 잘나갈 때도 있다. 이 두 가지 인생 노선에서 반응을 잘하면 승리한다. 절망의 길에 서게 될 때는 겸손하게 하나님을 의지하고, 잘나갈 때는 방심하지 말고 하나님을 더욱 의지해야 한다. 마귀가 우는 사자처럼 삼킬 자를 찾고 있으므로 그때 방심하면 먹힌다. 그럴 때는 근신해야 한다.

왜 망하는 길로 가려고 하는가

교만은 패망의 선봉이요 거만한 마음은 넘어짐의 앞잡이니라 잠 16:18

교만하고 거만하고 자만하면 무조건 진다. 승리를 예약하고 살아도 오늘 하루를 견디기 힘든 것이 신앙의 여정인데 망할 길로 가고 있다면 얼마나 안타까운가. 사업의 아이템이 어떻든지, 그 사람의 스펙이 어떻든지, 누가 밀어주고 있든지 상관없이 교만한 사람은 100퍼센트 망한다. 예외가 없다.

'겨울전쟁'이라고 들어보았는가? 1939년 11월에 소련이 작은 나라 핀란드를 침공해서 발발한 이 전쟁은 '제1차 소련-핀란드 전쟁/핀란드-소련 전쟁'이라는 정식 명칭이 있지만 '겨울전쟁'이라는 이름으로 널리 불리며 소련의 흑역사로 기록되었다.

당시 소련과 스웨덴은 북유럽의 패권을 놓고 경쟁하고 있었는데, 스웨덴을 바로 침공할 수 없었던 소련은 전투력에서 말도 안 될 정도로 현격한 차이를 보이는 작은 나라 핀란드를 먼저 침공했다.

소련은 백만 대군을 동원한 반면, 인구 자체가 적었던 핀란드는 전 군대를 동원해도 30만 명 정도였다. 소련은 전차가 6,500대였으나 핀란드는 32대뿐이었고, 그마저 급하게 마련하느라 무기도 장착되지 않은 깡통 전차였다. 그러니 소련은 며칠 정도면 핀란드를 함락할 수 있다고 생각하고 밀고 들어온 것이다.

그러나 소련이 생각하지 못한 변수가 있었다. 소련도 추운 지역이긴 했지만, 핀란드의 추위는 그들이 치를 떨 정도로 혹독했다. 게다가 늘 상 눈 위에서 살던 핀란드 사람들은 스키 실력이 뛰어난데다 사냥으로 다져진 전투 실력도 뛰어났다.

그런 흰색 위장복을 입은 저격수들이 스키를 타고 귀신처럼 소리 없이 나타나 공격하고는 곧 사라지는 게릴라전을 펼치면서 소련군 100만 명 중에 36만 명의 사상자가 나왔다.

압도적인 군사력 차이로 후에는 핀란드 일부가 소련군에 장악되었지만, 그때까지 소련에도 힘든 전쟁이 이어졌다. 이 전쟁으로 소련은 세계의 놀림거리가 되었고, 아직도 핀란드에 대한 트라우마가 있을 정도라고 한다.

손흥민 선수의 예의 바른 행동이 화제를 모은 적이 있다. 2023년 10월 루턴전 승리로 주장 손흥민 선수가 인터뷰 후 마이크를 테이블에 조심스럽게 내려놓았다. 마이크를 놓을 때 '탁' 하는 음향이 음향 기사에게 크게 들릴까 봐 살포시 내려놓은 것이다.

이를 본 진행자들은 감탄하여 SNS로 그 모습을 공유했으며, 수많은 축구 팬 역시 그의 몸에 배어 있는 겸손과 배려를 칭찬했고 신문마다 이런 인성이 그를 대스타로 만들었다는 칭찬 기사를 내보냈다.

무슨 일이든 겸손한 자들이 잘한다. 이것이 하나님의 법칙이다. 쉽게 이길 것으로 생각해 교만한 자들은 아이 성 전투처럼 깨지고 박살 나는 일이 벌어진다. 교만은 패망하는 지름길이고 겸손은 승리의 비결이다. 이것을 잊지 말고 겸손히 승리하는 자리에 있기를 바란다.

끝까지 아름답고 마지막이 향기로운 인생

꽃은 생명을 품고 있을 때만 향기롭다. 변질되고 부패되면 악취를 뿜는다. 우리 인생과 신앙도 마찬가지다. 하나님과의 관계가 멀어지면 신앙이 병들고 부패하고 타락하여 변질된다. 삶의 모습, 신앙의 모습은 똑같은 것 같아도, 아니, 오히려 더 능숙하고 세련되어 보일지라도 결국에는 악취를 풍기는 신앙과 인생이 된다.

교회를 개척하던 초기에 하나님만 바라보고 의지했던 시간을 기억한다. 솔직히 말하면, 그때는 하나님밖에 바라볼 대상이 없었다. 그런데 하나님밖에 의지할 수 없는 그때가 오히려 가장 안전한 시간이다. 하나님 외에도 의지할 것들이 있을 때가 위험한 시간이다. 사람, 돈, 시스템, 목회의 경험, 노하우, 테크닉, 스킬들이 하나님을 의지하고 기도하는 시간을 빼앗는다.

얼마 전에 미국에 집회하러 갔다가 우리 교회 개척 멤버인 분의 자녀를 만나 기도하며 함께 울었던 적이 있다. 지금 생각하면 개척 당시 우리의 예배는 참 초라했다. 재정이 어려웠던 때라 마이크를 하나 사기도 얼마나 힘들었는지….

그때 샀던 마이크가 아직도 기억난다. 13,000원짜리 은색 마이크였다. 잘하지도 못하는 인터넷 쇼핑 실력으로 뒤지고 뒤져서 찾았던 노래방용 은색 마이크다. 댓글을 얼마나 찾아봤는지 모른다. 그런데 어떤 사람은 괜찮다고 하고, 어떤 사람은 쓰레기 같은 게 왔다고 했다. 복불복이었다. 돈이 15,000원밖에 없어서 금식기도를 하며 샀다.

그런데 그렇게 예배했던 그때가 실은 더 좋았다. 13,000원짜리 하나 사는 데도 그렇게 하나님 앞에 간절할 수밖에 없었는데, 지금은 1,300만 원이나 1억 3,000만 원을 지출할 때도 금식까지는 안 한다. 물론 더 중대하고 큰일을 하라고 맡기신 대의를 위한 포기라고 생각할 수 있지만, 그 본질의 정신은 절대로 잊지 말아야 할 것이다.

최병남 목사님(대전중앙교회 원로목사)은 내가 정말 존경하는 분이다.

최 목사님은 하나님이 부르시는 그날까지 제도나 정치 안에 갇힌 목회가 아니라 진짜 목회를 하겠다고, 그렇지 않으면 두려워서 하나님을 못 뵙겠다고 말씀하시며 그 마음으로 평생 사역해오셨다. 70세에 은퇴하시고 다시 개척을 하셔서 81세가 된 지금도 '오직 성령, 오직 은혜'를 외치며 뜨겁게 사역하신다.

매년 목사님의 교회에서 말씀을 전하는 기회를 갖고 있는데, 그 연세에도 얼마나 순결하게 예배하며 하나님께 눈물로 하염없이 기도하시는지 모른다. 최 목사님과 사모님은 매년 만날 때마다 부족한 나에게 응원과 함께 "우리는 목사님을 위해서 매일 기도합니다. 목사님, 끝까지 변하지 말아주세요"라고 간절히 부탁하신다.

진짜 위대한 기도 아닌가. 이분들의 기도가 이루어진다면 정말 성공한 인생이요, 성공한 목회인 것 같다. 그 기도처럼 내 인생의 끝이 아름다웠으면 좋겠다. 그래서 끝까지 아름답게, 끝까지 진짜 말씀을 전할 수 있도록 매일 기도한다.

성도가 한 명이든 두 명이든 열 명이든, 진짜 하나님께서 원하시는 말씀을 받아서 두렵고 떨리는 마음으로 그 말씀을 대언할 수 있다면 그것으로 족하다. 그것이 진짜 성공이라고 믿는다.

외로움인가, 그리움인가

누군가가 나에게 좋은 책을 고르는 자신의 독특한 기준을 말해준 적이 있다.

"아무 책이나 3분의 2 지점을 펼치고 오른쪽 중하단 부분의 문장을 읽어봐. 그곳이 술술 넘어가면 좋은 책이고, 가독성이 떨어지면 좋은 책이 아니야."

대부분의 작가들이 책을 쓸 때 가장 버거워하는 지점이 그 3분의 2 지점이라고 한다. 그래서 그 부분을 쓸 때는 많은 집중을 쏟지 못하는데 그럼에도 해당 지점의 문장이 잘 쓰였고 깔끔하게 읽힌다면 그만큼 책에 정성을 쏟은 것이고, 그가 필력이 좋은 작가라는 것을 증명한다는 것이다.

그 말을 듣고 있다가 문득 '내 인생의 책도 3분의 2 지점이 아름다워야겠다'라는 생각이 들었다. 당신 또한, 인생에서 살아온 날보다 살아갈 날이 훨씬 적어졌을지라도, 포기하여 남은 인생의 책을 대충대충 쓰지 말고 지금부터라도 힘을 내어 오늘 한 페이지를 열심히 써나가길 바란다.

나는 아침에 눈을 뜨면 "하나님, 이 하루가 웬 말입니까? 선물로 주신 이 귀한 하루를 허접하게 쓰지 않겠습니다"라고 기도한다. 오늘 하루 인생의 책을 정성껏 써보자. 얼마 안 남았을 시간, 정말 멋지게 마무리할 수 있기를 바란다.

끝까지 향기로운 인생이 되는 것은 끝까지 하나님을 붙들 수 있느냐의 싸움이다. 다윗처럼 다른 데 눈 돌리고, 다른 걸 자랑하고, 다른 데 관심 두고, 다른 것을 의지하면 실패한다.

하나님을 향한 마음이 혹 외로움 때문인가, 아니면 그리움 때문인가? 외로움 때문이라면, 그것을 채울 수만 있다면 맘몬도, 사람도 얼마든지 사랑하고 의지할 수 있다. 그러나 그리움은 단 한 사람으로만 채워진다.

나는 하나님을 향한 우리의 마음이 그리움이었으면 좋겠다. 하나님 한 분만 원하고, 그분만을 갈망하라. 가나안을 차지하고 왕관을 씌워

줄 통로와 도구 수단이 아니라 하나님을 그리워하는 자가 되라. 그분이 아니면 채워질 수 없다는 갈망, 하나님이 아니면 안 된다는 마음으로 예배의 자리로, 하나님 앞으로 나오길 바란다.

한 번쯤 불타오르고 시대를 풍미하며 화려하고 위대한 업적을 남긴 사람들은 많지만, 끝까지 향기롭고 아름다웠던 사람들은 많지 않다. 그래서 그런 사역자, 그런 선배들을 만나면 참 존경스럽고 눈물나게 고맙다.

화려하지 않고 비록 무명으로 끝난다 할지라도 끝까지 아름다운 인생은 참 보기 드물다. 하지만 그 인생이야말로 우리가 꿈꾸어야 할 인생이다. 그런 멋진 교회, 멋진 목사, 멋진 성도로서, 무엇보다도 참 그리스도인으로서 하루하루를 끝까지 잘 경주하고 살아갔으면 좋겠다. 끝이 아름다워야 진짜 아름다운 것이다.

23

♦♦♦

그 은혜 아니면
살아갈 수 없습니다

삼하 24:18-25 이날에 갓이 다윗에게 이르러 그에게 아뢰되 올라가서 여부스 사
람 아라우나의 타작마당에서 여호와를 위하여 제단을 쌓으소서 하매 다윗이
여호와께서 명령하신 바 갓의 말대로 올라가니라 아라우나가 바라보다가 왕
과 그의 부하들이 자기를 향하여 건너옴을 보고 나가서 왕 앞에서 얼굴을 땅
에 대고 절하며 이르되 어찌하여 내 주 왕께서 종에게 임하시나이까 하니 다
윗이 이르되 네게서 타작마당을 사서 여호와께 제단을 쌓아 백성에게 내리는
재앙을 그치게 하려 함이라 하는지라 아라우나가 다윗에게 아뢰되 원하건대
내 주 왕은 좋게 여기시는 대로 취하여 드리소서 번제에 대하여는 소가 있고
뗄 나무에 대하여는 마당질하는 도구와 소의 멍에가 있나이다 왕이여 아라우
나가 이것을 다 왕께 드리나이다 하고 또 왕께 아뢰되 왕의 하나님 여호와께
서 왕을 기쁘게 받으시기를 원하나이다 왕이 아라우나에게 이르되 그렇지 아
니하다 내가 값을 주고 네게서 사리라 값 없이는 내 하나님 여호와께 번제를
드리지 아니하리라 하고 다윗이 은 오십 세겔로 타작마당과 소를 사고 그곳에
서 여호와를 위하여 제단을 쌓고 번제와 화목제를 드렸더니 이에 여호와께서
그 땅을 위한 기도를 들으시매 이스라엘에게 내리는 재앙이 그쳤더라

하나님이 준비하신 회복의 솔루션

다윗의 강성함의 근원은 하나님의 은혜였다. 하나님께서 그와 함께 계시고, 그를 택하여주셨기에 점점 강성해질 수 있었다. 그러나 그는 교만으로 인하여 하나님의 징벌을 받게 된다.

인간의 죄성이 그렇다. 은혜가 충만하고 겸손할 때는 모든 생각과 시선이, 모든 선택과 결정의 근원이 하나님만 향한다. 하지만 조금 풍요하고, 조금 편안하고, 조금 안정적이면 죄가 스멀스멀 기어오른다. 모든 시선과 관심이 나 중심으로 흐르면서 스스로 뭔가를 할 수 있을 것 같고, 자신이 뭔가를 이루었다고 착각하기 시작한다.

믿음의 레전드 다윗도 인구 조사를 통해 자기가 무엇을 할 수 있는지, 또 자신의 힘이 얼마나 강성한지를 알아보고, 그것을 내세우며 자랑하려 했다. 인구 조사가 잘못된 것이 아니라, 그 안에 담긴 동기와 중심이 문제였다. 때로 우리는 무엇을 잘못했냐며 억울하다고 변명하지만, 행위가 아니라 마음의 중심을 보시는 하나님은 우리의 중심이 바르지 않으면 은혜를 거두고 징벌하신다.

하나님은 잘못에 대한 징벌을 다윗이 선택할 수 있게 하셨다. 세 가지 선택지를 주셨는데, 첫째는 7년 동안의 기근, 둘째는 석 달 동안 원수에게 쫓기는 것, 셋째는 3일 동안 전염병이 돌아서 사람이 죽는 것이었다.

이제까지 사람에게 쫓기며 시달리는 인생을 살았던 다윗은 하나님의 손에 맡긴다는 의미로 3일 동안의 전염병을 선택했는데 그 결과로 7만 명이 죽었다. 지도자의 선택이 이렇게 중요하고, 지도자의 겸손과 교만의 차이가 이렇게 어마어마하다.

7만 명이 죽어나갔지만, 이것으로 값을 다 치른 게 아니었다. 하나님이 보내신 천사가 여전히 예루살렘을 향하여 손을 들어 멸하려 하고 있었다. 아직 징벌은 진행 중이었다. 그런데 곧이어 하나님이 백성을 멸하는 천사에게 "족하다 이제는 네 손을 거두라"(삼하 24:16)라고 하시며 징벌을 멈추신다.

자신의 죄로 죽어가는 백성을 보는 다윗의 마음은 얼마나 처참했겠는가. 그는 굵은 베를 입고 엎드려(대상 21:16) "나는 범죄하였고 악을 행하였거니와 이 양 무리는 무엇을 행하였나이까 청하건대 주의 손으로 나와 내 아버지의 집을 치소서"(삼하 24:17)라고 탄원한다.

다윗이 그렇게 자복하고 회개하며 간구하자 하나님은 마치 기다리셨다는 듯, 그 탄원과 동시에 갓 선지자를 보내서 회복을 위한 솔루션을 주신다. 다윗의 회개를 듣고 나서 어떻게 할지 생각하신 것이 아니라 이미 회복을 준비하고 계셨다. 이미 회복의 솔루션을 준비해놓고, 다윗이 회개하고 엎드리기를 기다리신 것이다.

이를 통해, 하나님이 다윗을 징계하신 것은 은혜를 망각하고 교만하게 행한 그를 벌하는 그 자체가 아니라 회복시키는 데 진정한 목적이 있었음을 알 수 있다. 하나님은 언제나 이미 회복의 길을 준비하시고, 우리의 겸손과 회개를 무척이나 기다리신다.

징계가 있어야 소망도 있다

하나님이 갓 선지자를 통하여 주신 회복의 솔루션은 여부스 사람 아라우나의 타작마당에 가서 여호와를 위하여 제단을 쌓으라는 것이었다. 다윗이 이를 그대로 행하자 모든 재앙이 그쳤다.

다윗이 은 오십 세겔로 타작마당과 소를 사고 그곳에서 여호와를 위하여 제단을 쌓고 번제와 화목제를 드렸더니 이에 여호와께서 그 땅을 위한 기도를 들으시매 이스라엘에게 내리는 재앙이 그쳤더라 삼하 24:24,25

하나님의 분노가 느껴져야 소망이 있는 법이다. 하나님은 우리를 너무나 사랑하시기에 우리가 잘못된 길로 가는 것을 그냥 내버려두지 않으신다. 징벌과 채찍으로라도 우리를 돌아서게 하신다.

그러므로 아직 우리 곁에 말씀의 경책과 찔림이 있는 것은 감사한 일이다. 하나님이 우리를 포기하지 않고 여전히 사랑하신다는 놀라운 증거이며 하나님과의 관계가 건강하다는 증거이기 때문이다.

우리는 죄인이다. 본성 자체가 악한 존재다. 그래서 말씀 앞에서 찔림이나 깨어짐이 없다면 그것은 재앙이다. 말씀 앞에 제대로 서 있지 않다는 가장 확실한 증거다. 하나님 앞에 겸손하게, 신령과 진정으로 서 있다면 내가 죄인인 것이 느껴져 계속 깨진다.

하나님의 말씀은 나를 찌르고 깨뜨린다. 그럴 수밖에 없다. 그런데 그렇지 못하다는 것은 내가 버려지고 있다는 증거다. 내버려두심은 그 자체가 이미 하나님의 재앙이요 심판의 시작이다. 앞 장에서 보았듯이, 바로의 마음이 완악하고 완강하기도 했지만, 하나님이 바로의 완악한 마음을 허용하신 것도 있다.

완악함은 하나님과 함께 머물 수 없는 모습이다. 하나님이 그를 곁에 두기를 원하시고 포기하지 않으실 때는 그 완악함과 완강함을 깨뜨리신다. 그래야 하나님과 함께할 수 있기 때문이다. 그러니 우리는 계속 깨지면서 나가는 인생이어야 한다. 계속 깨지면서 하나님께 나아가는 것이 신앙이다.

다윗이 하나님께 성전 건축을 서원하였을 때, 하나님이 다윗에게 주신 축복 가운데 '사람의 매와 인생의 채찍'이 있었다.

> 나는 그에게 아버지가 되고 그는 내게 아들이 되리니 그가 만일 죄를 범하면 내가 사람의 매와 인생의 채찍으로 징계하려니와 내가 네 앞에서 물러나게 한 사울에게서 내 은총을 빼앗은 것처럼 그에게서 빼앗지는 아니하리라 삼하 7:14,15

하나님은 다윗의 자손들이 완전하고 완벽한 길을 가게 해주겠다고 하지 않으셨다. 그들이 죄를 지을 때 사람의 매와 인생의 채찍을 동원해서라도 정신 차리고 돌아오게 하며, 그렇게 해서라도 버리지 않겠다고 하셨다. 이것이 축복이다.

하나님은 오늘도 징계와 벌, 책망이 아닌 회복의 솔루션을 가지고 우리를 기다리신다. 그 솔루션은 바로 예배다. 하나님은 우리에게 진정한 예배를 받으심으로 건강한 관계, 아름다운 교제가 회복되기를 안타까울 정도로 기다리고 계신다.

하나님이 지정하신 회복의 자리, 예배

하나님은 다윗에게 회복을 위한 예배의 자리를 지정하셨다. 그곳은 아라우나의 타작마당이었다. 같은 본문을 다루는 역대상 21장에는 '오르난의 타작마당'으로 기록되었는데, 음역의 차이일 뿐 아라우나와 오르난은 동일한 사람이다.

예배 장소로 지정하신 아라우나의 타작마당에는 특별한 의미가 있다. 그 타작마당은 예루살렘 성 동쪽 모리아 산에 위치했는데, 모리아 산은 아브라함이 하나님의 명령에 따라 이삭을 제물로 바치려 했던(창 22:1-14) 곳으로, 아브라함의 순종 및 신앙과 하나님의 준비하시는 '여호와 이레'의 은혜가 기억되는 장소다.

죄는 나쁜 짓, 험한 짓을 하는 것만이 아니다. 하나님이 계셔야 할 자리에 다른 것을 두는 것이 우상 숭배요 죄다. 그 우상은 뭔가 꺼림직하고 부딪치고 불편한 것만이 아니라 좋은 관계, 좋은 감정, 자녀, 든든한 스펙, 행복해 보이는 것 등 좋은 것들일 수도 있다. 아무리 좋은 것도 하나님이 계실 자리를 대신 차지하고 있다면 우상이다.

하나님이 계실 곳을 내가 만든 다른 신으로 채워서는 안 된다. 아브라함이 100세에 얻은 아들 이삭은 하나님이 주신 복이었는데 점차 우상이 되어갔다. 하나님은 아브라함의 그 죄를 보셨고, 그에게 그것을 내려놓을 수 있는지 물으셨다.

그때 그는 승리했다. 아침 일찍 일어나 하나님의 명령대로 모리아 산으로 가서 이삭을 바치려 했다. 그 순간 하나님이 멈추라고 말씀하시고는 수풀에 걸려 있는 숫양을 데려다가 대신 희생을 치르게 하셨다. 그곳이 바로 아라우나의 타작마당과 같은 장소이고, 훗날 이곳에 솔로몬의 성전이 세워진다.

솔로몬이 예루살렘 모리아 산에 여호와의 전 건축하기를 시작하니 그곳은 전에 여호와께서

그의 아버지 다윗에게 나타나신 곳이요 여부스 사람 오르난의 타작마당에 다윗이 정한 곳
이라 대하 3:1

이것은 우연한 일치가 아니라 하나님이 이를 통해 시사하시는 영적
의미가 있다는 것을 알아야 한다. 뒤에서 다시 이야기하겠지만 이 세
사건이 하나의 사건을 지향하고 있기 때문이다.

인간이 겪는 삶의 모든 문제의 유일한 해결 방법은 하나님과의 올바
른 관계 회복에 있다. 그것만이 모든 재앙과 아픔을 끝내는 유일한 단
서요 솔루션이다. 그래서 예배가 중요하다. 예배는 하나님과 관계를
회복하는 통로이기 때문이다.

예배의 핵심 가치는 말씀과 기도다. 예배 가운데 주시는 말씀에 감
동과 도전, 찔림을 받는 것이 은혜다. 그래서 내 뜻과 내 소견대로 내
가 의지하며 살려고 붙들고 있었던 모든 것을 내려놓고 하나님의 뜻을
붙잡는 것이다.

말씀을 받을 때 기도하여 하나님께 응답받으며, 하나님과 교제함으
로 그분과의 관계를 건강하고 올바르게 유지해갈 때 비로소 우리 삶의
진짜 문제가 해결될 수 있다. 예배를 통해 하나님의 긍휼을 얻으며 하
나님과 화해하고 회복하고 소망을 발견하고 다시 일어서길 바란다.

가치를 아는 자는 기꺼이 대가를 지불한다

다윗이 제사를 드리려고 아라우나의 타작마당을 찾았을 때, 아라우
나는 제사를 위하여 필요한 것은 무엇이든 드리겠다고 말한다. 그는
여부스 사람으로, 이스라엘 백성도 아브라함의 자손도 아닌 이방인이

었다. 그런 그가 겸손하게 엎드려 왕을 맞이하고, 다윗이 하나님께 제사드리러 왔다고 하자 무엇이든 필요한 것을 사용하라고 한다.

번제를 위하여 필요하다면 소를 드리겠다고 하고, 땔감이 필요하다면 농기구들과 소가 메던 멍에를 가져다가 땔감으로 삼으라고 말한다. 이스라엘은 사막 지역이라 나무(땔감)가 너무 귀한 곳인데 그는 하나님께 드리는 제사에 자신의 모든 것을 드리겠다는 것이다. 아라우나가 참 대단해 보인다.

그런데 다윗은 그것을 거절하고 은 50세겔로 타작마당과 소를 사고 그곳에 여호와를 위하여 제단을 쌓고 번제와 화목제를 드렸다.

> 왕이 아라우나에게 이르되 그렇지 아니하다 내가 값을 주고 네게서 사리라 값 없이는 내 하나님 여호와께 번제를 드리지 아니하리라 하고 다윗이 은 오십 세겔로 타작마당과 소를 사고 삼하 24:24

> 그리하여 다윗은 그 터 값으로 금 육백 세겔을 달아 오르난에게 주고 대상 21:25

역대상 21장에는 금 600세겔를 주었다는 구절이 나오는데 많은 성경학자는 사무엘하 24장의 은 50세겔은 제사를 드릴 타작마당과 제물로 드릴 소와 땔감에 대한 값을, 금 600세겔은 앞으로 하나님의 성전을 지을 성전 터 값을 치른 것으로 본다.

다윗과 아라우나 모두 제사를 위하여 기꺼이 자신의 것을 드렸다. 이처럼 예배는 희생을 각오하는 것이다. 헌금을 얼마 드려야 하느냐의 문제가 아니라, 나를 깨뜨려 예배드려야 한다는 의미다.

우리는 가치 있는 것에 대해 그만한 대가를 지불할 줄 알아야 한다.

가치를 모르는 사람은 대가를 지불할 줄 모른다. 무엇에 대한 대가를 지불하는 사람은 상황이 좋아서, 형편이 넉넉해서가 아니라, 그 가치를 알기 때문이다.

사람은 가치가 있는 것에 돈을 쓴다. 가치를 모르면 돈 1,000원도 아깝지만, 조선백자 달항아리를 아는 사람은 몇십억을 주고라도 그것을 산다. 어떤 사람은 미쳤다고 할지 모르지만, 그 가치를 아는 사람은 기꺼이 대가를 지불하는 것이다.

예배를 지키기 위하여 얼마만큼의 대가를 지불할 수 있겠는가. 그것은 각자의 생각이 다를 것이다. 예배의 가치는 진정한 예배자를 통하여, 나를 통하여 매겨진다는 것을 기억하고, 우리의 예배가 싸구려 취급을 당하지 않도록 해야 한다.

예배를 소중하게 대하라. 나를 향하신 하나님의 말씀을 소중하고 귀하게 대해야 한다. 말씀을 허락하신 하나님의 은혜를 인정하고, 기꺼이 그 대가를 지불할 수 있어야 한다. 회복과 응답, 은혜를 구하는 통로인 기도를 귀하고 값지게 여겨야 한다. 무엇으로도 대체할 수 없고, 무엇과도 바꿀 수 없으며, 어떤 상황에도 포기할 수 없는 가치로 하나님과의 관계 회복 통로인 예배와 말씀, 기도를 붙들자.

성경의 이야기는 역사적 사실이다

사무엘서에 나오는 다윗의 이야기는 아라우나의 타작마당에서 끝난다. 우리는 사무엘서에서 무수한 고난 중에도 버텨내고 승리한 다윗의 위대한 믿음의 삶을 통하여 승리하는 신앙 법칙을 보고 배우며 은혜를 누렸다. 그러면 다윗의 인생이 멋들어지게 끝나야 할 것 같은데, 뭔가 찜찜하고 부끄럽게 끝나버리는 것 같다. 그런데 이런 끝맺음이 우리에게 주는 두 가지 교훈이 있다.

첫째, 성경은 진짜라는 것이다. 만약 성경의 이야기가 사람이 쓰고 꾸며낸 것이라면 이렇게 끝나지는 않을 것이다. 그런데 이 상태로 끝난다. 그게 사실이기 때문이다. 다윗이 밧세바에게 부정을 행한 사건도, 인구 조사를 단행했던 그의 교만함도 성경은 숨기지 않는다. 그러니 이게 진짜인 것이다.

이는 고고학적으로도 증명되는 사실이다. 성경에는 다윗과 솔로몬의 이야기가 많이 나오지만, 의외로 얼마 전까지만 해도 그 고고학적 자료를 찾을 수 없었다. 역사적 사료가 없으니 믿지 않는 불신자들은 물론, 일부 신학자들조차도 어떻게 그렇게 대단한 왕의 기록이 없을 수 있냐며 다윗의 이야기는 허구라고 주장했다.

1993년도에 이스라엘 최북단에 있는 텔 단에서 고고학적 유물 하나가 발견됐다. 아람 왕 하사엘이 BC 9세기 말에서 8세기 초에 세운 것으로 보이는 텔 단 석비(Tel Dan stele)인데 거기에 "(나는) 이스라엘 왕 (아합)의 아들 (여호)람을 (죽였고, 나는) 다윗의 집의 (왕인 여호람)의 아들 (아하시)야를 죽였다"라는 내용이 있다.

유다를 '벤 다비드', 즉 '다윗의 집'으로 표현하고 있다. 다비드, 즉 다윗의 이름이 신앙의 기록이 아니라 이방인의 기념비에서 발견되면서 그가 역사적으로 실존했던 인물임이 증명되었다.

성경은 허구의 이야기가 아니다. 신화나 전설이 아니다. 실재하는 역사다. 그러므로 성경을 읽을 때 세계사도 공부하고 지역의 지리와 환경도 연구하면서 맥을 이어가면 더 흥미로울 것이다.

예수님의 십자가가 필요한 인생

둘째, 이 찜찜한 결말이 주는 최대의 교훈은 다윗도 이렇게 무너질 수 있다는 것이다. 그 대단했던 신앙의 위인, 믿음의 장수들도 은혜가 아니면 살아갈 수 없는 존재였음을 하나님께서 천명하셨다. 다윗과 같은 이도 그러한데, 하물며 우리랴. 우리는 정말 하나님의 은혜가 아니면 살아갈 수 없는 존재라는 것을 기억하고 살아야 한다.

'나는 시험에도 들지 않고, 넘어지지도 않고, 완벽하게 살 자신이 있다'라고 자부하는 사람이 있다면, 자기 수준을 몰라도 한참 모르는 것이다. 사도 바울은 로마서에서 이렇게 말했다.

기록된 바 의인은 없나니 하나도 없으며 롬 3:10

모든 사람이 죄를 범하였으매 하나님의 영광에 이르지 못하더니 롬 3:23

그래서 우리에게는 예수님의 십자가가 필요하다.

앞서 살펴본 모리아 산에서 이삭을 바치려 한 사건, 아라우나의 타작마당에서 절망과 사망 가운데 회복이 이루어지는 사건, 또 죄 된 인생들이 하나님 앞에 예배드릴 수 있는 거룩한 성전이 세워지는 사건이 모두 같은 장소에서 이루어진다.

하나님이 주신 아들을 하나님 자리에 대신 두고 우상 삼기 시작했던 아브라함에게 회복의 장소가 된 모리아 산, 교만 때문에 모든 것이 허물어지고 절망으로 끝날 뻔했던 다윗의 인생이 다시 희망으로 바뀐 아라우나의 타작마당, 그리고 솔로몬에 의해 여호와의 성전이 세워지는 바로 이곳이다. 특히 솔로몬은 백성들이 범죄하고 하나님 앞에 교만하여 여러 가지 병과 적의 침공으로 고난당할 때 그 죄를 깨닫고 이 성전에 와서 기도하면 회복시켜달라고 간구했다.

그런데 이 세 사건이 하나를 지향한다. 바로 예수 그리스도의 십자가 사건이다. 즉, 우리는 예수님을 향하여 살아갈 수밖에 없는 존재요, 예수님 때문에 살아가는 존재라는 것을 말씀하시는 것이다.

다윗의 인구 조사가 불러온 참혹함은 하나님을 의지하지 않고 그분을 떠난 인생의 허무함의 실체를 보여준다. 당신은 하나님의 은혜 가운데 살면서, 그 근원이 하나님이신 것과 자신이 그 은혜를 받을 자격이 없다는 것을 기억하는가?

오늘 나에게 주시는 은혜와 평안의 근원이 하나님이심을 인정하고 살아가는 것, 나는 이 은혜를 받을 자격이 없는 자임을 인정하고 살아가는 것이 바로 신앙의 건강을 유지하는 비결이다. 하나님의 은혜를 잊지 않으려면, 계속해서 하나님께 엎드리며 겸손해야 한다.

나의 고통에 대해서만 '왜 나예요?'라고 묻지 말고, 내가 받은 은혜에 대해서도 '내가 무엇이길래?'라고 묻는 우리, 그래서 고난의 광야는 물론, 형통과 평안함의 백향목 궁에서도 하나님의 은혜를 망각하지 않고 늘 그 은혜에 감사하는 우리이길 바란다.

우리는 은혜로 산다

하나님이 떠나가시면 우리는 아무것도 아니다. 이 사실을 잊지 않고 기억하기 위한 나만의 방법이 있다. 나는 아침마다 하나님께 감사하고, "하나님, 저는 티끌과 같은 존재입니다. 하나님이 떠나가시면 전 아무것도 아닙니다. 그러니 제발 절 버리지 마시고 떠나지 말아주세요"라고 기도한다. 내 존재는 죄악 가운데 잉태한 죄악덩어리이며 내가 살 유일한 희망은 주님 앞에 나가는 것이라고 외친다.

그리고 감사를 드린다. 번제를 드리며 내 자아를 깨는 시간이다. 매일 헌금을 드리고, 구원의 백성으로 삼아주심을 감사드린다. 그것만 해도 감사한데 주의 종으로 사역할 수 있게 하심에 감사를 드린다. 마지막으로, 하나님이 주신 오늘 하루와 생명에 감사드린다.

"하나님, 오늘 이 하루와 생명을 주심에 너무너무 감사드립니다. 하나님이 주신 이 하루를 싸구려 취급하지 않고, 진짜 멋지게 살아낼 수 있게 해주세요."

하나님의 은혜가 강같이 흘러서 내 곁을 떠나가지 않고, 내 자녀와 가정에서 떠나가지 않을 때 소망이 있다. 스펙을 더 쌓고, 돈을 더 벌고, 내 자녀가 잘되는 것이 성공이 아니다. 주님의 은혜가 있고 날마다 더 깊어지며 그 감사가 더 커져야 성공한 인생이다. 결국 결론은 하나님의 은혜가 머무는 사람이 성공한 인생이라는 것이다.

바울 서신서를 보면 바울이 편지를 쓴 시기에 따라 본인을 표현하는 방식이 달라진다. 초기 서신인 고린도전서에서는 자신을 "사도 중에 가장 작은 자"(고전 15:9)로 표현한다. 목회자들 중에 가장 작은 자라는 고백이다.

중기 서신인 에베소서에서는 "모든 성도 중에 지극히 작은 자보다 더 작은 나"(엡 3:8)라고 한다. 목사가 아니라 모든 성도 중에 가장 작은 자라는 것이다. 그런데 말기 서신인 디모데전서에서는 "죄인 중에 내가 괴수"(딤전 1:15)라고 말한다.

이 변화는 사도 바울이 갈수록 더 악질 죄인이 되어갔기 때문인가? 그렇지 않다. 은혜가 넘치면 자신의 본질이 발각되기 때문이다. 어두운 곳에서는 자기 모습을 잘 볼 수 없다. 어슴푸레 형체만 보인다. 그러다가 밝아지면 모든 것이 적나라하게 보인다.

은혜는 불이고 빛이다. 빛 가운데 더 밝은 빛이 비치면 내 안에 넘치는 죄가 선명하게 보인다. 죄를 더 많이 지어 더욱 죄인이 되어가는 것이 아니라, 은혜의 빛이 더 강해지고 은혜의 충만함으로 들어갈수록 자신의 죄 됨이 더 보이고 깨달아지는 것이다.

갈수록 작아지고 죄인인 사람이 은혜 안에 있는 사람이다. 뭔가 주장하고 당당하고 자꾸 항변하는 사람들은 은혜 안에 있는 게 아니다. 주님 앞에서 다 죄인인데 우리가 억울할 게 뭐가 있겠는가? 의인은 없다(롬 3:10). 그러니 마지막까지 우리가 붙들 것은 은혜밖에 없다.

은혜를 망각하고, 내가 해낸 양 내가 할 수 있다 착각하며, 자만으로 행해지는 나만의 인구 조사 현장은 어디인가? 그것을 발견하라. 그 자리가 나의 교만과 자아를 완전히 태워버리는 번제단, 그리고 다시 회복됨을 감사하는 화목 제사의 현장이 되기를 주님의 이름으로 간절히 소망한다.

그곳에서 여호와를 위하여 제단을 쌓고 번제와 화목제를 드렸더니 이에 여호와께서 그 땅을 위한 기도를 들으시매 이스라엘에게 내리는 재앙이 그쳤더라 삼하 24:25

신자병법

초판 1쇄 발행	2024년 1월 8일
초판 3쇄 발행	2024년 1월 22일
지은이	안호성
펴낸이	여진구
책임편집	최현수
편집	이영주 박소영 안수경 김도연 김아진 정아혜
책임디자인	이하은 마영애	노지현 조은혜
홍보·외서	진효지
마케팅	김상순 강성민
제작	조영석 허병용

마케팅지원	최영배 정나영
경영지원	김혜경 김경희

303비전성경암송학교 유니게 과정
이슬비전도학교 / 303비전성경암송학교 / 303비전꿈나무장학회

펴낸곳   규장

주소 06770 서울시 서초구 매헌로 16길 20(양재2동) 규장선교센터
전화 02)578-0003   팩스 02)578-7332
이메일 kyujang0691@gmail.com
페이스북 facebook.com/kyujangbook
카카오스토리 story.kakao.com/kyujangbook
등록일 1978.8.14. 제1-22

홈페이지 www.kyujang.com
인스타그램 instagram.com/kyujang_com

ⓒ 저자와의 협약 아래 인지는 생략되었습니다.
이 출판물은 저작권법에 의해 보호를 받는 저작물이므로 무단 전재와 무단 복제를 할 수 없습니다.

책값 뒤표지에 있습니다.
ISBN 979-11-6504-491-6 03230

규 | 장 | 수 | 칙

1. 기도로 기획하고 기도로 제작한다.
2. 오직 그리스도의 성품을 사모하는 독자가 원하고 필요로 하는 책만을 출판한다.
3. 한 활자 한 문장에 온 정성을 쏟는다.
4. 성실과 정확을 생명으로 삼고 일한다.
5. 긍정적이며 적극적인 신앙과 신행일치에의 안내자의 사명을 다한다.
6. 충고와 조언을 항상 감사로 경청한다.
7. 지상목표는 문서선교에 있다.

하나님을 사랑하는 자 곧 그의 뜻대로 부르심을 입은 자들에게는 모든 것이 合力하여 善을 이루느니라(롬 8:28)

규장은 문서를 통해 복음전파와 신앙교육에 주력하는 국제적 출판사들의
협의체인 복음주의출판협회(E.C.P.A:Evangelical Christian Publishers
Association)의 출판정신에 동참하는 회원(Associate Member)입니다.